지금으로부터 50년 후, 다양한 교파의 목회자, 학자, 그리스도인들은 이때를 돌아보면서 말할 것이다. "하나님이 이 책으로 미국 교회를 변화시키셨다!"고. 성경을 제외한다면, 이 책은 당신이 읽는 책들 가운데 가장 중요한 책이다. 트랜스포메이션교회 교역자들은 모두 이 경이로운 책을 읽을 생각이다.

더윈 그레이_ 트랜스포메이션교회 수석목사, *Limitless Life* 저자

마음에 드는 책이다! 이 책은 나의 사회심리학적 사고방식을 신학적 지식으로 버무려 준다. 다름(difference) 가운데서 하나 됨을 추구하는 일은 지뢰밭을 걷는 것과 같다. 한 걸음 한 걸음 내디딜 때마다, 나와 비슷한 사람만 모이는 '안전한 곳'으로 돌아가라고 겁을 주는 난제들과 싸워야 한다. 그것이 바로 내가 이 책에 감사하는 이유다. 맥나이트는 바울의 편지들을 바탕으로, 우리가 어떤 대가를 치러서라도 하나 됨을 추구하는 데 필요한 건실한 토대와 행동 단계를 알려 준다.

크리스테나 클리블랜드_ *Disunity in Christ* 저자, 베델대학교 화해 연구 부교수

나는 25년 넘게 교회 개척자이자 목회자로 섬겨 오면서 교회가 섞어찌개(스캇 맥나이트의 표현을 빌리자면 "샐러드 접시")가 되는 문제와 씨름했다. 나와 같은 상황에 있는 목회자들은 (때로 무의식 중에) 이른바 '동질 집단 원리'(homogenous unit principle: 도널드 맥거브란의 교회 성장 운동에서 비롯된 개념으로, 인종, 언어, 계층의 장벽이 없을수록 그리스도인이 되기에 용이하다는 원리_ 옮긴이)와 갈등을 벌인다. 이는 초대형 교회에서 작동하는 매우 실용적인 관점으로, 이런 교회의 폭발적 성장세를 보고 많은 사람이 그 교회 CEO 겸 목사의 발 앞에 침을 흘리며 앉아 있게 된다. 그러나 나는 다른 어떤 것을 갈망했다. 배경이 다양하고, 서로 다른 인종, 민족, 성별, 경제 집단에 속한 사람들 틈에서 우리가 하는 일을 지지해 주면서 성경을 통해 우리를 격려하고 도전을 주는 자료를 원했다. 맥나이트는 신약 성경에 대한 전문 지식과 평생 교회 일에 참여해 온 열정을 조화시켜서 우리가 상상할 수 있는 거의 모든 주제를 다룬다. 이 책을 열렬히 추천한다!

데니스 에드워즈_ PhD, 미니애폴리스 생츄어리 커버넌트교회 담임목사, 성서학 겸임교수

커피 한 잔을 들고 자리에 앉아, 교회로 존재한다는 것이 무슨 의미인지 이야기해 주는 이 시기적절하고 도발적이며 도전적인 책에 빠져들라. 맥나이트의 대화 스타일, 그리고 미국 기독교 문화에 대한 그의 명민한 통찰이 성경에 대한 전문적인 분석과 짝을 이루어 그리스도인의 교제에 대한 하나님의 구상을 밝게 조명해 준다. 교회가 그 부르심을 삶으로 살아 내기를 바라는 모든 이가 반드시 읽어야 할 책이다.

린 코힉_ 휘튼대학교 신약학 교수

이 책은 우리가 참된 공동체를 이루기를 바라시는 하나님의 간절한 바람을 반향한다. 하나님은 교회가 서로 다른 부류의 하나님 백성을 모두 포용하고, 하나님을 통해 '멋진 평등 혁명'으로 연합하며, 보이지 않던 존재들이 보이게 만드는 진짜배기가 되기를 바라신다. 무엇보다 이 책은 참된 하나 됨이야말로 자신의 신부인 교회를 향한 예수님의 마음을 성취하는 유일한 길임을 보여 준다.

브럭시 케이비_ *The End of Religion* 저자, 미팅 하우스 교육목사

교회란 무엇인지 많은 사람이 질문을 하고 교회가 정말 중요하기는 한지 궁금해할 때, 맥나이트는 우리가 예수님을 따르는 자세는 다른 어떤 근원보다도 지역 교회의 영향을 받는다고 주장한다. 이는 정말 담대하고 예언적이며 설득력 있는 개념이다. 이 책을 읽고 나는 교회란 무엇을 위해 있으며, 어떤 존재일 수 있는지에 대해 새로운 이상을 품게 되었다. 이는 예수님의 신부와 처음부터 다시 사랑을 나누는 것과 다름없는 경험이었다.

존 마크 코머_ 브리지타운 예수교회 교육과 비전 담당 목사

인상적인 성취인 이 책을 통해 교회는 오늘날 가장 까다로운 차이들, 그리고 가장 까다롭게 다른 사람들과 대화하게 된다. 그러면 교회는 납득되는 모습으로 다가온다. 스캇 맥나이트의 작업은 예수님의 유명한 말씀과 정확히 보조를 맞추고 있다. "내가 …… 내 교회를 세우리니." 우리에게는 이 책이 필요하다. 이 시대의 교회에 속한 서로 다른 우리 모두는 예수님이 천국의 열쇠를 맡기신 사람들이기 때문이다!

토드 헌터_ 성공회 주교, *Giving Church Another Chance* 저자

세상이 급속히 변화하고 있으므로 그 가운데서 우리의 교회론은 깊이를 더해 가야 한다. 스캇 맥나이트는 쾌활한 필치로 사도 바울의 가르침을 실생활에 접목하여, 교회가 원래 어떠해야 하는지를 재발견할 수 있게 해준다. 이 책은 21세기를 위한 희망차고 쉽게 적용 가능한 교회론을 제공하여 교회로 존재하는 것에 어떤 책임이 있고 어떤 기쁨이 있는지를 통찰하게 해준다.

라승찬_ 풀러신학대학원 로버트 로이드 멍어 복음주의 교수, The Next Evangelicalism 저자

바울이 오늘날의 교회를 보면 뭐라고 말할지 생각해 본 적이 있는가? 이 책이 바로 그런 책이다. 스캇 맥나이트는 우리가 사랑하는 그 사도의 생각과 마음을 정확히 포착했다. 바울은 전 생애를 바쳐 하나의 꿈을 좇고, 하나의 복음을 설교하며, 하나의 아름다운 이상을 위해 모든 것을 희생한 사람이다. 그 이상은 곧 모든 사람이 주님을 믿게 되는 것이다. 하나의 목적을 위해 성령의 기적적 역사로 하나가 된 사람들이 모인 기이한 공동체인 교회가 바로 그리스도의 몸이기 때문이다.

로드니 리브스_ 사우스웨스턴뱁티스트대학교 성서학 교수

내 인생의 가치 기준 한 가지는 독특함이 순응보다 낫다는 것이다. 나는 (좀 거친 생각이라는 것을 알기는 하지만) 순응은 죽음으로 이어질 뿐이라고 굳게 믿는다. 교회 지도자들과 함께 일하면서 나는 건강하게 성장하는 교회는 다양성이 꽃피는 곳이며, 이런 교회는 자기들의 그런 모습을 사랑한다는 것을 알게 되었다. 이 책은 이미 이런 균형 상태에서 살고 있는 교회들에는 칭찬처럼 들릴 것이고, 동일성이라는 신을 그릇 경배하는 교회들에는 예언자의 사랑 어린 개입으로 여겨질 것이다.

마크 오이스트라이커_ 더 유스 카르텔 파트너, Hopecasting 저자

스캇 맥나이트는 교수의 머리와 목회자의 가슴으로, 교회를 위한 하나님의 계획을 대적하는 크나큰 원수 하나를 상대한다. 그 원수는 바로 '연합하지 않는 것'이다. 우리는 서로 다른 사람들이 서로 다른 점을 지닌 채 모인 '샐러드 접시'형 사귐 공동체가 되기보다, 서로 멀찍이 거리를 둔 동종 집단으로 분리되어 사실상 서로의 눈에 보이지 않는 상태다.

저자는 이 불편한 진실을 묘사하는 데 그치지 않고 그리스도인의 삶의 여섯 가지 주제를 밝히는데, 하나님의 은혜로 이 여섯 가지를 교회에서 이행하면, 우리가 서로를 사랑하고 하나님의 한 백성으로 번영하는 데 도움이 될 것이다. 그리스도의 신부인 교회의 아름다움에 마음을 쓰면서 그리스도를 따르는 사람이라면, 서로 다른 사람들로 이루어지는 공동체를 만들 수 있도록 노련하게 안내해 주는 이 책을 놓쳐서는 안 될 것이다!

E. 앤드류 매퀴티 박사_ 어빙바이블교회 담임목사, *Notes from the Valley* 저자

지역 교회에는 확실히 약점들이 있고, 그래서 이를 흠 잡는 이들도 있다. 하지만 이들은 대부분 그저 분노하기만 할 뿐 도움이 되는 경우는 거의 없다. 스캇 맥나이트는 지역 교회를 사랑하는 사람이다. 교회를 사랑하는 사람이기에 그가 하는 비평의 말은 상처가 되기보다, 우리가 한때 어떤 사람들이었고 어떤 사람들이 되라고 부름받았는지, 그리고 어떤 사람들이 될 수 있는지를 일깨워 준다. 자녀에게 아기 때 사진을 보여 주는 부모처럼, 이 책에서 스캇 맥나이트는 예수님이 처음에 우리를 위해 계획하셨고 지금도 여전히 목적하시는 교제와 변혁적 사랑이라는 원래의 꿈으로 우리를 다시 불러낸다.

마이크 글렌_ 테네시주 브렌트우드침례교회 담임목사

서로 다른 우리,
하나의 교회

(주)죠이북스는 그리스도를 대신한 사신으로
문서를 통한 지상 명령 성취와 하나님 나라 확장을 위해 노력합니다.

A Fellowship of Differents
Copyright © 2014 by Scot McKnight
Originally published in English as *A Fellowship of Differents*
by Zondervan, Nashville, TN, U.S.A.
All rights reserved.

Published by arrangement with HarperCollins Christian Publishing, Inc. through rMaeng2, Seoul, Republic of Korea.

This Korean translation edition © 2025 by JOY BOOKS Co. Ltd., Seoul, Republic of Korea.

이 한국어판의 저작권은 알맹2를 통하여 HarperCollins Christian Publishing, Inc.와 독점 계약한 ㈜죠이북스에 있습니다. 신 저작권법에 의하여 한국 내에서 보호 받는 저작물이므로 무단 전재와 무단 복제를 금합니다.

차이를 넘는 사랑과 연합의 공동체를 세우다

서로 다른 우리,
하나의 교회

스캇 맥나이트 지음
오현미 옮김

죠이북스

구속주의 교회에,
그리고 제이 그리너와 수전 그리너,
어맨다 로젠그렌과 에릭 로젠그렌에게
이 책을 헌정합니다.

차례

1장 교회에서 자라다 13
2장 샐러드 접시 20

1부
은혜

3장 '예스'를 위한 공간 43
4장 은혜를 위한 공간 56

2부
사랑

5장 사랑은 일련의 전치사 79
6장 사랑은 효력이 있다 100
7장 사랑은 나눈다 117

3부
식탁

8장 토마토와 마토 133
9장 서로를 연결시키는 식탁 150
10장 '우리'는 '나'보다 크다 163

4부
거룩함

11장 하나님에게 대한 헌신으로서의 거룩함 177
12장 교회에 속한 성적인 몸들 189
13장 과정으로서의 구원 210

5부
새로움

14장 새로운 자유 223
15장 새로운 충성 240
16장 새로운 길잡이 253
17장 새로운 정치 273

6부
번영

18장 그 땅에 도착했지만, 우리는 여전히 그 땅을 원한다 289
19장 노출 챌린지 303
20장 정비사 피트 319
21장 크고 멋진 모자를 쓴 선생님 332
22장 아내와 함께한 어느 날의 산책길에 348

부록 바울의 인생에 임한 은혜 360
후기 375
주 377
주제와 인명 찾아보기 391
성구 찾아보기 394

A Fellowship of Differents

A
Fellowship
of
Differents

1장
교회에서 자라다

청소년 시절 어느 날, 담당 목사님이 내게 수요일 밤 청소년부 예배 때 설교를 해 보라고 말씀하셨다. 우리 교회로서는 **엄청난** 일이었다. 솔직히 말해 우리 청소년부 아이들은 주일에 그저 담임목사님이 강단에서 하는 설교를 들으러 교회에 갔다. 우리에게는 그것이 가장 중요한 일이었다. 목사님은 성경을 **한 구절 한 구절 풀어 주는 설교**를 했고, 우리는 흔히 그것을 "강해 설교"라고 했다. 어떤 교회에서는 설교를 "강론"(homily)이라고 하고, 보통 10분 남짓 진행한다는데, 그 교회에 한 번도 가 본 적이 없던 우리는 그게 사실인지 전혀 알 수 없었다. 그 교회들에서는 자기들 목사님을 "사제"나 "신부님"이라고 불렀는데, 우리가 보기에 이는 그 사람이 구원받지 못했다는 확실한 증표였다. 심지어 우리는 그 사람이 성경을 믿고나 있는지 모르겠다고 생각했다.

그 수요일 설교를 위해 나는 흠정역 성경에서 "너희는 그들 중에서 나와서 따로 있고"라는 바울의 말 한마디를 본문으로 골랐다. 그날 설교에서 나는 감리교인처럼 죄와 죄인을 멀리하고, 영화 보러 가자는 유혹을 피하고, 술 마시고 춤추고 욕하고 담배 피우는 악을 힘껏 물리치는 게 얼마나 중요한지에 대해 이야기했다. 나는 계속 이야기를 이어 갔고, 그렇게 한 시간쯤 지나 청소년부 담당인 '데이브 목사님'이 이제 마무리를 하라고 말씀하신 후에야 나는 설교를 마치고 흐리멍덩한 눈으로 앉아 있는 친구들 옆으로 돌아가 앉았다. 그날 밤, 설교 순서 뒤로도 찬송과 기도를 더 한 뒤 마침내 우리는 예배를 끝내고 집으로 돌아갔다.

일리노이주 프리포트의 제일침례교회에서 자란 나는 우리 교회가 다음 네 가지 일에 중점을 두고 있다는 것을 깨달았다. 순서가 정확하지는 않지만, 그 네 가지는 사람들을 구원시키기, 세상과 구별되기, 목청껏 찬양하기, 우리 목사님 설교 듣기였다. 사람들을 구원시키기란 감리교인, 장로교인, 루터교인을 우리 교회에 오게 만들어 이왕이면 우리 교회를 부흥시킨다는 뜻이었다. 우리는 많은 노력을 기울여서 이들이 결단의 시간에 강단 앞으로 나와 그리스도를 마음에 받아들이고 교회당 뒷방에 가서 죄인의 기도(Sinner's Prayer)를 할 수 있게 만들려 했다. 한 가톨릭교인이 그리스도를 영접하는 기도를 한 것이 가장 큰 수확이었지만, 그런 일은 자주 일어나지 않았다. 그런 일이 생길 때면 우리는 더 큰 소리로 찬양하면서 그 이야기를 되풀이했다.

찬양도 우리에게 중요한 일이었다. 주일 아침 찬양대는 구약 시대 제사장 옷 같은 긴 예복을 입고 허리띠를 둘렀다. 나는 청년 찬양대에서 노래했는데, 노래 실력을 과시하는 이들이 주요 부분을 부르고 나머지 찬양대원은 화음을 맡았다. 물론 화음을 낼 수 있는 한 말이다. 사실

나는 한 번도 그 정도 수준에 이른 적이 없었고, 그래서 어떤 음을 낼 수 있을 경우에는 나도 할 수 있다는 것을 그 자랑꾼들에게 보여 주려고 조금 더 힘을 주어 노래를 불렀다.

교회 찬양대 시절 가장 안 좋은 기억은 누군가가 (물론 거룩한 동기에서였겠지만) 우리에게 조끼, 그것도 비틀즈의 링고 스타 스타일의 단추 없는 겨자색 조끼를 입혔다는 것이다. 우리는 소맷부리가 길고 칼라 너비가 10센티미터인 밝은색 셔츠에 삼베 부대처럼 생긴 갈색 나팔바지를 입고 60년대에 유행하던 구두를 신었다. 여학생들도 남학생과 같은 스타일이었지만, 치마를 입는다는 것만 달랐다. 여자가 바지를 입는다는 것은 세상적이고 세속적이고 현대주의적인 일이었다. 우리는 우리 교회에 나오지 않는 동네 사람들에 대해서도 그렇게 말했다. 세상적인 것의 또 다른 징표는 록 음악이었는데, 그래서 우리 찬양대에서는 기타를 쓰지 않았다. 악기 연주 소리는 누군가의 성호르몬 분비를 증진시킬지도 모르기 때문이었다.

무슨 소리인지 이해되지 않는 사람을 위해 다시 설명하자면, 당시 우리에게 교회에 다닌다는 것은 세상과 구별되는 것, 혹은 거룩해지는 것이었다. 우리 교단의 역사를 보면 청교도의 포도주(the wine of the Puritans: 반 윅 브룩스의 책 제목을 차용한 은유로, 청교도의 신념이나 윤리를 말한다_옮긴이)를 마신 사람이 있는데, 솔직히 말해서 포도주를 마신다는 것은 심각하게 방탕한 행동이었다. 청교도도 우리 교단도 포도주나 맥주, 아니 사실 술 종류는 아예 입에 대지 않았기 때문이다. 심지어 우리는 술을 판매하는 식품점에 항의하기도 했고, 내 친구 엄마는 간증을 하면서 "이소프로필 알코올"(Isopropyl alcohol)이라는 살균제 이름을 입에 올리기 싫어서 "알코올"이라는 단어를 빼고 말하기도 했다.

확실히 우리는 세상과 구별되어 있었으며, 이는 우리가 하지 않는 (혹은 해서는 안 되는) 일이 많았다는 뜻이다. 우리는 술을 마시지 않았고, 학교에서 열리는 댄스파티에 가지 않았고, 그 어떤 종류의 담배도 피우지 않았으며, 혼전 '성관계'도 하지 않았고, 사람의 벗은 몸이 나오거나 청소년에게 욕정을 불러일으키는 영화를 보러 가지도 않았다. 변절해서 루터교인이나 감리교인이나 장로교인, 최악의 경우 가톨릭교도가 되는 일이 없도록 우리는 세상과 거리를 두었다. 동네에 사는 가톨릭교도들이 루터교인, 감리교인, 장로교인과 짝을 이루어 댄스파티에 가고 영화도 보러 다니는 동안 우리는 소외감을 느끼거나, 아니면 스스로 거룩하다고 여겼다.

내 말을 오해하지는 말라. 일리노이주 프리포트의 제일침례교회 사람들은 매우 경건하고 선한 사람들이었다. 또한 우리 교회가 하나님 나라를 위해 선한 일을 많이 하지 않았다는 말도 아니다. 확실히 우리 교회는 좋은 일도 많이 했다. 하지만 우리가 한 일 중에는…… 글쎄, 그냥 이상한 행동도 있었다.

내 아내 크리스는 장로교회에서 자랐는데, 결혼한 뒤 수십 년 동안 우리는 고향 동네의 수많은 교회에 다녔다. 우리는 잉글랜드국교회 교인, 침례교인, 장로교인, 감리교인, 미국감독교회 교인, 플리머스 형제단, 복음주의자유교회, 복음주의언약교회, 그리고 특정 교파에 소속되지 않은 온갖 종류의 복음주의 교회 교인들과 함께 '교회에 다녔다.' 베네치아의 작은 섬에 있는 가톨릭교회인 산 조르조 마조레 교회에도 갔었는데, 말은 거의 못 알아들었지만, 오순절에 그런 역사적 교회 예배에 참석한다는 것은 멋진 경험이었다. 오랜 세월 동안 우리가 출석한 이 교회들은 저마다 다른 음영(陰影)을 드러내지만, 자세히 들여다보면 사실 그렇게 다르지 않다.

젊은 시절에 그렇게 활발하게 교회 생활을 해 본 경험으로 나는 이렇게 주장할 수 있다. **그리스도인의 삶에 관해 내가 알게 된 것은 모두 교회에서 배웠다**고 말이다. 이것을 좀 더 확대해서 하나의 원칙으로 만들어 보자면, **사람들은 어떤 지역 교회에 다니느냐에 따라 그리스도인의 삶이 어떤 모습인지를 판단하게 된다**. 그리고 이것을 더 확대해서 말한다면, **우리는 자기가 속한 지역 교회가 자신을 어떤 그리스도인으로 빚어 주는지를 바탕으로 그리스도인의 삶에 관한 모든 것을 깨우친다**. 이 세 가지 원리는 지역 교회가 생각보다 훨씬 중요하다고 말해 준다.

어떤 교회는 거룩함에 초점을 맞추고, 어떤 교회는 사랑에, 어떤 교회는 서로 간의 교제에, 어떤 교회는 교회 밖 사람들을 복음화하는 데 초점을 맞춘다. 어떤 교회는 설교와 교회 학교 수업, 성경 공부와 신학과 정통 관행에 초점을 맞춘다. 또 어떤 교회는 예배에 초점을 맞추고, 누가 무엇을 어디에서 어떻게 말하고 누가 무엇을 어디에서 언제 왜 할 수 있는지를 결정하는 온갖 믿음을 갖고 있다. 우리가 인정하든 하지 않든, **지역 교회는 그리스도인의 삶에 대한 우리의 모든 개념을 실제로 형성한다.**

리처드 포스터는 이른바 "영성 형성"(spiritual formation)을 평생 연구한 사람으로, 교회가 그리스도인의 삶을 어떻게 이해해 왔는지 그 역사를 다음 여섯 가지 주제로 설명한다.[1]

1. 기도 충만한 삶
2. 거룩하고 고결한 삶
3. 성령의 능력을 받은 삶
4. 긍휼이 넘치는, 혹은 의로운 삶
5. 말씀 중심의 삶
6. 성례전적 삶

내가 어릴 때 다닌 교회는 첫 번째와 두 번째, 다섯 번째를 중시했다는 것을 쉽게 알 수 있는데, 우리는 기도, 거룩함, 말씀에 몰두했기 때문이다. 물론 첫 번째 기조는 거룩함이었다. 하지만 이런 요소들은 자력으로 존재하지 않는다. 내가 그리스도인으로 성장해 오는 동안 나를 빚어 주고, 인도해 주고, 안내해 주며, 이 세 가지 항목으로 나를 이끌어 간 것은 내 교회였다. 그 시절 나는 정의에 대해 생각해 본 적이 없고, 성령에 대해서도 별로 개념이 없었으며, 성례에 대해 이야기할 일은 절대 없었을 것이다. 프리포트의 다른 교회들이 **그런 것**을 하고 있었기 때문이다. 이렇게 교회는 우리의 제자도의 방향을 결정한다.

이 같은 생각은 다음과 같은 한 가지 중요한 질문으로 이어진다.

그렇다면 교회는 어떤 곳이어야 하는가?

내가 생각하기에 대부분 사람들에게 교회란 **주일에 설교 들으러 가는 곳, 혹은 예배에 참석하거나 성찬에 참예하러 가는 곳**이다. 여기에 교회 학교 수업이나, 친교실에서 다른 이들과 함께하는 시간을 추가할 수도 있다. 어쨌든 주일 아침 한두 시간이면 이 활동들을 대체로 다 할 수 있다. 두 시간이 지나면 우리는 집으로 돌아가고 '교회'는 끝난다. 그것이 교회의 실제 모습이라는 것을 누구도 인정하고 싶어 하지 않지만, 사실이 그렇다!

그래서 우리는 다시 한 번 그 질문을 한다. 다만 이번에는 두 번째 질문을 덧붙인다.

교회는 본래 어떤 곳이어야 하는가?
그리고
교회가 교회다울 때 그리스도인의 삶은 어떤 모습일까?

이 질문에 답변하기 위해 나는 샐러드 접시 이미지를 탐구해 보려고 한다. 이는 우리가 다 '서로 다른 사람들'이라는 사실을 반영한다. 우리는 저마다 속해 있는 사회 경제적 집단도 다르고, 성별도 다르며, 교육 수준과 민족 배경도 다르고, 삶의 상황도 다른 사람들로, 하나님이 의도하신 교회로서 함께 모여 교제하기 위해 분투한다.

2장
샐러드 접시

샐러드를 만들어 먹는 방식에는 세 가지가 있다. 미국식, 이상한 방식, 그리고 올바른 방식.

미국식 샐러드는 양상추나 시금치, 얇게 저민 토마토와 올리브, 그리고 약간의 당근을 접시에 담고 여기에 랜치나 사우전드 아일랜드 드레싱 또는 이탈리언 드레싱, 조금 특별한 경우 시저 드레싱을 듬뿍 뿌려서 먹는다.

샐러드를 만들어 먹는 이상한 방식은, 샐러드 재료를 접시 위에 하나하나 둥글게 담아 놓고 이것을 따로따로 먹는 방식이다. 이런 식으로 샐러드를 먹는 사람들은 대체로 드레싱 없이 먹는다. 말했다시피, 이상한 방식이다.

샐러드를 만들어 먹는 올바른 방식은, 먼저 시금치, 케일, 근대, 루꼴라, 양상추(꼭 넣어야겠다면) 등 샐러드에 들어가는 잎채소들을 다 모아 한 입 크기로 썬다. 다음으로 토마토, 당근, 양파, 피망, 자색 양배추를 적당한 크기로 잘라 섞는다. 여기에 견과류와 마른 베리(berry) 종류를 얹은 뒤 페코리노 로마노 치즈를 약간 뿌린다. 마지막으로 질 좋은 올리브유를 조금 뿌려서 각 재료의 풍미를 최대한 살린다. 하나님은 '모듬 샐러드'(mixed salad)를 창조하실 때 틀림없이 이 방식을 의도하셨을 것이다.

교회는 샐러드다

앞 장에서 나는 우리의 신앙 형성기에 교회가 얼마나 중요한 역할을 하는지를 강조했다. 그래서 교회를 바로잡고자 한다면, 교회를 접시에 담긴 샐러드로 보는 법을 익혀야 한다. 물론 여기서 말하는 샐러드는 올바른 방식으로 만든 샐러드다. 맛있는 샐러드는 서로 다른 맛을 내는 재료들이 함께하는 것(fellowship)이기에, 모든 재료는 저마다의 맛을 두드러지게 하는 올리브유와 서로 섞인다. 초기 기독교회는 사회적 지도(地圖) 전역에서 모인 사람들로 이루어졌지만, 이들은 '서로 다른 맛'의 사귐(fellowship), 최고 품질의 모듬 샐러드를 만들어 냈다.

    이 초기 그리스도인들은 교회당에 회집하여 회중석에서 서로 떨어져 앉아 있다가 음악이 끝나면 각자 자기 마차를 타고 돌아가지 않았다는 것을 알아라. 그렇다, 이들의 교회당은 작았고, 이들은 집이나 가정 교회에서 모였다. 한 영국인 학자가 최근 연구에서 결론 내리기를, 사도 바울의 가정 교회들이 약 서른 명 정도로 이루어졌다면, 그 구성은 대략 다음과 같았을 것이라고 한다.[1]

- 회집하는 집의 주인인 수공업자, 이 사람의 아내와 자녀, 남자 노예 두 명, 가사를 맡은 여자 노예 한 명, 그리고 이 집에 신세를 지고 있는 친척 한 명
- 같은 집의 임대한 방에 살고 있는 일부 세입자와 그 가족, 이들의 노예와 이들이 부양하는 식구
- 세대주가 가정 교회에 참여하지 않는 세대의 일부 가족 구성원
- 주인이 가정 교회에 출석하지 않는 집안의 노예 두어 명
- 교회에 참여하지 않는 해방 노예 몇 명
- 노숙자 두어 명
- 그 집의 작은 방들을 임대해서 살고 있는 이주 노동자 몇 명

이렇게 다양한 구성원에 유대인 몇 명과 어쩌면 노예 상태의 매춘부 한 명이 추가되었을 수도 있다. 여기서 우리는 로마의 전형적인 가정 교회에 얼마나 '서로 다른 맛'이 뒤섞여 있었는지를 알 수 있다. 남자와 여자, 로마 시민과 해방 노예와 (법적 권리가 전혀 없는) 노예, 유대인과 이방인, 도덕적 계층이 천차만별인 사람들, 그리고 특히 주목할 만한 점으로 최상류층에서부터 노숙자까지 사회적 계층을 총망라하는 사람들이 가정 교회에 모였다.

이 사람들이 모든 일에 서로 의견이 일치했을 것이라고 생각하는가?('그건 불가능하다'는 것이 올바른 대답이다) 이들은 '서로 다른 사람들'로 이루어진 공동체였는가?('그렇다'는 것이 올바른 대답이다) 함께하는 삶은 힘들었을까?(이 질문의 대답 역시 '그렇다'이다) 교회로 존재한다는 것은 한마디로 바로 그런 의미다. 그리스도인의 삶은 내가 한 개인으로 어떻게 행동

하느냐의 문제가 아니라, 특히 한 교회로서 우리가 어떻게 행동하느냐의 문제, 타인들과 뒤섞여 교회라고 불리는 그 모임 안에서 내가 무엇을 어떻게 행하느냐의 문제다.

하나님이 구상하신 교회는 **서로 다른 점과 서로 다른 사람들의 공동체**이며, 이는 바울 선교의 요체이기도 하다. 교회는 남자와 여자, 부자와 가난한 사람 등 동서남북에서 온 가지각색 사람들이 어우러지는 곳이다. 교회는 백인, 아프리카계 미국인, 멕시코계 미국인, 라틴계 미국인, 아시아계 미국인, 인도계 미국인 등 온갖 인종의 복합체다. 더 많은 예를 들 수도 있지만, 내 말이 무슨 말인지 요점을 알아차렸을 것이다. 내가 자란 교회는, 안타깝게도 비슷비슷한 사람들이 모이는 공동체였다. 우리 교회에는 다양성이 거의 없었다. 그 교회는 오로지 믿음도 같고 음악, 예배, 설교, 생활 방식에 대한 취향도 같은 백인들로만 구성되었다. 남자들은 정장에 넥타이 차림이었고, 여자들은 원피스를 입었고, 예배드리러 올 때에만 쓰는 챙 넓은 모자(church hat)를 쓰는 이도 적지 않았다.

교회를 바르게 세우기는 아주 중요한 일이다. 교회는 닮은 점이 없는 사람들과 서로 다른 사람들을 한 상에 데려와 새로운 유형의 가족으로 서로 삶을 나누게 하는, **하나님의 세계 변혁 사회 실험**이다. 이런 일이 일어날 때 우리는 하나님이 계획하신 사랑, 정의, 평화, 화해, 더불어 사는 삶이 어떤 모습인지를 세상에 보여 준다. 교회는 하나님이 우리가 한 가족으로 어떻게 살기를 바라시는지 세상이 알 수 있도록 보여 주고 설명해 주는 역할을 한다. 하지만 더 깊이 있게 진행되는 부분도 있다.

교회 생활은 그리스도인의 삶의 본보기여야 한다

내가 또 주장하는 것은, **지역 교회는 그 교인들이 그리스도인의 삶을 어떻게 이해하는지에 영향을 끼친다**는 것이다. 그러므로 이에 대해 간략히 생각해 보자. **교회가 모둠 샐러드, 혹은 서로 다른 사람들이 모인 공동체일 경우**……

    우리는 교회에서 서로 다른 성별(性別)들을 볼 수 있어야 한다. 실제로 그러한가?

    우리는 교회에서 다양한 사회 경제 집단을 볼 수 있어야 한다. 실제로 그러한가?

    우리는 교회에서 다양한 인종을 볼 수 있어야 한다. 실제로 그러한가?

    우리는 교회에서 다양한 문화를 볼 수 있어야 한다. 실제로 그러한가?

    우리는 교회에서 다양한 음악 양식을 볼 수 있어야 한다. 실제로 그러한가?

    우리는 교회에서 다양한 예술 양식을 볼 수 있어야 한다. 실제로 그러한가?

    우리는 교회에서 다양한 도덕의 역사를 볼 수 있어야 한다. 실제로 그러한가?

    우리는 교회에서 다양한 의사소통 형태를 볼 수 있어야 한다. 실제로 그러한가?

우리는 교회에서 다양한 연령층이 참여하는 것을 볼 수 있어야 한다. 실제로 그러한가?

우리는 교회에서 다양한 결혼 상태에 있는 사람들을 볼 수 있어야 한다. 실제로 그러한가?

더 나아가, **교회가 모듬 샐러드인 경우**……

우리는 그리스도인의 삶을 사귐의 공동체로 이해해야 한다. 그렇게 하고 있는가?

우리는 그리스도인의 삶을 사회 혁명으로 이해해야 한다. 그렇게 하고 있는가?

우리는 그리스도인의 삶을 더불어 사는 삶으로 이해해야 한다. 그렇게 하고 있는가?

우리는 그리스도인의 삶을 서로의 차이를 초월하는 일로 이해해야 한다. 그렇게 하고 있는가?

우리는 그리스도인의 삶을 서로의 차이를 존중하는 일로 이해해야 한다. 그렇게 하고 있는가?

우리는 그리스도인의 삶을 서로의 차이를 향유하는 일로 이해해야 한다. 그렇게 하고 있는가?

우리는 그리스도인의 삶을 사랑, 정의, 화해로 이해해야 한다. 그렇게 하고 있는가?

아니다, 사실 우리는 그렇게 하지 않는다. 우리는 샐러드를 만들

때처럼 교회를 미국식 교회와 이상한 방식의 교회로 만들었다.

이는 무슨 의미인가? 미국식이 샐러드에 드레싱을 듬뿍 뿌려서 모든 재료에서 드레싱 맛이 나게 하는 거라면, 이는 교회 안의 서로 다른 점들을 모두 덮고 가려서 모든 것이 다 똑같다는 뜻이다. 성별도 하나, 사회 경제 집단도 하나, 인종도 하나, 문화도 하나, 신학도 하나인 교회 말이다. 우리는 내성 발톱처럼 안으로 자라게 되었다. 딱 들어맞지 않는 사람은 존재감을 잃거나, 소홀히 여겨지거나, 존재가 묵살된다. 그리고 그 사람은 결국 교회를 떠난다.

달리 표현하자면, 우리는 교회를 거의 모든 문제에서 일련의 같은 신념을 가진 자기 고유의 민족 집단을 향한 미국인들의 이상(理想)으로 만들어 왔다. 이 이상에 들어맞지 않는 사람은 누구도 환영받지 못한다. 그러나 예수와 사도들은, **교회는 만인을 식탁으로 맞아들이기에** 여러분도 환영받는다고 가르쳤다.

좀 더 솔직해져 보자. 우리가 풍미 좋은 한 문화를 모두에게 듬뿍 뿌려 주었다고 생각하고 싶을지 모르지만, 우리가 실제로 한 일은 이상한 방식으로 샐러드를 만들어 먹는 것에 더 가깝다. 우리는 우리 자신을, 우리의 사고방식을, 우리의 음악을, 우리의……, 우리의 모든 것을 좋아한다. 그래서 우리는 서로 다른 점, 서로 다른 사람들을 모두 분리하여 동네와 도시 전역으로 흩어 버려서 각 집단이 자기들끼리 예배하게 한다. 사실은 여자들을 배제한 남자들만을 위한 교회, 부자들만을 위한 교회, 중산층만을 위한 교회, 가난한 사람들만 다니는 교회, 백인들만을 위한 교회, 멕시코계 미국인들만 다니는 교회, 아프리카계 미국인들만을 위한 교회, 아시아계 미국인들만 다니는 교회, 인도계 미국인들만 다니는 교회가 있다. 자유주의자들이 다니는 교회, 근본주의자들이 다니는 교회, 칼뱅이나 웨슬리나 루터나 아퀴나스를 따르는 이들이 다니는 교회, 혹은 메노나이트들의 교회, 혹은 빌 하이벨스나 릭 워렌이나 찰스 스탠리나 애덤 해밀턴이나 매트 챈들러나 마크 드리스콜 추종자들을 위한 교회가 있다. 그래서 주일 아침은 문화적, 영적 격리 활동이 되고, 이는 **그리스도인의 삶 자체**에 어마어마하게 중요한 영향을 끼친다!

우리네 교회들은 유사한 것과 동일한 것을 추구하는 기독교 문화와 그리스도인의 삶을 저마다 만들어 낸 것이 사실이다. 우리는 하나님의 장대한 사회 실험에 동력을 공급하는 것이 아니라 오히려 하나님의 계획을 잘게 잘라 서로 분리된 집단으로 만들어서 **우리 대부분이 서로에게 보이지 않는 존재가 되는,** 엄청나게 상황을 악화시키고 하나님을 욕되게 하는 결과를 만들어 냈다.

여기 가슴 아픈 사례가 있다. 얼마 전 노던신학교의 재주 많은 학생인 필과 점심을 같이 먹었는데, 필이 대화 중에 햄프턴 사역자 컨퍼런스(Hampton Ministers' Conference: 1914년 흑인 조직 협회, 남부 교육 회의, 남부 교육 위원회, 협동 교육 위원회에서 아프리카계 미국인 교회의 성장과 지역 사회와의 관계에 대한 우려를 해결하기 위해 시작된 컨퍼런스_ 편집자) 이야기를 꺼냈다. 이야기를 듣는 내 얼굴은 아마 돌처럼 굳어 보였을 것이다. 필과의 대화가 이렇게 진행되었기 때문이다. "햄프턴 컨퍼런스에 참석해 보신 적 있습니까?" "아니, 없어요. 그런 컨퍼런스가 있다는 이야기도 못 들었는데." 필의 이야기를 들어보니(구글에서도 찾아볼 수 있다), 2014년 6월에 햄프턴 대학교 사역자 컨퍼런스가 100주년 기념행사로 개최되었다고 한다. 나중에 몇몇 출판사와 목회자 친구들에게 메일을 보내, 햄프턴 컨퍼런스에 참석한 적이 있느냐고 물어 보았다. 그러나 모두 나처럼 어리둥절해 하는 답장을 보내 왔다. "그런 컨퍼런스는 들어본 적 없는데요." 출판사 관계자든 목회자든 내 메일을 받은 이들 가운데 그 컨퍼런스에 대해 아는 이는 단 한 사람도 없었다. 미국에서 가장 연혁이 오래된 목회자 컨퍼런스로, 7천여 명이 참석하는 행사라는데, 내 형제자매들이 그런 모임을 갖고 있었다는 것을 까맣게 몰랐다는 사실이 나는 부끄러웠다. 나에게 그 형제자매는 보이지 않는 사람들이었던 것이다.

훌륭한 그리스도인 집단들(단지 인종이 다른 사람들을 말하는 게 아니다)이 서로에게 **보이지 않는** 존재가 되어 왔다. 우리는 이제 더는 서로를 눈으로 보지도 않는다. 하나님이 구상하신 교회는 **로마 제국과 유대 세계는 본 적이 없는 새로운 유형의 사귐을 이루어, 전에 보이지 않던 것들이 하나님과 서로에게 보이게 만들어 주는 그런 교회**였다. 그것이 하나님의 교제 공동체였다. 이제 내가 이야기 하나를 들려주고 문제를 하나 내보겠다.

보이지 않는 사람들

1953년, 랠프 엘리슨(Ralph Ellison)은 「보이지 않는 사람」(The Invisible Man) 으로 내셔널 북 어워드를 수상했다. 이 책은 미국 남부에 뿌리를 내리고 살던 한 아프리카계 미국인이 아프리카계 미국인 대학에서 지도자가 되려는 꿈을 꾸다가 갑자기 그 학교에서 쫓겨나기까지의 여정을 그린 소설이다. 이 사람은 직장을 구하려 애쓰면서 언젠가는 다시 대학으로 돌아가 아메리칸 드림을 이룰 수 있기를 바라지만, 전에 다니던 그 대학 총장이 자신에게 거짓말을 했고 절대 재입학이 허용되지 않으리라는 것을 알게 된다. 이에 그는 남부에서 이주한 흑인이 뉴욕에서 택할 수 있는 두 가지 선택지를 탐험한다. 하나는 공산주의의 길을 가는 것이고, 다른 하나는 백인의 권력과 문화를 폭력으로 전복시키는 길이었다.

엘리슨의 이 탁월한 작품의 안타까운 특징은 주인공에게 이름이 없다는 것이다. 이유가 무엇일까? 미국 사회에서 흑인은 눈에 보이지 않는 익명의 존재였기 때문이다(지금도 여전히 그런 경우가 흔하다). 보이지 않는 사람으로 존재하는 체험에 대한 엘리슨의 묘사는 미국의 영혼을, 그리고 더 놀랍게는 교회의 영혼을 꿰뚫고 있다. "약 85년 전, 세상은 이들이 이제 자유이고, 공동선에 속한 모든 일에서 미국의 다른 사람들과 일체가 되었으며, 사회적인 모든 일에서 **한 손의 손가락처럼 분리된다**고 말했다."[2] 미국 역사에서 이 체험은 분리하되 평등하다(separate but equal)는 사회적 '정책'으로 이어졌는데, 많은 이가 주일 아침 11시에 이 정책을 배웠다. 그리고 이 정책의 실제 의미는 "평등하지 않기 때문에 분리한다"였다. 엘리슨의 소설 속 인물은 나중에 "내가 누구인지 알게 될 때 나는 자유로워질 것"이라는 새로운 주문(呪文)을 받아들인다.[3] 영혼을 마비시키는 우리의 체제는 지배적인 백인 개신교 문화로 아프리카계 미국인 문화를 압도하여 아프리카계 미국인을 눈에 보이지 않는 존재로 만들었다.

그러나 오늘날 미국 문화와 교회에서 보이지 않는 이들은 아프리카계 미국인들만이 아니다. 유대인 공동체에서 이방인들이 눈에 띄지 않는 존재였다는 사실이 오늘날 미국에서 아프리카계 미국인들이 겪는 일과 아주 동일하지는 않다. 그럼에도 바울의 태도는 오늘날 우리에게 여전히 놀라우리만큼 타당성을 지니는데, 민족 간 장벽을 허물려는 바울의 큰 뜻은 21세기 교회의 중요한 문제이기도 하기 때문이다. 1세기 유대인 회당과 21세기 미국 교회는 그러한 존재감 여부가 민족 문제와 연관된다는 점에서 아주 많이 닮아 있다.

바울은 하나님의 은혜의 능력을 알고 있었기에 교회의 사귐에 존재감 없는 사람들이 없기를 간절히 바랐다. 바울은 은혜야말로 유대인과 이방인을 한 주님이자 왕이신 예수 아래 한 가족으로 만들기 위해 현재 역사하고 있는 새 창조라는 것을 알고 있었다. 바울의 이상(理想)은 미국 교회들과 첨예하게 대조된다. 미국 교회의 90퍼센트는 교인들 90퍼센트가 한 민족 집단 출신이며, 미국 교회의 약 8퍼센트만이 다인종, 다민족, 혹은 혼합 인종 교회다. 하지만 그 8퍼센트의 부스러기까지라도 다 긁어모아 보자. 여러 연구 결과를 보면, 여러 인종이 혼합된 교회는 백인 문화 교회에 간간이 다른 민족이 섞여 있는 것에 지나지 않는 경우가 많다.[4] 즉, 혼합 인종 교회는 미국식이나 이상한 방식으로 만들어진 샐러드의 강압적 힘을 지향하는 경향이 있다.

이 문제는 다음과 같은 질문으로 이어진다.

교회에서 존재감 없는 사람은 누구인가?

교회 안에 존재감 없는 사람이 어느 정도인가에 따라 우리는 교회에 관한 올바른 견해, 그리스도인의 삶에 관한 올바른 견해를 갖지 못하는 것이라고 할 수 있다. 사실, **교회의 성공 여부는 첫째로 존재감 없는 사람들이 그렇지 않은 사람들에게 얼마나 가시적인 존재가 되느냐에 따라 결정된다.** 그러므로 지금 우리네 교회에서 가장 존재감 없는 사람들이 누구인지 따져 보자. 여기 몇 가지 사례가 있다.

과부들. 미리엄 네프는 과부인데, 이 여인은 다음과 같이 자기 이야기를 들려준다.

> 나는 미국에서 가장 빠르게 증가하는 인구층에 속하는 사람이다. 신규 주택 건설업자들은 우리를 잠재 고객으로 삼고, 주택 설계자들은 우리의 취향을 조사한다. 우리는 건강과 미용 제품 생산업자들에게 수지맞는 틈새시장이고, 재무 설계사들은 우리를 저녁 식사에 초대한다. 당연히 마케팅 담당자들도 우리를 쫓아다닌다. 우리 같은 사람이 해마다 80만 명씩 늘어난다.[5]

여기서 '우리'는 어떤 사람들인가? '우리'는 여러분 사이에서 **존재감 없는 사람들**, 바로 과부들이다.

연구에 따르면, 여자들은 배우자를 잃을 때 인간관계의 75퍼센트를 잃는다. '우리' 중 60퍼센트가 배우자를 잃은 첫 해에 심각한 건강 문제를 겪는다. 배우자가 죽은 뒤 처음 한 달이 지나면 우리 중 3분의 1이 임상적 우울증 수준에 이르며, 우리 중 절반은 1년이 지난 후에도 임상적으로 여전히 우울 상태다. 한 목회자가 우리에 대해 설명하기를, 교회당에서 맨 앞줄에 앉았다가 뒷자리로 가기 시작하며, 그러다가 아예 교회 밖으로 나가 버린다고 한다. 봉사도 하고 찬양대에서 찬양도 하다가 외톨이가 되어 소리 죽여 울기 시작하며, 그러다가 우리끼리 모이는 곳을 찾는다고 한다.

더 이야기할 수도 있지만, 요점이 무엇인지 알아차렸을 것이다. 우리 교회에서 과부들은 존재감 있는 사람인가, 아니면 눈에 띄지 않는 사람인가?

어린이들은 어떤가? 아이들은 고립되고 분리된 채 벽에 그려진 꽃이나 장식물처럼 있는가, 아니면 진정으로 교회를 이루는 구성원인가? **청년들**은 어떤가? 청년들은 청년들끼리 분리되어 있는가, 아니면 불러서 한 상에 둘러앉는가? **노인들**은 어떤가? 노인들은 교회당 앞자리에 앉는가, 아니면 (과부들처럼 교회당 밖으로 나가 버리는 중간 단계로) 뒷자리에 앉는가?

인종 문제는 어떠한가? 우리 교회에는 서로 다른 인종이 얼마나 많은가? 우리 교회에는 아시아 출신 그리스도인이 있는가? 아시아계 미국인은 미국에서 가장 급속하게 성장하는 민족 집단이며 이들의 거의 50퍼센트가 스스로를 그리스도인으로 밝힌다는 사실을 알고 있는가? 이들의 존재가 여러분 눈에 띄는가? 아시아계 그리스도인 지도자 가운데 이름을 아는 사람이 있는가? 라틴계와 멕시코계 미국인은 어떤가? 머릿속에 떠오르는 지도자 이름이 있는가?(나 자신의 스코틀랜드 유산은 잠시 유보하겠다) 여러분이 속한 지역 사회를 기준으로 가늠해 보라. 여러분의 교회는 지역 사회의 전형인가, 아니면 민족 구성상 단일체에 더 가까운가?

여성들은 어떤가? 여성들은 교회 일에 얼마나 참여하는가? 그리고 어떻게 참여하는가? 여성들이 의사 결정 과정에 참여하는가? 아니면 결정은 남성들이 내리고 일은 여성들이 하는가? 캐롤라인 커스티스 제임스(Carolyn Custis James)는 여성들에 관한 자신의 저서에 「교회의 절반」(Half the Church)이라는 제목을 붙였는데, 이 책에서 제임스는 다음과 같이 말한다. "여성이 교회의 절반을 구성한다는 것은 사소한 문제가 아니다. 여러 나라에서 여성 신자 비율은 상당히 높아서, 중국은 80퍼센트이고, 일본은 90퍼센트다. …… 여성 신자의 비율이 이렇게 높은 것을 보면 하나님이 무슨 일을 하고 계신 것인지 궁금해질 텐데, 하나님이 종종 여성들을 시작으로 복음을 위한 중요한 길을 개척하시기 때문이다. …… 단순히 숫자만 생각해 봐도 하나님 나라 확장을 위해 우리가 가진 잠재력은 어마어마하다."[6] 여러분의 교회는 여성들의 영적 능력을 속박하지 않는가? 여성들의 목소리에 귀를 기울이는가?

가난한 사람들은 어떤가? 여러분의 교회에는 가난한 사람, 실직자, 재정적으로 어려움을 겪는 사람이 얼마나 많은가? 이들은 그런 사실을 교회에 알리는가? 알리기를 꺼린다면 그 이유는 무엇인가?

도심의 저소득층과 **교외(郊外)에** 사는 **고소득층**의 격차는 어떤가? 미국에서는 주로 저소득층이 거주하는 도심에 교회를 개척하여 '지극히 작은 자' 가운데 거하면서 예수님을 전하는 것이 특별한 헌신의 표시가 되었다. 여기에 함축된 의미는, 교외에 사는 사람들은 이 세상의 부(富)와 타협해서, 도심에 사는 사람들을 신경 쓰지 못한다는 것이다.

이 상황을 보는 또 다른 시선은, 교외 지역의 일부 교회들은 도심의 저소득층 사람들에 관해 아는 것이 없고, 그 결과 이들의 삶에 관심을 갖지 못한다는 것이다. 그러므로 이 문제를 함께 생각해 보자. 우리네 교회에서 도심의 저소득층 사람들이 존재감을 가질 수 있게 해야 하지는 않는가? 도심의 저소득층 교회에서 교외의 고소득층 사람들이 눈에 띄도록 해야 하지는 않는가? 오세타 무어(Osheta Moore)가 제대로 말하고 있듯이 "지리적 위치가 신앙의 성실성을 가리키지는 않는다."[7]

신앙 문제로 어려움을 겪고 있는 사람들에 대해서는 어떤가? 여러분의 교회에는 성경의 진리 문제로, 과학과 신앙의 관계 문제로, 속죄 문제로, 지옥 문제로, 구약 성경이 하나님에 관해 뭐라고 말하는가 하는 문제로 고민하는 사람이 얼마나 많이 있는가? 그런 문제로 고민하는 사람들이 있다는 것을 알고는 있는가? 그 사람들이 거리낌 없이 그런 고민들을 털어놓는가? 이들의 고민거리가 드러나면 어떤 일이 생길 것 같은가?

대학을 나오지 않은 사람들에 대해서는 어떤가? 우리 교회를 개척한 사람은 대졸 학력에(거의 그럴 것이다) 신학교 졸업자(그럴 가능성이 높다)인가? 우리 교회는 대졸 학력자를 전도 대상으로 삼는가?(아마도 그럴 것이다) 대학 졸업장에 관심이 없고 나무를 자르는 일이나 조경 일이나 그림 그리기나 자동차 정비를 좋아하는 사람들을 어떻게 대하는가? 우리 교회는 어떤 계획을 세울 때 이런 사람들을 염두에 두는가?

게이와 레즈비언에 대해서는 어떤가? 이 문제에 대해 성경이 뭐라고 가르치는지에 대한 논쟁은 잠시 접어 두고 다음과 같이 질문해 보자. 우리 교회는 교인들이 자신의 성적 취향에 관해 솔직히 말할 수 있는 분위기인가? 교인들이 혹시 교회에서 복음은 그들 자신을 위한 것은 아니라는 암묵적 메시지를 받지는 않는가? 우리 교회는 사람들을 구속(救贖)하고 싶어 하는가, 아니면 배제하고 싶어 하는가?

내향적인 사람들에 대해서는 어떤가? 우리 교회는 외향적인 사람들이 계획을 세우고(그럴 것이 거의 확실하다) 참여도 하지만(그럴 것이 거의 확실하다), 내향적인 사람들은 그러지 않는가?(그럴 가능성이 높다)

그리고 또…… 자, 이걸 뭐라고 표현해야 할까? 어떤 이들은 이해할 수 없는 일들을 연이어 당하며 힘든 인생사를 써 내려가는 반면, 또 어떤 사람들은 아메리칸 드림을 그린 영화 각본을 곧장 찢고 나온 것처럼 보인다. 평론가 조지프 엡스타인(Joseph Epstein)은 그런 사람들을 가리켜 "인생이라는 로또에서 행운의 숫자가 당첨된 사람들"이라고 한다.[8] 이것이 무슨 말인지 우리는 안다. 그렇다면 인생행로가 서로 다른 사람들이 뒤섞여 있을 때는 어떻게 해야 하는가? 우리 교회는 '각본에 따라 움직이며 승승장구하는' 사람들, 행운의 숫자를 맞춘 사람들만을 위한 곳인가?

성적 학대를 당하고 있는 사람, 역기능 가정에 살고 있는 사람, 우울증과 불안에 빠져 있는 사람, 외상 후 스트레스 증후군을 앓고 있는 사람 들은 어떻게 해야 할까? 우리 교회는 (겉보기에) 정신적으로 건강한 외향성 사람들만을 위한 교회는 아닌가?

사도 바울은 인류 역사상 가장 빛나는 대사로 손꼽히는 말을 남겼다. 이는 '교회'라는 하나님의 장대한 사회적 실험을 보여 주는 일련의 대사로, 하나님은 어떤 교회를 원하시는지, 따라서 우리가 그리스도인의 삶을 어떻게 이해해야 하는지를 알려 준다. 바울에게 교회라는 장대한 실험이 얼마나 중심적인 역할을 했는지 알 수 있도록 그 대사를 내가 재구성해 보겠다.

"유대인도 이방인도 없고[민족]

노예도 자유인도 없으며[사회적 혹은 사회 경제적 계층]

남자도 여자도 없습니다[성별]."

(민족이나 계층이나 성별을 기반으로 한 삶에 서열이 없는 이유가 무엇인가?)

"왜냐하면 여러분은 그리스도 예수 안에서 모두 **하나**이기 때문입니다"
(갈 3:28, 옮긴이 번역).

교회는 하나님의 장대한 실험으로, 이 실험에서는 서로 다른 사람들이 연결되고, 서로 닮지 않은 사람들이 사귐을 이루며, 전에 분리되었던 사람들이 통합된다. 이들은 도시 전역에 흩어져 있는 게 아니라 하나이어야 하며, **그리스도 예수 안에서,** 그리고 서로 다른 요소들을 모아 주는 샐러드 접시 안에서 하나다.

세상에는 서로 다른 문화가 있고, 서로 다른 사회 경제 계층이 있고, 서로 다른 성별이 있으며, 서로 다른 성적 취향이 있다. 사람들은 저마다 교육 수준이 다르고, 수입이 다르며, 하는 일이 다르고, 음악과 예술에 대한 취향도 다르며, 예배 양식에 대한 생각도 다르고, 긴 설교를 좋아하는 이도 있고 짧은 설교를 좋아하는 이도 있다. 이 사람들이 모두 한 상에 둘러앉아 샐러드 접시 안에서 서로 치열하게 의논하고 결정한다. 그렇게 치열하게 의논하고 결정하는 것이 바로 교회다. **그것이 바로 그리스도인의 삶이다. 하나님의 은혜의 능력으로 서로 사랑하기를 배우는 것 말이다. 그리하여 우리는 이 세상에서 하나님의 백성으로 건강히 살아갈 수 있다.** 교회의 목적은 현재의 세상에서 하나님의 나라로 존재하는 것이며, 그리스도인의 삶이란 지금 여기서 바로 그 나라의 현실을 구현하는 법을 배우는 것이다.

콘서트장 제1열

젠 헤트메이커는 에티오피아 출신 두 입양아의 엄마로, 이 두 아이와 자신이 낳은 '생물학적' 자녀 셋을 데리고 한 캠프에 참석했다. 젠 이야기를 인용하는 이유는 교회가 원래 어떠해야 하는지, 그리고 교회가 교회다울 때 그리스도인의 삶은 어떤 모습인지를 아름답게 예시해 주기 때문이다.

> 지난주에 우리는 몬태나주에서 열린 "인콤파스 입양 가정 캠프"(Encompass Adoption Family Camp)에 참석했다. 출발 전 우리 집 다섯 아이 모두 캠프가 "재미없을 것 같다"느니, "불편할 것 같다"느니, "이상한" 캠프라느니 "쓸데없이" 그런 데는 뭐 하러 가냐느니 하면서 툴툴거렸다(가 보지도 않고 불평부터 하는 이 대열에 우리 집 갈색 피부 꼬마들도 끼어들었다). 남편과 나는 우리와 상황이 비슷하고, 그래서 굳이 설명 같은 것도 필요 없

는 다른 가정들을 만나면 우리 집의 꼬마 생존자들뿐만 아니라 온 가족에게 치유와 힘이 되는 시간이 될 거라고 확신했다.

우리 생각이 옳았다(짠, 애들아, 엄마 아빠가 이겼지?).

피부 색깔이 다르고, 언어가 다르고, 출신 국가가 다르고, 억양이 다르고, 출생에 얽힌 사연이 다르고, 형제자매가 다르고, 경험이 달랐지만, 여기서는 그런 것들이 전혀 구경거리가 아니었다. **아이들은 자연스럽게 섞이고 어울렸다. 마치 그것이 세상에서 해 본 일 중 가장 쉬운 일인 양.** 우리는 생물학적 자녀들끼리 공통의 관심사를 찾아 모일 것이고, 입양아들은 입양아들끼리 따로 모일 것이라고 생각했었다. 아니면 에티오피아 출신 아이들끼리 한 팀을 이루거나, 시에라리온 출신 아이들끼리 뭉칠 거라고 말이다. 그러나 예상과 달리 아이들은 모두가 한데 섞여 콘서트장 제1열 같은 광경을 연출했다.

"아이들이 헤어지려 하지 않아요." **엄마들이 하는 일이 원래 걱정인지라**, 10대 아이들이 한밤중까지 모여 있는 카페테리아로 남편을 보내 확인해 보니 포커 게임이 한창이었고 도무지 끝날 것 같지 않았다고 한 엄마가 말한다. 꼬마들은 피부가 하얀 아이, 황갈색인 아이, 갈색인 아이, 검은색인 아이 할 것 없이 모두 지치지도 않고 놀았다. 어느 아이가 입양아이고 어느 아이가 아닌지조차 분간되지 않았다. 아이들 무리에서 우리 아이들을 찾아내기도 힘들었다. 모두 똑같아 보였다. 모두 다 달라 보였다. 우리집 아이들도 마찬가지였다. ……

나는 천국을 맛보았다. 지나치게 영적 의미로 해석되지 않는 방식으로 말이다. **아이들을 통해서 우리는 기울어지지 않은 운동장이 있는 세상, 누구나 환영받고 누구나 소중히 여겨지며 누구도 소외되지 않는 세상을**

엿볼 수 있었다. 우리 어른들 세상의 특징인 구분선은 그 세상에 없었다. 민족성은 존중되고 더할 나위 없이 환영받지만, 그것이 우리를 갈라놓지는 않는다. 인스타그램 유저인가? 그렇다면 당신은 청소년 종족이다. 정글짐을 좋아하는가? 그렇다면 초등학생 반이다. 귀엽고 통통한 아기인가? 캠프에 참석한 모든 사람이 한 번씩 안아 보려고 할 것이다.[9]

"젠, 한 가지 바로잡을 것이 있습니다. 당신은 천국만 맛본 게 아니라 하나님이 지금 여기서 바라시는 교회도 맛본 것입니다."

샐러드 접시든, 콘서트장 제1열이든, 여러분의 교회와 그 이미지를 선택하라. 그것이 그리스도인으로서 우리 삶의 모습을 형성할 것이다. 그것이 예수님이 삶으로 나타내시고 바울이 날마다 추구한 교회의 모습을 반영하기 때문이다.

가장 큰 난제

샐러드 접시로서의 교회는 그토록 경이롭고, 심지어 유토피아적인 이미지다. 나는 과부들도 우리와 함께하고 있다는 미리암 네프의 의견도 마음에 들고, 젠 헤트메이커의 블로그에서 본 콘서트장 제1열 이미지도 마음에 든다. 생각은 쉽다. 그러나 그 생각을 삶으로 살아 내기는 쉽지 않다. (그러므로 이웃에 과부가 산다면 집으로 초대해 커피라도 함께 마시고 한 끼 식사라도 나누라.) 함께하기, 또는 서로 다른 사람들과의 사귐은 훌륭한 개념이지만, 이는 교회에 가장 큰 난제이기도 하다. 우리가 교회를 어떻게 이해하느냐에 따라 그리스도인의 삶을 어떻게 보느냐가 결정된다. 교회가 서로 다른 사람들 간의 사귐이라면 그리스도인의 삶은 어떤 모습일까? 나는 다음 여섯 가지 주제가 그리스도인의 삶의 중심이 되지 않을까 생각한다. 이제부터 이어질 이야기를 통해 우리는 자신이 속한 교회에 이 여섯 가지 중 무엇이 부족한지 깨닫게 될 것이다.

은혜
사랑
식탁
거룩함
새로움
번영

1부

—

은혜

A
Fellowship
of
Differents

3장
'예스'를 위한 공간

 시간이 존재하기 전, 창조 전인 수십억 년 전에 하나님은 무엇을 하고 계셨을지 궁금한 적 있는가? 고백하건대 나는 이것이 궁금한데, 교회의 위대한 신학자들은 이 문제에 답을 가지고 있다. 하나님은 사랑이시기에, 사랑을 하고 계셨다는 것이다. 하나님이 하고 계셨던 일은 사랑 가운데 거하시는 일이었다. 성부는 성자를 사랑하시고, 성자는 성부를 사랑하신다. 성부는 성령을 사랑하시고, 성령은 성부를 사랑하신다. 성자는 성령을 사랑하시고, 성령은 성자를 사랑하신다. 끝없고, 쉼없고, 늘 확장해 나가고, 전적으로 만족스럽고, 창조하는 사랑이 서로에게서 서로에게로 이어진다. 하나님은 사랑하고 계셨고, 사랑하고 계시며, 언제까지나 사랑하고 계실 것이다. 사랑이 곧 하나님의 존재이고, 사랑이 곧 하나님이 하시는 일이다.
 하나님을 사랑이라는 관점에서 생각하지 않는 사람이 많다는 것은 몹시 서글픈 사실이라서 도무지 말하지 않고 넘어갈 수가 없다. 어찌된 일인지 이들은 우리 하나님이 우주의 도덕적 괴물이라는 개념을 갖고 있다. 도로시 세이어즈(Dorothy Sayers)가 한번은 이 사실을 다음과 같이 감탄스러운 문장으로 표현했다. "그리스도인들의 하나님은 휘파람 불었다고 사람들을 때리는 신경질적인 노신사로 여겨질 때가 매우 많다."[1] 그러나 실제로 성경을 편견 없이 읽으면, 자비가 많으시고, 긍휼이 풍성하시며, 용서하는 마음으로 참아 주시고, 화해를 원하시는 하나님이 드러난다.

하나님은 우리를 창조하셨으며, 이는 하나님의 사랑이 우리에게 확장되었다는 의미이기도 하다. 하나님은 사랑이시고, 다른 어떤 일을 하실 수 없다. 하나님은 우리 모두를 보시고 "그래"(Yes)라고 말씀하신다. 하나님이 우리를 향해 장엄하게 "그래"라고 말씀하시는 소리가 들리는가? 내 친구 마이크 글렌(Mike Glenn)이 이에 대해 책 한 권을 썼는데, 제목이 『예스의 복음』(The Gospel of Yes)이다. 이는 내가 지금까지 본 책 제목 중 최고다(내 책 『파란 앵무새』The Blue Parakeet, 성서유니온선교회 역간]빼고). 또한 하나님이 우리를 향해 "그래, 네가 나와 동행하면 좋겠다"라고 말씀하신다는 것 역시 최고의 소식이다. 하나님의 '예스'는 우주적 공간을 통해 메아리치며, "이것이 실현되는 데 필요한 일을 내가 하겠다"고 약속한다. 우리를 향한 하나님의 '예스'는 교회 안에서 나와 다른 사람들을 향해 '예스'라고 말하는 법을 배울 수 있는 토대로, 하나님의 두 가지 장엄한 '행위'에서 볼 수 있다.

예수, 하나님의 장엄한 '예스'

하나님의 가장 큰 '예스'는 예수님을 향한 것이었다. 바울이 말하다시피 "하나님의 약속은 얼마든지 그리스도 안에서 '예'(Yes)가" 된다(고후 1:20). 예수님은 하나님의 모든 '예스' 중 가장 장엄한 '예스'다. 하나님이 나를 어떻게 생각하시는지 알고 싶다면 예수님을 바라보라. 예수님 안에서 하나님이 온 세상을 향해 "예스!"라고 말씀하시기 때문이다.

우리는 종종 이를 거꾸로 생각한다. 예수님이 정말 하나님인지 때로 궁금해 한다. 그래서 우리가 하나님에 관해 믿는 것, 이를 테면 하나님은 영원하시고, 불변하시며, 눈에 보이지 않으시고, 독립적이시며, 전지하시고, 전능하시며, 편재하시고, 영적이시며, 지혜로우시고, 참되시며, 선하시고, 거룩하시며, 사랑이시고, 공의로우시며, 지극히 창의적이시고, 시작도 끝도 없는 분이라는 속성을 비교해 가며 예수님이 얼마나 하나님에 필적하는가를 따진다. 예수님이 이런 속성에 딱 들어맞으면, 그때 우리는 예수님이 하나님이라고 믿는다. 들어맞지 않으면, 글쎄, 그러면 예수님은 하나님이 아니다. 하지만 여기에는 기독교 고유의 놀라운 확신이 있다. 이는 마치 평균 신장 청소년들 사이에 키가 2미터인 사람이 서 있는 것처럼 두드러지는 확신이다. 즉, 우리는 하나님이 어떤 분인지 알기 때문에 예수님이 하나님인 줄 아는 게 아니라, 예수님을 알기 때문에 하나님이 어떤 분인지 안다는 것이다! 요한복음은 예수님이 바로 성육신하신 하나님이라고 말한다. 우리는 예수님에게서 하나님을 완벽하게 본다. 그래서 우리는 이렇게 질문해야 한다. 우리는 하나님을 예수님같이 보는가?

바울 서신을 처음부터 끝까지 읽어 보면, 바울이 예수님에게 중독되었다는 사실을 알아차릴 수밖에 없다. 바울은 초기 사역이 한창일 때 그리스도가 우리의 지혜, 우리의 의로움, 우리의 거룩함, 우리의 구원함이 되신다고 말한다(고전 1:30, 31). 여기서 주의할 것이 있다. 예수님은 지혜, 의로움, 거룩함, 구원함 자체이시지 이런 것들을 우리에게 주시는 분이 아니다. 사역이 끝을 향해 갈 때 바울은 예수님에 비하면 다른 모든 것은 쓰레기라고 말했다(바울은 이보다 강한 표현을 썼지만, 편집자나 출판사가 그런 표현에 민감하기 때문에 순화해서 말했다). 바울이 평생 원한 것은 "그리스도를 아는 것"이었으며(빌 3:10), 예수님에 관해 아무리 많이 말해도 바울은 족하지 않다. "그 안에는 신성의 모든 충만이 육체로 거하시고 너희도 그 안에서 충만하여졌으니"(골 2:9, 10). 역사는 하나님이 "하늘에 있는 것이나 땅에 있는 것이 다 [어디에서?] 그리스도 안에서 통일되게"(엡 1:10) 하실 때 종결된다. 바울은 "오직 사랑 안에서 참된 것을 하여 범사에 그에게까지 자랄지라 그는 머리니 곧 그리스도라"(4:15)라고 말한다.

　하나님이 나를 어떻게 생각하시는지 알고 싶은가? 바울은 이렇게 알려 준다. 예수님을 바라보라고 말이다. 예수님 안에서 우리는 하나님이 우리를 위해 말씀하시는 그 위대한 '예스'를 확인할 수 있을 것이다. 하나님이 나를 받아 주셨는지 궁금하다면 이렇게 질문하라. "성부는 성자를 받아들이셨는가?" 받아들이셨다면 하나님은 나도 받아들이셨다. 하나님이 나를 사랑하시는지 알고 싶다면 이렇게 질문하라. "성부는 예수님을 사랑하시는가?" 사랑하신다면 하나님은 나도 사랑하신다. 하나님이 나를 어떻게 생각하시는지를 알려면 하나님이 예수님을 어떻게 생각하시는지를 보면 된다. 그것이 시간의 은하계를 거슬러 올라가며 영원 세상으로까지 메아리치는 가장 위대한 '예스'다. 그 '예스'만이 유일하게 중요한 '예스'다.

우리 모두를 향한 하나님의 '예스'

사방을 둘러보라. 그리고 더 멀리, 북쪽 나라들과 남쪽 나라들, 서쪽과 동쪽까지 바라보라. 예수님 안에서 말씀하시는 하나님의 '예스'는 만인을 위한 것이다. 이 세상에는 수많은 다양성이 있기에, 그리고 우리는 서로에게 별로 눈에 띄지 않는 존재이기에, 우리는 다른 모든 사람을 하나님의 '예스'의 대상으로 포용할 수 있도록 그리스도 안에서 하나님의 '예스'가 사방에 깊이 스며들게 해야 한다. 우리 눈에 잘 보이지 않는 사람들이 하나님에게는 잘 보이며, 만약 귀를 기울인다면 이들도 하나님의 '예스'를 들을 수 있다는 것을 우리는 알아야 한다.

하나님의 장대한 실험을 보는 바울의 새로운 시각은 민족적 특권을 덮고 있는 예민한 피부를 벗겨 쓰라리게 만들었다. 유대인들은 하나님이 이방인들에게 '예스'라고 하신다는 것을 깨우쳐야 할 것이다. 이방인, 즉 그리스인들과 로마인들은 하나님이 유대인들에게 '예스'라고 하신다는 것을 알아야 할 것이다. 남자들은 여자들에게 말씀하신 하나님의 '예스'를 알아야 할 것이고, 여자들은 남자들에게 말씀하신 하나님의 '예스'를 알아야 할 것이다. 경제적 상류 계층은 하나님의 '예스'에 가난한 이들도 포함된다는 것을 알아야 할 것이고, 가난한 이들은 하나님의 '예스'가 부자들을 포괄한다는 것을 알아야 할 것이다. 도덕적으로 정결한 이들은 알코올의존자나 매춘부, 흔해빠진 좀도둑 같은 도덕적으로 정결하지 않은 사람들에게도 하나님이 '예스'라고 하시는 소리를 좀 더 예민한 청력으로 귀 기울여 들어야 할 것이다.

하나님의 '예스'는 교회가 이 세상에서 하나님의 큰 신비이자 하나님이 무언가 완전히 급진적이고 새로운 일을 하시는 곳인 이유다. 안타깝게도 하나님의 '예스'는 흔히 백인들이 아프리카계 미국인들에 대해, 아프리카계 미국인들이 라틴계 미국인들에 대해, 라틴계 미국인들이 여자들에 대해, 여자들이 남자들에 대해, 부유한 백인 남성들이 가난한 소수 민족에 대해 가장 먼저 거부하는 개념이다. 하나님이 교회 안에서 일으키시는 변혁은 다음과 같은 첫 단계로 시작하거나 끝난다. 즉, 우리는 하나님의 '예스'가 모든 이를 위한 것임을 받아들이거나 혹은 받아들이지 않는다.

크리스테나 클리블랜드(Christena Cleveland)는 「그리스도 안의 불일치」(Disunity in Christ)라는 눈길 끄는 제목의 저서에서 자신의 신앙 여정이 다음과 같이 기이하게 시작되었다는 말로 분열과 하나 됨에 대한 생각을 털어 놓는다.

> 그리스도와 동행하기 시작했을 때, 나와 길이 엇갈리는 다른 그리스도인들과 즉시, 그리고 진정으로 연결되는 느낌이었다. 정교회 교인이든, 가톨릭교도든, 오순절파든, 루터교인이든, 복음주의자든, 흑인이든, 백인이든, 아시아인이든, 벤[벤과의 만남에 관해서는 앞에서 이야기한다]이든, 그건 중요하지 않았다. 우리는 가족이었다.

하지만 분열을 일으키는 불길한 어떤 일이 일어났다.

> 그러나 예수님과 동행하면서 '성장'함에 따라 어쩐 일인지 예수님의 제자가 되는 '올바른' 길에 관한 의견도 점점 강해졌다. 나는 함께 있을 때 즐겁지 않거나 나와 의견이 다른 사람들과 일정한 거리를 두기 시작했다. 내 삶에서 '벤' 같은 사람들을 찾아내서 분류하고 점잖게 멀리하면서 대부분의 '벤'들을 그럭저럭 피해 갔고, 그러면서 다른 한편으로는 영적이고 공동체 지향적인 모습을 보였다.

곧이어 쐐기를 박는 한마디.

> 나는 모든 일에서 나와 거의 의견이 같은 사람들과 공동체를 만들기로 했다.[2]

모든 이를 향한 처음 사랑을 회복하는 단 하나의 길은 모든 이를 향한 하나님의 '예스'에 다시 한번 귀 기울이는 것이다. 예수 그리스도 안에서 하나님이 '예스'라고 말씀하시는 소리 말이다. 예수님의 삶에 나타난 하나님의 사랑, 모두를 위한 그 차별 없는 사랑을 흡수할 때 우리는 하나님이 보시는 것처럼 다른 사람들을 보는 법을 배울 수 있다. 하지만 우리가 생각해 보아야 할 또 하나의 '예스'가 있다.

성령, 하나님의 장엄한 '예스'

성부께서는 성자만 보내지 않으신다. 성령도 우리 '안으로' 보내신다. 성령도 하나님의 '예스'다. 하나님이 나를 어떻게 생각하시는지 알고 싶다면 내 안에서 일하시는 성령을 보라. 바울이 쓴 표현 중 내가 좋아하는 것 한 가지는 성령을 가리켜 우리 안에 있는 하나님의 '보증'이라고 하는 것이다. 성령은 "하나님의 소유인 사람들의 구속 때까지 우리의 기업을 보장하는 보증"이시다(엡 1:14, 옮긴이 번역). 성령은 우리를 변화시키려고 하나님이 우리 안에서 일하신다는 것을 드러낸다.

    내가 높이뛰기 선수로 장학금을 받고 대학에 진학하려는 생각을 하고 있던 열일곱 살 때(농담이 아니다), 부모님과 고등부 담당 목사님은 나 모르게 작전을 짜서 여자 친구(지금의 아내인 크리스)를 비롯해 다른 친구들과 함께 나를 아이오와주 머스카틴에서 열리는 교회 캠프에 보냈다. 캠프 첫날 밤, 취침 시간이 되자 지도 교사는 캠프 성경 교사인 (미드웨스트의 한 바이블 칼리지 총장이던) 벤슨 박사에게 강연을 부탁했다. 불은 다 꺼졌고, 그 황량한 아이오와 캠프장에는 딱히 갈 곳도, 할 일도 없었다. 그래서 우리는 강연을 들었다. 아니, 다른 아이들은 몰라도 적어도 나는 들었다.

    벤슨 박사는 '성령 충만'에 대해 이야기했는데, 나는 박사가 무슨 말을 하는 건지 도통 알아들을 수 없었다. 적어도 실존적인, 실생활의 차원에서는 그랬다. 밑단을 접어 올린 바지와 와이셔츠 차림에 운동과는 거리가 멀어 보이는 이 백발의 남자는 왠지 모르게 내 관심을 끌었다. 박사는 내일 아침 식사 전에 잠깐 하나님과 함께하는 시간을 가지라고 했다. 그리고 우리 삶 속으로 들어와 주시기를 성령께 청하라고, 성령을 위한 공간을 만들라고 했다. 매우 이상한 말이었지만, 나는 박사의 말을 곱씹으며 잠자리에 들었다.

다음 날, 아침 식사를 하러 갔더니 아직 준비가 덜 되었다고 해서 어슬렁어슬렁 언덕을 내려가 작은 야외 예배당으로 갔다. 나무 아래 앉은 나는 무슨 일이 일어날지 전혀 알지 못한 채 지난 밤 벤슨 박사가 하라는 대로 했다. 그냥 순진하게 "하나님, 저를 하나님의 영으로 충만하게 해주세요"라고. 나는 그 문을 열었고, 정말 신비하게도 누군가가 들어왔다. 그 순간 내 삶에는 무언가 엄청난 일이 일어났다. 내 온 삶이 달라졌다. 내가 지금 이 책을 쓰고 있는 것도 그날 아침 식사 전에 일어난 일 때문이다.

나는 성령을 주시기를 청했고, 하나님은 자신의 영을 주셨다. 나는 내 영혼에 강한 바람이 몰아치는 것을 느꼈고, 영적으로 각성했으며, 복음의 진리를 확신하게 되었다. 그리고 진지하게 성경을 읽기 시작했다. 여자 친구도 그 캠프에서 나와 똑같이 불을 받았다. 그 뒤로 운동선수가 되고 싶은 마음은 식어 버리고, 온통 예수님을 따르는 사람이 되려는 생각뿐이었다. 이듬해 우리는 코너스톤 대학교에 진학했고 그로부터 1년 후 결혼했다. 그때 이후 내 삶에는 한 가지 열망이 생겼다. 하나님을 알기, 하나님 말씀을 통해서 하나님을 알기, 그리고 사람들에게 성경을 가르치다. 나는 성령을 주시기를 구했고, 성령을 받았다. 새 생명을 창조하려고 하나님이 우리를 위해 영을 주시기 때문이다. 내가 보기에, 하나님이 우리를 위하신다는 사실을 성령이라는 선물보다 설득력 있게 보여 주는 것은 없다. 그리고 하나님의 영 안에서 나는 하나님의 '예스' 소리를 듣고 또 들었다.

하나님이 '예스' 하신다면 누가 '노'라고 할 수 있는가?

바울이 한 말 중 가장 장엄하다고 손꼽히는 말은 로마서 8장 31절이다. "만일 하나님이 우리를 위하시면 누가 우리를 대적하리요." 이는 대단한 의문 부호가 아니다. "그렇다고는 해도 하나님이 우리를 위하신다는 것이 확실하지 않은데……"라는 말이 아니라, 하나의 전제다. "하나님이 우리를 위하신다는 것이 절대적으로 참이기에……"인 것이다. 달리 표현하면 "하나님이 우리에게 '예스' 하셨다면……"이라는 말이다.

어떤 사람이 나를 위한다는 것을 언제 실감하는가? 우리는 어떤 사람이 누군가를 위한다는 것을 대체로 그 사람의 행동을 통해 알아차린다. 부모님이 나를 응원해 주실 때나 나의 어떤 성과를 축하해 주실 때 부모님이 나를 위한다는 것을 알 수 있다. 내가 생각하기에 사람들은 대부분 자신의 성과에 대해 누군가가 '예스'라고 말해 줄 때 그 사람이 나를 위한다는 것을 알게 된다.

하지만 하나님에 관한 한, 이보다 깊이 있고 우렁찬 '예스'가 있다. 그런데 이를 충분히 깊이 있게, 혹은 자주 체험하지 못하는 사람이 많다는 것이 안타깝다. 하나님의 '예스'는 우리의 성과가 아니라 우리의 존재에 뿌리를 두고 있다. 하나님이 우리를 사랑하심은 우리가 하나님의 형상으로 지음받았기 때문이다. 하나님의 '예스'는 이러하다. "내가 너를 사랑함은 네가 너이기 때문이다!"

하나님은 여러분과 나를 포함해 모든 사람을 사랑하시되 지금 그대로의 모습으로 사랑하시지, 우리가 이룬 일이나 앞으로 성취할 수도 있는 일 때문에 사랑하시지는 않는다. 하나님이 우리에게 '예스' 하셨다면 누가 감히 '노'라고 할 수 있느냐고 바울은 물었다. 그렇다면 이 모든 것을 다음과 같이 다른 방식으로 표현해 보겠다.

내가 무슨 행동을 했든 상관없으니,
내가 교회에 다니기 때문도
성경을 읽기 때문도
사람들이 나를 경건한 사람으로 생각하기 때문도 아닙니다.

그리고

내가 어떤 죄를 저질렀든
그 죄가 아무리 악랄하고 비열하고 야비하든
내 마음과 영혼이 아무리 무감각하게 되었든

하나님은 나를 사랑하십니다.

내가 선하기 때문도
선을 행하기 때문도
유명하거나 남을 잘 섬기기 때문도 아니고
다만 내가 지금의 그 모습이기 때문입니다.

나를 향해 하나님은 '예스'라고 하십니다,
하나님이 '예스'라고 말씀하고 계십니다,
그리고 하나님은 영원히 '예스'라고 하실 것입니다.

하나님은 지금 그대로의 나를 위하십니다.

하나님의 '예스'는 멈출 수 없다

로마서 8장 31-39절에는 다른 내용도 있다. 하나님의 '예스'는 중단될 수 없다는 것이다. 바울의 가정 교회 한 곳으로 돌아가서 그 교회의 구성을 다시 상상해 보자. 도덕적으로 정결하지 못한 사람이 그 어떤 권세도 없는 사람 옆에 앉아 있고, 이 권세 없는 사람은 돈 한 푼 없는 빈털터리에게 한쪽 팔을 두르고 서서, 복음을 대적하는 자들에게 날마다 쫓기고 있는 한 사도의 이야기를 듣고 있다. 바로 그 상황에서, 거기 있는 모든 사람과 함께, 하나님이 장엄하게 '예스'라고 하시는 소리를 들어 보라.

"누가 우리를 대적할 수 있습니까?" 바울은 벽력같은 소리로 힐난하듯 말한다. 대답은, "누구도 그럴 수 없다!"이다. 누가 우리를 비난하고도 무사할 수 있는가? 절대 그럴 수 없다. 우리를 "의롭다 하신 이는 하나님"이기 때문이다. 누가 우리를 정죄할 수 있는가? 누구도 그럴 수 없다. 왜인가? 예수님이 우리를 위해 죽으셨고, 그분은 지금 "하나님 우편에 계신 자요 우리를 위하여 간구하시[기]" 때문이다. '예스'의 궁극적

형식은 변호사의 변호 방식이며, 여기서 예수님의 역할은 하나님의 은혜로운 보좌 앞에서 우리 편이 되어 주시고 우리의 변론인이 되어 주시는 것이다. 무엇이 우리를 하나님의 사랑에서 분리시킬 수 있는가? 멈출 수 없고 가차 없는 하나님의 '예스'에 관해서 바울은 로마의 줏대 없는 풋내기 그리스도인들을 향하여 이처럼 비길 데 없는 말을 전한다.

> 그러나 우리는 이 모든 일에서 우리를 사랑하여 주신 그분을 힘입어서, 이기고도 남습니다.
> 나는 확신합니다.
> 죽음도, 삶도,
> 천사들도, 권세자들도,
> 현재 일도, 장래 일도,
> 능력도,
> 높음도, 깊음도,
> 그 밖에 어떤 피조물도,
> 우리를 우리 주 예수 그리스도 안에 있는 하나님의 사랑에서 끊을 수 없습니다(롬 8:37-39, 새번역).

하나님의 '예스' 소리가 들리는가? 무슨 일을 하고 있든 그 일을 멈추고 자기 자신에게 말하라. "하나님의 '예스'는 나를 위한 것"이라고. 너무 단순하고, 너무 기본적이고, 너무 수준 낮다고 여겨진다면, 두 번 말하라. 이는 하나님이 이 세상에서 하시는 큰 실험, 곧 '교회'라는 실험의 시작이기 때문이다. 교회는 '예스'를 위한 하나님의 공간이다.

4장

은혜를 위한 공간

그 사람은 그리스도인들을 멸시했을 뿐만 아니라 이들을 없애 버리려 했다. 그 사람은 자기가 아는 몇몇 그리스도인에게 협박 메일을 보내는 것으로 시작했다. 그리고 가명으로 웹사이트를 개설한 뒤 악의적인 비난과 격렬한 경고의 말을 쏟아 놓았다. 지역 사회 사람들은 그리스도인 집안 사람들에게 신앙과 교회를 버리라고 종용했다.

그 사람은 보는 이가 없을 때면 이따금 그리스도인 한두 명을 두드려 패기도 했다. 하지만 자기가 폭력을 행사하는 것을 당국에서 알아차린다 해도 이들을 도우러 오지 않으리라는 것을 알고 있었다. 이 사람은 신앙 지식을 동원해 열렬하게 탄원하여 경찰 권력을 자기편으로 만들었다. 경찰은 그리스도인들을 감시하기 시작했고, 그래서 일부 신심 깊은 신자들은 경찰에 불려가 심문받았다. 가족이 위험해질 수도 있고, 평생 감옥 생활을 하게 될 수도 있으며, 그보다 더한 일을 겪을 수 있다고 협박도 받았다. 고문당하는 그리스도인도 있었고, 한 젊은 그리스도인 지도자가 본보기로 죽임을 당했다는 소문도 돌았다. 그리스도인 공동체에는 두려움이 엄습했다. 그리고 이 두려움을 본 남자는 한층 광포해져서 이들을 더 괴롭혔다.

이 사람은 현대의 무슬림이 아니다.
이 사람은 테러리스트가 아니다.
이 사람은 철의 장막 뒤에 있는 레닌이나 스탈린이 아니다.
이 사람은 이디 아민(Idi Amin, 우간다 제3대 대통령으로 군사 쿠데타를 일으켜 집권하였다_편집자)도, 로버트 무가베(Robert Mugabe, 짐바브웨 정식 건국 이후 총리로 실권을 행사하다가 1987년 당시 대통령을 동성애 혐의로 체포, 수감시키면서 쿠데타를 일으켜 대통령에 취임한 뒤 2017년까지 30년 넘게 통치했다_편집자)도, 아파르트헤이트 지지자도, 비밀 탐정도, 마약 밀매단 우두머리도 아니다.

이 남자는 사도 바울이다. 오늘날 세상에서는 박해 행위가 어떻게 일어나는지를 설명하려고 바울의 예를 최신화했을 뿐이다.

바울은 최초의 유대인 기독교 공동체 신앙의 적(敵) 1호였다. 이들은 바울이 하나님, 그리스도, 성령, 그리스도인의 원수라는 사실에 모두 동의했다. 그러나 하나님은 그리스도인들을 박해하려는 열심에서 이 사람을 끌어내어 교회로 이끄셨다. 토라에 대한 바울의 열심은 메시아에 대한 열심이 되었다. 그 변화가 바로 은혜다.

바울의 사연을 충분히 읽어 보지 않아서 속속들이 다 모를 수도 있지만, 바울은 과거 대제사장 가야바의 명령을 받고 예루살렘을 떠나 그리스도인들을 잡으러 다녔다. 바울이 그 명령을 성공적으로 이행하고 있을 때 하나님이 그의 삶에 개입하셔서 그를 변화시키셨다. 놀랍게도 3년 뒤, 바울은 랍비의 길을 버리고 예수님의 길로 회심한 사람이 되어 예루살렘으로 돌아갔다. 가야바가, 혹은 바울의 스승이던 유명 랍비 가말리엘이 전에 동료였고 제자였다가 이제 예수님 따름이가 된 바울을 어떻게 생각했을지 궁금히 여겨 본 적이 있는가? 전에 바울과 한패였던 사람들은 바울에게 일어난 일을 어떻게 설명했을까? 그 사람들이 뭐라고 말하든 바울에게는 중요하지 않았다. 하나님의 은혜에 심히 압도되었기 때문이다. 바울은 그 사람들이 어떻게 생각하든 더는 신경 쓰지 않았다. 바울은 자신이 이제 은혜라고 일컫는 자리에 들어와 있음을 알고 있었다.

은혜는 바울의 입에서 나오는 첫 번째 단어다.
은혜는 단순히 운 좋게 하나님 편에 있게 되는 것 이상이다.
은혜는 실패한 사람들에게 부어지는 하나님의 선하심이다.
은혜는 스스로 사랑받을 만하지 못하다고 생각하는 사람들에게 임하는 하나님의 사랑이다.
은혜는 우리가 어떤 존재로 계획되었는지를 하나님이 아시는 것이다.
은혜는 우리가 포기할 때도 하나님이 우리를 믿으시는 것이다.
은혜는 삶의 끝자락에 이른 사람이 새로운 힘을 찾는 것이다.

하지만 은혜에는 이보다 많은 의미가 있다. 은혜는 장소이기도 하고 동시에 능력이기도 하다.

은혜란 하나님이 변화의 능력을 발휘하시는 것이다.

은혜는 삶과 공동체를 재조정하고 경로를 변경시킨다.

은혜가 임하면 최악의 원수가 최고의 친구가 된다.

은혜는 사람들을 있는 모습 그대로 취하여 최선의 모습으로 변화시킨다.

은혜는 우리를 품격 있게 한다. 은혜는 우리를 능력 있게 한다.

은혜는 용서한다. 은혜는 자유롭게 한다.

은혜는 초월하고, 은혜는 변화시킨다.

은혜는 사도 바울처럼 그리스도인을 괴롭히고 토라를 사랑하는 바리새인을, 그리스도인을 사랑하고 그리스도를 따르는 사도로 변화시킨다. 성경에서 내가 가장 좋아하는 성구 하나는 갈라디아서 1장 끝에 나온다. "다만 우리를 박해하던 재[바울]가 전에 멸하려던 그 믿음을 지금 전한다"(갈 1:23). 은혜는 박해자를 설교자로 변화시킨다. 그 사람이 스스로 주장하는 것처럼 "나는 …… 오늘 너희 모든 사람처럼 하나님께 대하여 열심이 있는 자라 내가 이 도를 박해하여 사람을 죽이기까지 하고 남녀를 결박하여 옥에 넘겼[다]"(행 22:3, 4). 인생이 종점을 향해 갈 때, 바울은 예수님을 알기 전 시절을 세 가지 단어로 표현한다. "내가 전에는 비방자요 박해자요 폭행자였으나." 그러나 이어지는 말은 그에게 어떤 변화가 일어났는지를 보여 준다. "도리어 긍휼을 입은 것은 …… 우리 주의 은혜가 …… 넘치도록 풍성하였도다"(딤전 1:13, 14). 바울의 일생을 세 단어로 요약한다면, 아마 열심(zeal), 은혜(grace), 변화(transformation)일 것이다.

은혜는 하나님과 싸우던 사람을 하나님을 옹호하는 사람으로 변화시킨다.

은혜는 예수님을 미워하던 사람을 예수님을 사랑하는 사람으로 변화시킨다.

은혜는 성령에 저항하던 사람을 성령의 음성을 경청하는 사람으로 변화시킨다.

이를 위해서 은혜는 용서를 베푼다. 은혜는 치유하고, 변화시킨다. 은혜는 품격 있게 하며, 능력 있게 한다. 은혜는 샐러드 접시 속 사람들이 타인을 편안히 느낄 수 있게 한다. 오직 은혜만이 이런 일을 할 수 있다.

은혜에서 은혜들로

바울은 은혜의 장소 혹은 교회를 '샐러드 접시'라고 부르지 않았다. 그보다 그는 이곳이 '그리스도 안에' 있다고 말한다. 신약 성경에서 '그리스도 안에' 있다는 언급을 다 찾아보고 우리가 '그리스도 안에' 있을 때 무엇을 얻게 되는지 생각해 본 적이 있는가? '그리스도 안에' 있다는 말은 우리가 그리스도 안에서 살고, 그리스도 안에서 죽고, 그리스도 안에서 자란다는 뜻이다. 그리스도 안에 있다는 말은 그리스도 안에 있는 다른 사람들과 하나가 된다는 뜻이다. 그리스도 안에 있다는 말은 하나님 안에 있다는 뜻이다.

하나님은 그리스도 안에 있는 사람들에게 (말 그대로) 세상을 약속하신다. 그리스도 안에 있다는 말은 하나의 은혜 위에 또 다른 은혜가 쌓인다는 뜻이다. 은혜는 우리가 샐러드 접시 안에 있게 하고, 샐러드 접시 안에서 우리가 할 일을 정해 주며, 샐러드 접시 안에서 다른 사람들과 함께 살 수 있는 용기와 능력을 준다. 여기서 나는 '그리스도 안에서' 우리가 얻을 수 있는 모든 것의 고작 한 예만 보여 줄 수 있지만, 고린도전서 1장 4절에서는 그 위치에 대한 자부심을 느낄 수 있다.[1]

그리스도 예수 안에서 너희에게 주신 하나님의 은혜로 말미암아 내가[바울이] 너희를 위하여 항상 하나님께 감사하노니.

은혜는 저절로 사방으로 퍼지고, 우리는 그리스도 안에서 그에 따르는 '은혜들'을 받는다.[2]

자유
칭의, 또는 하나님에게 합당하다 선언됨
영생
성화, 혹은 거룩하게 됨
화목, 혹은 하나님과 화평을 이룸
모든 신령한 복을 받음
하나님 존전(尊前)에서 그리스도와 함께 높임받고 함께 앉음
선한 일을 하기 위해 창조됨
용서받음

평화

쓸 것이 채워짐

믿음과 사랑

이 모든 것이 은혜, 사도 바울을 박해자에서 사도로 변모시킨 은혜다. 이는 서로 다른 사람들과의 사귐이라는 어려운 문제에 직면하여 그 사람들을 최고의 친구로 삼을 수 있게 하는 은혜다. 바울은 이 은혜가 가정 교회들에서 역사하는 것을 목격했다. 주인의 소유물인 탓에 자기 몸조차 마음대로 하지 못하는 노예 상태의 매춘부, 로마 제국의 실업 수당 대상이 되지 못하는 노숙자, 직공들이 물건 가격을 두고 다른 가게 노예들과 소란을 벌인 공방 주인 등, 바울은 이 같은 사람들을 떠올리면서 하나님의 은혜가 로마 제국 전역의 가정 교회들에서 어떤 일을 이루고 있는지 알게 되었다. 평범한 사람들이 비범하게 평범한 사람들이 되어 가고 있었다!

평범한 사람들도

우리 그리스도인들은 극적이고 특별한 은혜 이야기에 열광할 때가 많다. 우리는 바울의 사연 같은 그런 유명한 이야기를 좋아한다. 하지만 은혜는 극적인 일에서만 발견되지는 않는다.

은혜는 평범한 가정에서 자라 평범한 직업을 가지고 평범한 교회에서 평범한 그리스도인의 삶을 사는 평범한 남녀의 이야기 속에서 역사한다. 역사하는 은혜의 능력은 동일하다. 느리지만 꾸준한 변화도 여전히 변화다. 하나님의 역사가 대부분 평범한 사람들에게 일어나는 것은, 바로 그 사람들이 이 세상에 깃들어 사는 사람들이기 때문이다. 하나님의 은혜는 평범한 사람들을 더 나은 사람들로 만들어 준다. 분노 가득한 친구가 점잖은 벗이 되는 것은 하나님의 은혜다. 이기적인 엄마가 베풀 줄 아는 엄마가 되는 것도 하나님의 은혜다. 멀게만 느껴지던 남편이 정서적으로 늘 곁에 있어 주는 남편이 되는 것도 하나님의 은혜. 불만 가득하던 10대 자녀가 처음부터 다시 가족 구성원이 되는 것도 하나님의 은혜다. 뒤에서 험담하던 교회 친구가 과묵해지는 법을 배우는 것도 하나님의 은혜다.

여기 여러분을 위한 은혜도 있다. 노던신학교에서 내가 가르친 학생인 타라 베스는 자기가 자란 가정을 "크리스터스"(ChrEasters)라고 부른다. 자기 집 식구들은 성탄절(Christmas)과 부활절(Easter)에만 교회에 가기 때문이다. 그러나 별다른 가족 상담을 받은 적이 없고, 스스로도 평범한 사람이라고 말하는 타라 베스는 자신의 영적 여정에서 일어난 일을 다음과 같이 설명한다.

> 열다섯 살 때 나는 참 하나님을 알고 싶다는, 말로 설명할 수 없는 갈망을 경험했다. 이 갈망과 더불어 내 삶에는 친구 하나 없이 끔찍하게 외로웠던 때가 있었다. 삶의 동행이 있었으면 했고, 삶의 의미를 느끼고 싶었다.
>
> 그래서 나는 동네에 있는 캠퍼스 라이프 디렉터(Campus Life Director)를 찾아갔다. 이 사람은 성경을 읽으면서 내가 추구하는 해답을 찾는 것부

터 시작해 보라고 조언해 주었다. 그날부터 나는 밤마다 혼자 방에 틀어박혀 성경을 읽었다. 구약 성경을 먼저 읽었는데, 창조 이야기와 아담, 아브라함, 모세, 이스라엘 이야기가 정말 재미있었다.

저녁이면 전날 밤에 이어서 이 경외감을 불러일으키는 이야기를 또 읽을 생각에 숙제를 마치자마자 들뜬 마음으로 내 방으로 달려갔다. 그러다가 어느새 누가복음에 이른 나는 이 이야기에 온통 마음이 사로잡히고 말았다. 메시아이신 예수 그리스도가 본을 보여 주신 긍휼과 사랑과 은혜에서 헤어 나올 수가 없었다. 밤이면 밤마다 누가복음을 통해 예수님을 찾고자 하는 깊은 갈망과 바람을 느꼈다. 어느 날 밤 나는 십자가 이야기에 이르렀다. 그리고 모든 것이 한꺼번에 이해되자 큰 기쁨에 압도되었다. 그날 밤 나는 무릎을 꿇은 채 손을 허공에 치켜들고 기쁨에 겨운 눈물을 흘렸다. 나는 은혜와 소망을 발견했다…… 아니, 은혜와 소망이 나를 발견했다.

내 입에서 새어나올 수 있던 말은 "감사합니다, 예수님. 감사합니다, 예수님. 감사합니다, 예수님"뿐이었다. 한 시간 동안 계속 이 말을 되뇌며 무릎 꿇고 앉아 울었다. 바로 거기서 나는 예수님을 만나 완전히 사랑에 빠졌다.

그날 이후 나는 과거로 돌아가지 않았다. 우리 왕 예수님을 만난 것이다.

은혜는 외로운 사람들을 찾아가 이들이 하나님과 교제할 수 있게 한다. 은혜는 사랑에 대한 우리의 갈망을 알아차리고 우리를 하나님의 임재로 안내한다. 은혜는 의미를 찾고자 하는 우리의 염원을 의미라는 선물로 변화시킨다. 하나님의 은혜는 홀로 있는 우리에게 말을 걸어,

하나님 및 다른 사람들과의 사귐으로 우리를 이끌어 간다. 타라 베스는 바울이 경험한 바로 그 은혜, 바로 그 변화의 능력을 경험했다. 타라 베스는 사랑받았다. 타라는 지금 신학교에 다니고 있다. 결혼도 하고, 엄마가 되었다. 타라는 교회에서 섬김의 일을 하고 있다. 타라는 선물을 받았다.

이 책 원고의 이 부분을 읽고 나서 타라 베스는 다음과 같이 소감을 남겼다.

> 어릴 때부터 나는 공부에 어려움을 겪었다. 심각했다. 초등학교 때는 온통 바닥을 기는 점수뿐인 성적표를 집에 가져갔다. 개념을 이해하지 못하거나 질문에 답하지 못해서 같은 반 아이들 앞에서 창피를 당한 적도 있다. 나는 특수 교육반 아이들과 함께 여러 소규모 반에 편성되어 일대일 지도를 받아야 했다. 언어 장애도 심해서 이 문제로 꽤 오래 치료를 받아야 했다. 고등학교도 간신히 졸업했다.
>
> 그래서 하나님이 나를 사역자로 부르신다는 것을 알게 되었을 때 나는 언어 문제뿐만 아니라 공부 문제 때문에도 겁이 났다. 대학 과정을 어떻게 마친단 말인가? 하지만 나는 해냈다. 사실 열여섯 살 때 성경에서 예수님의 "지혜가 자라 갔다"는 말을 읽지 않았는가. 나도 정말 하나님을 높이는 방식으로 하나님의 말씀을 이해하고 가르치고 싶었다. 그래서 밤마다 기도했다. "예수님, 저의 지혜가 자라게 해주세요." 눈물 흘리며 기도한 기억이 난다. 언어와 공부 문제 때문에 얼마나 불안했던지 나는 하나님을 위해 쓰일 그릇이 못 된다고 생각했다. 그런데 대학에 들어가자 상황이 달라지기 시작했다. 복잡한 신학 개념과 성경의 개념들이 이

해되기 시작했다. 나는 지적으로 발달하기 시작했다. 하지만 불안감은 쉽게 사라지지 않았다.

하나님이 나를 노던신학교로 부르셨을 때, 학교에 다시 가야 한다는 생각에 구토가 나기까지 했다. 오래 묵은 두려움이 다시 나를 휘감았다. 그래서 나는 기도하고 기도하고 또 기도했다. "주님, 저의 지혜가 자라게 해주세요." 최근 나는 일종의 돌파구가 열리는 경험을 했다. 중요한 경험이었다. 과거의 내가 어떠했고 어떤 일을 겪었는지 생각해 보면, 이것이 하나님의 풍성하고, 순전하며, 아낌없고, 엄청난 은혜일 뿐이라는 것을 알게 된다.

하나님은 그저 성장에 박차를 가하는 방식으로 하나님 말씀을 이해하고 싶어 하는 열여섯 살 여자 아이의 기도를 들으셨다. 논문을 쓰든, 책을 읽든, 설교를 하든 매번 하나님의 은혜였다. 하나님의 은혜가 성령을 통해 내 영혼 깊은 곳을 향해 말씀하신 것이었다. "너의 불안을 내려놓고 내가 일하고 있다는 것을 믿고 의지하라"고 말이다.

타라 베스는 존재감 없는 사람이었는데 하나님의 은혜로 눈에 보이는 사람이 되었다. 타라는 지금 주변 사람들이 모두 나와는 다른 사람일 때 어떻게 하면 이들과 어울려 살아갈 수 있는지 알고자 하는 사람들과 함께 '그리스도 안에' 있다. 하나님이 원하시는 교회가 되는 유일한 길이 있다면 그것은 바로 우리가 은혜에 흠뻑 젖는 것이다.

은혜_ 축소된 이야기인가, 전체 이야기인가

안타깝게도 은혜 이야기는 짤막한 이야기로 축소될 때가 많다. 작가 프레드릭 비크너(Frederick Buechner)도 이런 경향이 있어서, "잠을 잘 자는 것이 은혜이며 좋은 꿈을 꾸는 것도 은혜"라고 말한다. "비 내릴 때의 냄새도 은혜"라고 한다.³ 나도 잠을 푹 자는 걸 좋아하고 후두두 비 내리는 소리를 좋아하지만, 은혜를 이렇게 일상의 유쾌한 체험 정도로 축소시키는 것은 은혜에 해를 끼친다.

은혜에 대한 두 번째 오해는 슬픈 얼굴이다. 즉, 악한 사람들에게 그 사람이 얼마나 악한지 일깨워 주는 방식으로 하나님이 행하시는 일이 바로 은혜라고 생각하는 것이다. 이 짧은 이야기의 의미는 이렇다. "하나님이 우리를 대적하셨지만, 하나님은 은혜로우셨고 지금 우리는 운이 아주 좋아서 하나님 편에 있는 것일 뿐"이라는 것이다. 의미가 축소된 은혜는 표준적으로 다음 세 가지로 정의된다.

> B. B. 워필드(Warfield)_ "은혜는 자격 없는 사람에게 값없이 주어지는 호의다."
>
> 제리 브리지스(Jerry Bridges)_ "[은혜는] 하나님이 자신에게 반역하는 사람들을 향해 아래로 손을 내미시는 것이다."
>
> 폴 잘(Paul Zahl)_ "은혜란 자격 없는 사람을 향한 하나님의 무조건적 사랑이다."⁴

이 각각의 정의에서 강조되는 것은 우리의 '자격 없음'이다. 그것이 바로 짧게 표현된 은혜 이야기다.

　전체 이야기는 은혜를 이렇게 정의한 사람들과 같은 지점에서 출발하여 훨씬 멀리까지 이어진다. 작가 앤 라모트(Anne Lamott)가 한번은 이렇게 말했다. "나는 은혜의 신비를 다 이해하지 못한다. 다만 은혜는 우리를 지금 모습 그대로 만나 주되 거기 그냥 버려두고 가지 않는다는 것만 알 뿐이다."[5] 그것이 은혜의 전체 이야기다. 은혜는 내 공간으로 침투하지만 나를 그 공간에 남겨 두지 않는다. 그렇다, 은혜는 새 공간을 창조한다.

　은혜는 하나님의 분노나 진노와 더불어 시작하지 않는다는 것을 아는 것도 중요하다. 그렇다, 하나님의 은혜는 사랑을 담아 '예스'라고 말씀하시는 음성으로 시작한다. 은혜는 우리를 향한 하나님의 억제할 수 없는 사랑과 더불어 시작한다. 하나님은 '그리스도 안에' 우리 자리를 마련해 주시고, 그런 뒤 하나님의 은혜는 우리가 '그리스도 안에서' 번영할 수 있는 능력을 주신다. 은혜는 우리의 세상으로 엄습해서 우리가 영생을 위해 완전히 채비를 갖출 때까지 우리를 변화시킨다. 은혜는 우리 안에서 역사하는 하나님의 다정하고 새로운 창조 능력이다. 캐슬린 노리스(Kathleen Norris)는 사도 바울과 비슷하게 하나님의 예술적 은혜를 이렇게 묘사한다. "베드로는 예수님을 부인했고, 사울은 초기 그리스도인들을 박해했다. 하지만 하나님은 이들이 사도가 되리라는 것을 아실 수 있었다."[6] 도로시 세이어즈가 한번은 말하기를, 예술가는 "인생을 해결해야 할 문제가 아니라 창조를 위한 수단으로 본다"고 했다.[7]

　교회가 하나님이 구상하신 교회가 되려면, 하나님의 예술적 은혜를 전체적으로 다 이야기할 수 있는 공간이 되어야 한다. 우리가 어떤 상태에 있었고, 지금 어떤 상태에 있으며, 언젠가 어떤 상태에 있게 될지에 관한 이야기 말이다.

은혜는 변화시킨다

바울이 자신의 전 생애와 관련해 '은혜'라는 말을 얼마나 자주 쓰는지 주목해 보라. 수십 번은 썼을 것이다. 바울의 글에서 인용한 다음 구절을 꼼꼼히 읽어 보라(강조 부분은 저자가 추가).

> 그러나 내 어머니의 태로부터 나를 택정하시고 그의 **은혜**로 나를 부르신 이가 그의 아들을 이방에 전하기 위하여 그를 내 속에 나타내시기를 기뻐하셨을 때에(갈 1:15, 16).

하나님은 은혜로 하나님 자신을 바울에게 친히 나타내셨다.

> 또 기둥같이 여기는 야고보와 게바와 요한도 내게 주신 **은혜**를 알므로 나와 바나바에게 친교의 악수를 하였으니 우리는 이방인에게로, 그들은 할례자에게로 가게 하려 함이라(갈 2:9).

이방인을 향해 가는 바울의 사명은 하나님의 은혜였으며, 이는 바울이 로마 신자들에게 보낸 편지에서 다음과 같이 입증된다.

그로 말미암아 우리가 **은혜**와 사도의 직분을 받아 그의 이름을 위하여 모든 이방인 중에서 믿어 순종하게 하나니(롬 1:5).

우리의 각 '은사'는 모두 하나님의 은혜에서 온다.

우리에게 주신 **은혜**대로 받은 은사가 각각 다르니 혹 예언이면 믿음의 분수대로(롬 12:6).

여기 은혜보다 더한 은혜, 그 은혜보다 더한 은혜가 있으니, 사도 바울은 **자신의 모든 존재와 자신이 행한 모든 일이 다 하나님의 은혜**라고 말한다!

그러나 내가 나 된 것은 하나님의 **은혜**로 된 것이니 내게 주신 그의 **은혜**가 헛되지 아니하여 내가 모든 사도보다 더 많이 수고하였으나 내가 한 것이 아니요 오직 나와 함께하신 하나님의 **은혜**로라(고전 15:10).

그렇다, 바울에게는 말하기도 끔찍한 과거가 있다. 그런데 은혜는 그 이야기까지 품는다.[8] 바울이 생각하는 은혜는 짧게 축소된 이야기에 그치지 않는다. 바울의 은혜 개념은 우리 안에 역사하는 그 은혜의 전체 이야기를 들려준다. 그리고 그 은혜는 '잭'이라는 한 남자의 삶에도 역사했다.

잭이라는 남자를 위한 은혜

1차 세계 대전 때 프랑스에서 일단의 영국 군대가 독일군의 포격을 받았다. 해리 에어스는 전사했고, 옆에 있던 남자는 살았다. 살아남은 사람은 '잭'이었고, 부모가 부르는 이름대로라면 '클라이브 스테이플스'(Clive Staples)였다. C. S. 루이스,[9] 우리가 사랑하는 사람의 이름에 있다시피 말이다. 루이스 전문가 앨런 제이콥스(Alan Jacobs)는 "회심 전의 루이스는 …… 특별히 호감 가는 사람도, 특별히 흥미로운 사람도 아니었다"고 말한다. 유명한 저서 『순전한 기독교』(홍성사 역간)에서 루이스는 '대죄'(The Great Sin)란 교만 혹은 자만이라고 설명한다. 루이스는 교만 혹은 자만이 "철저히 하나님을 대적하는 마음 상태"라고 말하는데,[10] 루이스는 하나님을 대적하는 그 마음 상태가 어떤 것인지 체험을 통해 잘 알고 있었다.

제이콥스가 말하는 10대 중반 루이스의 모습은 아마 회심 전 루이스의 삶이 어땠는지를 딱 들어맞게 설명해 준다고 할 것이다. 루이스는 "하나부터 열까지 밉살스럽고, 오만하고, 잘난 체하고, 지적으로 융통성 없는 사람"이었다. 루이스는 10대 시절 무신론자가 되었지만, 아버지가 다니던 (현재의) 북아일랜드의 교회에서 불경하게도 시늉만으로 견진성사를 받았다. 루이스는 훗날 이렇게 말했다. "예수아(Yeshua), 혹은 예수라고 하는 사람은 실제로 존재했다. …… 하지만 동정녀 탄생이니, 마법 같은 치유니, 유령처럼 나타났다느니 하는 것은 모두 여느 신화나 다름없이 말도 안 되는 소리다." 청년 시절 루이스는 기독교를 비롯해 종교적 믿음에 관해 이런 말을 했다. 이런 믿음은 "일종의 고질적인 넌센스로, 인간은 이런 허튼 짓으로 빠져드는 경향이 있다." 또한 하나님에 대해서는 "언제까지나 나를 괴롭힐 준비가 되어 있는 괴물"이라고 했다. 1차 세계 대전 당시를 회상하면서, 두렵지 않았느냐고 묻자 하나님에 대한 루이스의 완고한 저항은 시대를 초월한 오만으로 표현된다. "늘 두려웠습니다. 하지만 기도를 할 만큼 바닥을 치지는 않았습니다." 옥스퍼드 시절 루이스는 한 친구를 향해 "화를 내며 소리쳤다. '당연하다고 여기는 게 참 많군. 하나님 이야기부터 하면 안 돼. **난 하나님을 인정하지 않는다고!**'" 회심 전에 쓴 첫 번째 책「속박된 영혼들」(Spirits in Bondage)에서는 하나님을 대적하는 루이스의 마음 상태를 보여 주는 다음과 같은 냉담한 표현을 볼 수 있다.

> 자, 죽기 전에 우리 주인(Master)을 저주하자,
> 우리 모든 희망은 끝없는 파멸 가운데 있으니
> 선(善)은 죽었다. 지존자를 저주하자.¹¹

옥스퍼드 시절, 루이스는 학생이면서 무어 부인과 모종의 친밀한 관계를 맺는 이중생활을 했는데, 이는 고의적인 기만으로 감싸인 관계였다. 루이스 전기 작가들의 말이 정확하다. 루이스는 무명의 오만한 옥스퍼드인이었다.

인생 여정 중에 루이스는 자신이 정말 얼마나 오만했는지 깨닫게 되었다. 친구 레오 베이커에게 보낸 편지에서 루이스는 하나님에게 아주 조금 양보하게 되었다고 실토한다. "하늘에 도전하기를 그만두었다. 그것(it)은 나만큼이나 이해하기가 어렵다." 하나님이 존재한다는

것은 인정하게 되었지만, 그에게 하나님은 여전히 '그것'(it)이다. 루이스는 자기가 가는 길에 빙산이 있음을 인지한다. "오래된 교리는 알다시피 아주 참이다. 만사는 하나님의 은혜로 돌려야 하며, 그 무엇도 자기 공으로 여겨서는 안 된다는 것 말이다." 루이스는 솔직하게 고백한다. "하지만 기만당한 바보로 사는 한, 그렇지 않은 척해 봐야 아무 소용 없다." 루이스의 저서 「스크루테이프의 편지」(홍성사 역간)만큼 인간 본성을 통찰하게 해주는 책은 없을 것이다. 이렇게 통찰 있는 책을 쓴 걸로 봐서 루이스가 도덕을 깊이 연구한 것 같다고들 했을 때 그는 자신의 도덕적 통찰의 근원은 자신의 교만한 마음이었다고 털어 놓았다. 친구 아서에게 보내는 편지에서 루이스는 자신의 내면세계를 발견 중임을 드러낸다. "깊이를 알 수 없는 자기애(自己愛)와 자만."

하지만 루이스는 오만에서 벗어나 무릎을 꿇었다. 「예기치 못한 기쁨」(홍성사 역간)에 나오는 유명한 구절은 하나님이 루이스에게 현존하게 되었음을 그가 인식했다는 사실을 보여 준다.

> 모들린[옥스퍼드에서 루이스가 다닌 단과 대학]의 그 방에서 나 혼자 밤이면 밤마다, 잠시라도 일 생각에서 벗어날 때마다 내가 그토록 만나지 않기를 바랐던 그분이 꾸준히, 가차 없이 내게 다가오는 느낌이던 광경을 그려 보아야 한다. 내가 크게 두려워하던 일이 마침내 닥쳐왔다.[12]

풍부한 상상력과 신화에 대한 지식, 그리고 '노던니스'(Northernness: 스칸디나비아 고전 문학에 등장하는 시나 전설_ 옮긴이)와 '기쁨'에 대한 동경이 가득한 독서 편력은 그의 무신론을 조금씩 무너뜨렸다.

견실한 무신론자로 남고 싶은 청년이 아무리 책을 가려 가며 읽어도 소용없다. 도처에 함정이 도사리고 있다.[13]

루이스에 관한 한, 하나님을 추구하는 사람의 사연은 없다. 그보다 그는 하나님이 자신을 찾아오시는 것을 감지했다. 그래서 그는 문을 부수고 믿음의 빛을 안으로 들인다.

1929년 (부활절 후) 트리니티 학기에 나는 항복했다. 하나님이 하나님임을 인정했고, 무릎 꿇고 기도했다. 아마 그날 밤 잉글랜드 전역에서 가장 낙심한 채 마지못해 회심한 사람이었을 것이다.[14]

1931년 9월 19일, 루이스는 친구인 J. R. R. 톨킨(Tolkien), 휴고 다이슨(Hugo Dyson)과 깊은 밤까지 토론을 벌였다. 그리고 이 토론으로 그는 기독교 신앙에 한 걸음 가까워졌다. 신화를 좋아하는 루이스의 취향이 예수님의 죽음과 부활 이야기에 대한 사랑으로 이어졌어야 한다고 두 친구가 말했을 때, 루이스는 또 한 걸음을 내디뎠다. 하나님은 이미 루이스의 내면 세상에 임재하여 계셨지만, 그리스도께서 루이스의 마음 문을 두드린 것은 바로 그날 밤이었다. 윕스네이드 동물원에 가는 동안 루이스는 하나님의 참 아들이신 예수 그리스도를 향해 마음 문을 열고 그분을 맞아들였다. 그러자 그 즉시 인생이 납득되었다. 아니, 흉내낼 수 없는 그만의 방식을 빌려 표현한다면 "내가 기독교를 믿는 것은 태양을 볼 수 있어서가 아니라 태양 덕분에 다른 모든 것을 볼 수 있기에 태양이 떴다고 믿는 것과 마찬가지다."[15]

루이스는 '항복했다.' 그러자 인생의 엉클어진 실타래가 풀리는 동시에 한 점으로 모였고, 그 결과 루이스는 20세기의 가장 위대한 회심자 중 한 사람이자 왕 예수의 다스림 앞에서 교만이 무너진 사람의 위대한 사례가 되었다. 우리가 사랑하는 루이스는 하나님의 은혜의 임재로 변화된 루이스다.

은혜가 뿌리내리면 어떤 일이 생기는가

우리는 바울의 생애를 읽을 수도 있고 C. S. 루이스의 생애를 읽을 수도 있다. 아니, 예수님의 생애를 곧장 바라볼 수도 있다. 그리고 은혜가 한 사람의 삶에 엄습할 때 가장 먼저 보게 될 것은 사랑으로 변화된 삶이다. 지역 교회가 그리스도인의 삶을 빚는다고 한 말을 기억하자. 은혜가 창조했고 창조하고 있는 서로 다른 사람들끼리의 사귐을 견고히 하는 것이 우리의 과제임을 기억하자. 그런데 그런 유형의 사귐을 위해 빚어진 그리스도인의 삶은 은혜뿐만 아니라 사랑도 요구한다.

2부

―

사랑

A
Fellowship
of
Differents

5장
사랑은 일련의 전치사

바울은 사랑이 그리스도인의 삶 전반의 중심이라고 거듭거듭 **거리낌 없이** 주장한다.

> 온 율법은 **네 이웃 사랑하기를 네 자신같이 하라** 하신 한 말씀에서 이루어졌나니(갈 5:14).
> 오직 성령의 열매는 **사랑**과(갈 5:22).
> **너희 모든 일을 사랑으로 행하라**(고전 16:14).
> 이 모든 것 위에 **사랑을 더하라 이는 온전하게 매는 띠니라**(골 3:14).
> 내가 기도하노라 **너희 사랑을** 지식과 모든 총명으로 **점점 더 풍성하게 하사** 너희로 지극히 선한 것을 분별하며 또 진실하여 허물 없이 그리스도의 날까지 이르고 예수 그리스도로 말미암아 의의 열매가 가득하여 하나님의 영광과 찬송이 되기를 원하노라(빌 1:9-11).
> 그리스도 예수 안에서는 할례나 무할례나 효력이 없으되 **사랑으로써 역**

사하는 믿음뿐이니라**(갈 5:6).

바울의 말을 있는 그대로 받아들이라. 중요한 것은 사랑뿐이고, 사랑은 할례보다 중요하다. 이는 이방인 남자들에게 반가운 일이다! 또한 재치 있고 혁명적인 한 주장에서 바울은 이웃 사랑이 곧 "온 율법"이라고 공개적으로 선언하여 사랑을 급진적으로 표현한다.

회당 우파들은 이렇게 반응했다. "토라에는 613가지 계명이 있는데, 어떻게 그중 한 가지 계명이 율법 전체일 수 있는가?"

바울은 이렇게 대답한다. "사랑이 우리를 향한 하나님의 뜻을 총체적으로 표현하기 때문이다."

사랑을 중심으로 여긴다는 점에서 바울은 모든 계명이 하나님 사랑이나 이웃 사랑에서 나온다고 말씀하신(마 22:37-40) 예수님에 버금간다.[1] 바울은 성령(안에 사는 삶)의 첫 열매가 사랑인 만큼(갈 5:22) 우리는 "모든 일을 사랑으로 행[해야]" 한다고 말함으로써 예수님의 말씀을 반향한다.

바울에게는 사랑이 중심이다. 사랑이 중심인 것은 로마 제국에 점점이 흩어져 있는 가정 교회들에서 서로 사귐을 갖고 있는 사람들에게 그리스도인의 삶이 어떤 난제를 안기는지 바울이 잘 알고 있기 때문이다. 이들이 이 어려움을 뚫고 나가는 유일한 길은 각 사람이 타인을 사랑하는 법을 익혔느냐에 달려 있다. 로마의 노예들과 공방 주인들은 토라를 준수하는 유대인들과 한 상에 둘러앉아 기도하는 데 익숙하지 않았고, 정결을 중시하는 유대인들은 매춘부나 이주 노동자들과 함께 성경을 읽는 데 익숙하지 않았다. 하지만 바울은 이것이 삶을 위한 하나님의 가장 큰 이상이라고 믿었다. 이는 서로를 사랑해야 할 필요를 우리에게 다시 일깨워 준다.

사랑은 훌륭한 개념이지만……

사랑은 훌륭한 개념이지만, 내가 사랑해야 할 사람이 나와는 다른 사람일 경우에는 이야기가 달라진다. 사랑은 훌륭한 개념이지만, 내 이웃이 사실상 어떤 사람인지 알기 전까지만이다. 사랑은 훌륭한 개념이지만, 우리 교회에 출석하는 사람이 어떤 사람인지 알게 되면 이야기가 달라진다. 사랑은 훌륭한 개념이지만, 내 아이가 폭주하면 이야기가 달라진다. 사랑은 훌륭한 개념이지만, 식구 중 누군가가 싱크대 수도를 계속 틀어 놓아서 온 집 안에 물난리가 나면 이야기가 달라진다. 사랑은 훌륭한 개념이지만, 주일 아침 예배당에서 내 옆에 앉은 사람이 누구인지 알게 되기 전까지다. 더 많은 예를 들 수 있지만, 그렇다, 사랑이 중심이고, 사랑은 선량하고 교양 있으며, 사랑은 관용적인 태도를 갖게 한다. 그 누구도 사랑을 문제 삼지는 않는다.

하지만 사랑이란 정확히 무엇인가?

누구나 사랑이 무엇인지 안다고 생각하지만, 사랑을 정의할 수 있는 사람은 별로 없다. 어떤 이들은 한 발 물러서서 그저 이렇게 말할 것이다.

"사랑을 정의할 수는 없지만, 사랑이 눈에 보이거나 느껴질 때는 알 수 있지요." 여기, 성경에서 말하는 사랑이 무슨 의미인지 정의할 때의 두 가지 법칙이 있다.

법칙 1. 현대어 사전에서 찾아본 '사랑'이라는 단어로 성경이 말하는 사랑을 정의하지 말라. 사전은 단어들이 오늘날 어떻게 쓰이는지를 정의하지, 성경 시대에 그 단어가 무슨 의미였는지를 알려 주지는 않는다. 사전이 하는 말에 주목해 보라. 사랑은 '깊은 애정의 강렬한 느낌'이다. 맞다, '사랑'이라는 말을 쓸 때 우리 시대의 문화는 감정과 애정을 떠올린다. 하지만 사전에서 말하는 그 정의는 100퍼센트 서구 문화의 영향을 받은 것으로, 성경이 뜻하는 사랑의 희미한 그림자에 지나지 않는다.

법칙 2. 하나님이 이스라엘을, 자기 아들을, 교회를, 사실상 온 창조 세계를 사랑하시는 모습을 지켜봄으로써 성경에서 말하는 사랑을 정의하라. 하나님은 사랑이 무엇인지 우리에게 보여 주신다. 그러므로 우리는 사전이 강조하는 사랑과 애정에서 시선을 돌려 성경이 특별한 방식으로 보여 주는 사랑에 주목할 때에야 비로소 '사랑이 무엇인가'라는 질문에 답변할 수 있다. 하지만 성경을 펼치기 전, 이 시대 문화에서 사랑이 무슨 의미인지를 잠시 살펴보아야 할 것이다. 그것이 바로 우리가 숨 쉬는 공기이자, 우리가 보는 영화, 우리가 읽는 책, 우리가 소비하는 뉴스이기 때문이다. 문화는 우리가 되돌려 놓아야 할 사랑의 정의를 우리에게 제시한다.

미국 문화에서 볼 수 있는 사랑

미국 문화는 사랑을 정서적 체험, 기쁨, 만족으로 정의한다.[2] 뇌 연구자들은 우리에게 쾌감을 주는 신경 화학 물질인 도파민을 꾸준히 가리킨다. 이 연구자들은 오르가슴, 연인과의 관계에서 느끼는 만족감, 초콜릿 맛, 알코올에 취했을 때의 몽롱함이 신경 화학적 체험의 동일한 스펙트럼에 있다고 말한다. 대부분의 사람들은 사랑을 정서적 체험으로 정의하는 개념을 받아들여 왔으며, 이때 이 체험은 도파민이 펑펑 분출되게 만드는 어떤 것을 뜻한다. 사람들은 "사랑에 빠진다"는 말을 많이 하는데, 이는 '도파민의 쾌감 지대에 빠지는' 것을 우리 시대의 문화적 화법으로 표현하는 말이다. 또 우리는 '케미스트리'(chemistry)라는 말로 사랑을 신경 화학적 활동이 왕성한 데 따르는 쾌감과 동일시한다. 하지만 도파민이 분출되는 것은 성경이 의미하는 사랑이 아니다.

이 시대 문화, 그리고 이 시대의 많은 그리스도인이 사랑을 이런 의미로 생각하는 데 아주 익숙하기 때문에, 우리는 부부 사이, 가족, 친구와의 관계, 우리의 샐러드 접시가 되어야 할 교회 사람들과의 관계에서 사랑을 실천하는 데 어려움을 겪는다. 우리는 왜 사랑에 어려움을 겪는가? 그릇된 사랑 개념으로 우리 마음을 감쌌기 때문이다. 성경이 뜻하는 사랑이 도파민이 주는 황홀감으로 시작하는가? 아니다. 성경이 말하는 사랑은 우리 시대 문화가 모르는 체하며 넘어가고 싶어 하는 지점에서 시작한다. 그러므로 이제 성경에서 말하는 사랑의 네 가지 요소 중 첫 번째를 살펴보기로 하자.

요소 1. 험난한 책무

성경은 하나님이 언약의 책무를 다하겠다고 아브라함과 약속하신다는, 전혀 흥미롭지 않은 개념으로 사랑이 무엇인지 우리에게 이야기하기 시작한다(창 12, 15장을 읽어 보라). 하나님은 아브라함과의 언약이라는 험난한 책무를 이행하기 시작함으로 사랑하신다. 그리고 이 언약의 책무는 다윗에게 하신 약속에서 새롭게 표현되고, 예레미야 31장의 새 언약 예언에서 아주 새로운 미래를 발견하며, 마침내 예수 그리스도 안에서 하나님이 우리와 맺으시는 최종 언약에 이른다(이 언약을 우리는 하나님의 '새 언약'이라고 부른다). 그래서 사랑은 본래 감정이나 애정이 아니라 상대방에게 언약의 **책무**를 다하는 것이다. 책무를 다한다고 해서 감정을 부인하는 것은 아니다. 책무는 감정을 재정렬한다.

언약이 무엇인지 표현할 때 나는 '책무'(commitment)라는 말과 함께 '험난한'(rugged)이라는 단어를 쓰는데, 여기에는 분명한 이유가 있다. 사랑은 대체로 힘든 일이다. 미국 신학자 스탠리 하우어워스(Stanley Hauerwas)가 한번은 말하기를, 서로 완전히 융화되는 두 사람은 세상에 없다고 했다.³

하우어워스의 말이 옳다면(나는 그의 말이 맞다고 생각하는 편이다. 게다가 누가 텍사스 출신을 상대로 이러쿵저러쿵 논쟁하겠는가!), 사랑은 융화될 수 있는 사람이었다가 성가신 존재가 될 수도 있는 사람에게 험난한 책무를 이행하는 것이며, 이는 하나님의 장대한 사회 실험 가운데 있는 교회 사람들에게도 해당될 수 있다. 바울이 사랑 이야기를 그렇게 많이 하는 것도 당연하다!

요소 2. '함께'한다는 험난한 책무

하나님이 하신 언약의 중심 약속은 이스라엘과 함께하겠다는 것이다. "나는 너희의 하나님이 되고 너희는 내 백성이 될 것이니라."⁴ 하나님이 어떻게 인간과 함께하셨는가? 하나님은 연기 나는 화로에서 아브라함과 함께 계셨다. 창세기 15장에서 하나님은 우리에게는 낯설지만 아브라함에게는 자주 있었고 흔히 예측되기도 했던 한 행동을 통해 아브라함에게 하신 약속을 인(印) 치셨다. 즉, 짐승을 반으로 쪼개고 약속의 두 당사자가 각각 그 두 조각 사이로 지나감으로써 "내가 내 약속에 충실하지 않을 경우 너는 나에게 이렇게 해도 좋다"고 법적으로 선언하는 것이다. 하지만 하나님과 아브라함의 경우에는 연기 나는 화로의 형태로 하나님만 그 두 조각 사이로 지나가셨다는 것이 큰 차이다. 이는 하나님의 방식으로 아브라함에게 "내가 너와 함께 있다"고 말씀하시는 것이었다. 성경이 전개되면서 하나님은 구름 기둥과 불기둥으로 자신이 이스라엘과 함께하심을 표현하고, 다음으로 '성막'이라는 이동식 성소로, 그다음으로는 한 장소에 고정된 거대한 성전으로 자신의 임재를 표현하신다. 그 기간 내내 하나님의 임재는 하나님이 세우신 지도자, 이스라엘의 왕과 제사장과 선지자를 통해 이들에게 알려졌다.

하지만 '함께'하겠다는 약속을 하나님이 가장 깊이 있게 이행하시는 모습은 성육신을 통해 표현되었다. 예수님이 태어나셨을 때, 마태는 이사야의 예언이 성취되었다고 말한다. 예수님은 "임마누엘", 즉 우리와 **함께** 계시는 하나님이었으며(마 1:23), 함께하심이라는 이 주제는 계속 이어진다. 부활 후 예수님은 성령을 보내셔서 우리와 **함께**하게 하신다. 성경의 마지막 책은 새 예루살렘에 있는 새 하늘과 새 땅의 이상을 대략적으로 그려 보여 주는데, 이곳에서는 "하나님의 장막이 [하나님의] 사람들과 **함께** 있으매 하나님이 그들과 **함께** 계[신다]"(계 21:3). 하나님의 언약은 우리와 함께하겠다는 약속이다.

알래스카의 한 섬에서

레슬리 레이런드 필즈(Leslie Leyland Fields)는 알래스카에서의 여름 낚시를 추억하는 근사한 회고록에서 '함께함'으로서의 사랑을 볼 수 있는 창문을 열어 준다.[5] 신혼이던 레슬리는 남편 던컨과 함께 알래스카로 이주해 여름 한 철 연어를 잡아 생활비를 벌었다. 이는 이들 부부에게 조마조마하고 고되고 쉽지 않은 일이었다. 던컨은 저녁과 밤에는 레슬리의 남편이자 소울메이트이자 연인이었지만, 낮 시간 배에서 그물에 걸린 연어를 한창 빼낼 때에는 이따금 흥분해서 목소리를 높이기도 하는 상사였다. 두 사람은 연어 잡는 일에만 몰두했고, 이들의 사업은 번창했다. 얼마 후 레슬리와 던컨에게 자녀들이 생겼다. 아이들을 돌보느라 레슬리가 배에 오를 수 없게 되자 두 사람은 일꾼들을 고용해서 함께 살았다. 뭍에서 많은 시간을 보내게 된 레슬리는 사랑에 관해 곰곰이 생각해 보게 되었다.

> 새롭고 좀 더 균형 잡힌 삶을 살게 되었지만 이 삶에는 대가가 따랐다. 함께 고기를 잡으러 나가지 못했기에, 우리가 얼굴을 마주하고 대화할 수 있는 시간은 식사 시간뿐이었다.

사랑을 유지하고 꽃 피우기 위해서는 함께 있음이 반드시 필요하다는 것을 나타내 주는 강력한 대사가 이제 등장한다.

애초에 우리를 하나로 묶어 주던 우리 관계의 본질적인 접착제는 거의 침묵에 가까울 정도로 접착력이 약해졌다.

존재(presence) 없이는 사랑이 사랑일 수 없다는 것을 레슬리와 던컨은 그 힘들었던 여름, 자신들의 사랑이 위기에 처했을 때에야 깨달았다.

우리는 열흘이 넘도록 거의 대화를 나누지 못했다. 내가 이 상태를 얼마나 더 견딜 수 있을까? 지금 당장은 아니더라도, 몇 년이나 더 버틸 수 있을까?
이곳에서 살기 위해 정말 많은 것을 포기했다. 우리 삶을 연어의 생명에 내맡긴 느낌이었는데, 정작 연어들은 죽음을 향해 헤엄치고 있었다.

연어를 자신들의 사랑에 빗댄 이 날카로운 비유 뒤에는, 사랑이 존속하기 위해서는 존재가 절대로 필요하다는 레슬리의 증언이 숨어 있다.

이런 생활을 7년이나 한 뒤에야 나는 결혼은 수단이 아니라는 것을, 사람의 마음을 유보(留保)해 두면 얼어붙을 수밖에 없다는 것을 분명히 알게 되었다.

두 사람은 사랑을 회복하려고 애썼다.

> 그해 여름, 화해가 필연적이지는 않았다. 나는 화해를 기대하지 않았다. 하지만 화해는 천천히 찾아왔다. 던컨이 내 말에 귀를 기울이기 시작한 것이다.

"던컨이 내 말에 귀를 기울이기 시작한 것이다"라는 이 마지막 한마디에 사랑의 비결 한 가지가 담겨 있다. **함께함**이란 상대방의 마음이 무슨 말을 하는지 경청하고 진심을 다해 들을 수 있을 만큼 그 사람에게 집중한다는 의미다.

결혼 생활에서 흔치 않은 그런 변화의 순간 중 하나였던 어느 날, 던컨은 훗날 더 깊은 언약으로 이어질 한 가지 질문을 했다. "나랑 결혼해서 알래스카로 오지 않았더라면 하고 생각한 적 없어요?" 서먹함을 깨뜨리는 그 농담에 레슬리는 이렇게 대답했다. "왜 없겠어요! 수없이 많지요!" 그렇게 대답해 놓고 레슬리는 남편과 자신 두 사람 모두 가장 깊은 속마음을 털어놓고 싶어 한다는 것을 깨달았다.

> 여보, 난 기꺼이 여기 왔어요. 여기서 당신과 **함께** 사는 게 좋아요. ······ 난 알아요, 당신은 하나님이 내게 주신 사람이라는 걸. 그리고 이곳은 하나님이 나를 데려오신 곳이라는 걸요.

남자들은 원래 자기 마음을 잘 표현하지 못하지만, 뒤이어 던컨의 입에서 나온 말은 사랑을 이야기할 뿐만 아니라 진정한 사랑에 따르는 가장 큰 두려움, 즉 함께 있다가 헤어지는 두려움을 잘 보여 준다.

> 나도 알고 있어요, 여보. 하지만 가끔 그해 여름이 생각나면 당신을 다시 잃게 될까 봐 두려워요.

레슬리가 대꾸했다.

> 그런 일은 없을 거에요. 그때 이후 많은 것이 달라졌죠, 여보. 난 오히려 당신이 계속 내 **곁에** 있어 줄지 불안한 걸요. 난 약속할게요.

이는 알래스카의 이 부부 입에서만 나오는 말이 아니다. 성경이 말하는 사랑이 바로 이것이다. 함께하기로 약속했다면 무슨 일이 있어도 그 험난한 책무를 이행하는 것 말이다. C. S. 루이스는 "친구는 나란히 서서 공통의 관심사에 몰두한다"고 말했다. 하지만 사랑은 그 이상을 원한다. "연인은 보통 얼굴을 마주하고 서로에게 몰두한다."[6]

사랑은 결혼한 사람들만을 위한 것이 아니다. 스스로 원해서 비혼(非婚)인 사람도 있고, 원하지 않지만 비혼인 사람도 있고, 이혼이나 사별로 혼자인 사람도 있다. 비혼인 사람도 다른 사람을 사랑한다(이 말을 꼭 해야 하는 이유는, 결혼한 사람들 중에는 사랑을 결혼 외의 관점에서는 생각하지 못하는 이들이 있어서다). 예수님은 비혼이었고, 아마 바울도 비혼이었을 것이다. 사랑이란, 결혼했든 안 했든 한 사람이 다른 한 사람에게 고된 책무를 다하는 것이다. 어떤 관계든 폭풍우를 만날 수 있지만 사랑은 그 폭풍우를 견뎌 낸다. 결혼했든 안 했든, 사랑이 무엇인지를 보여 주는 것은 견뎌 냄이다. A라는 사람이 B라는 사람에게 "여기 내가 당신과 **함께** 있어요, 처음부터 끝까지"라고 말하는 것이 사랑이다.

요소 3. 상대방을 '위해야' 한다는 험난한 책무

성경에서 사랑은 어떤 사람을 위하겠다는 험난한 약속이기도 하다. 누군가를 사랑한다는 것은 그 사람 편에 서서 그 사람의 대변자가 되어 준다는 뜻이다. 나의 장인과 장모는 외손자 루카스의 야구 경기를 보려고 프리포트에서 리버티빌까지 150여 킬로미터를 운전해 오는 것이 일상이었다. 루카스는 외할아버지와 외할머니가 경기장에 와 주시는 것을 보면서 두 분의 사랑을 확신했다.

장모님이 말하는 방식을 보면 루카스의 가장 열렬한 팬이자 대변자라는 것을 확실히 알 수 있었다. 언젠가 더운 날씨 속에서 오랜 시간 경기를 펼친 적이 있는데, 내 기억에 그날은 두 가지 특징이 있었다. 우리 팀이 졌다는 것, 그럼에도 루카스는 타석에서 좋은 경기를 펼쳤다는 것이다. 집으로 돌아와 거실에서 더위를 식히면서 우리는 그날 경기에서 좋았던 순간과 아쉬웠던 순간에 대해 이야기를 나누었다. 그러던 중 장모님이 갑자기 "루카스, 나는 너희 팀 코치가 타석을 좀 정비해서 배트를 너만 쥘 수 있게 해주면 좋겠다"라고 하셨다. 물론 그런 식으로 타석을 정비한다면 그것은 야구가 아니라 골프에 더 가까울 테지만, 어쨌든 이는 외할머니가 자신의 가장 열렬한 팬이자 대변인이라는 것을 우리 아들이 마음에 깊이 새기게 된 순간 중 하나였다. 루카스도 경기가 잘 안 풀리는 날이 있었지만 늘 확실하게 알고 있는 것 한 가지는, 외할머니가 든든한 버팀목이 되어 주신다는 것이었다.

이 점을 염두에 두고 '법칙 2'를 떠올려 보자. 즉, 그리스도인은 하나님이 우리를 어떻게 사랑하시는가로 사랑을 정의한다는 것이다. 우리는 우리와 함께하시고 우리를 위하시리라는 것이 하나님의 험난한 약속이라는 것을 배웠다. 하나님이 우리를 위하신다는 것은 "나는 너희의 하나님이 되고 너희는 내 백성이 될 것"이라는 구약 성경의 공식에 거듭 표현되어 있다. 이 구절은 "내가 네 뒤를 받치고 있다", "나는 네 편이다", 혹은 "나는 너를 위하는 하나님으로서 너와 함께 있다"라고 번역할 수 있을 것이다. 이 언약 공식은 성경 첫 번째 책에서부터 마지막 책에 이르기까지 곳곳에서 찾아볼 수 있는데, 예를 들어 요한계시록 21장 7절에서 하나님은 "나는 그의 하나님이 되고 그는 내 아들이 되리라"고 말씀하신다. 하나님의 사랑은 힘을 북돋아 주겠다는 언약이다. 하나님은 우리를 지지하시는 분이다. 하나님은 우리를 옹호하시는 분이다. 하나님은 우리 편이시다.

20세기 최고의 작가 두 사람이 절친한 친구 사이였다는 것은 적어도 그리스도인 독자들에게는 정말 믿기 어려운 사실이다. 두 사람 모두 옥스퍼드의 교수로, 동네 선술집이나 교내 강의실에서 자주 만나 자신들의 생각이나 글에 관해 대화를 나누었다. J. R. R. 톨킨은 자기 사상을 글로 적어 출판하고 싶어 애를 썼는데, 루이스는 그 과정 내내 톨킨을 위해, 그리고 톨킨과 함께해 준 친구였다.

톨킨은 루이스에 대해 이렇게 말했다. "루이스와의 우정은 많은 것을 보상해 주었다. 학자이자 시인이며 철학자로서 정직하고 용감하며 지적인 사람인 동시에 오랜 순례 끝에 우리 주님을 사랑하게 된 사람과의 만남은 끊임없는 즐거움과 위로를 주었을 뿐만 아니라 내게 많은 유익이 되었다." 톨킨은 루이스가 자신의 작업을 지지해 준 것에 대해서도 이야기했는데, 그는 루이스가 자신을 '위해' 베풀어 준 도움을 다음과 같이 설명한다. "내 '허접한 글'이 개인적 취미 이상의 것이 될 수 있다는 생각을 하게 해준 사람은 루이스뿐이었다." 루이스가 세상을 떠났을 때(그리고 모종의 시기심으로 두 사람의 관계에 균열을 경험한 후), 그 자신도 나이가 든 톨킨은 친구들을 잃는 것에 대해 이렇게 말했다. "지금까지는 내 나이 남자가 느낄 법한 평범한 감정이었다. 하나씩 하나씩 잎사귀를 잃어 가는 고목 같은 기분. [하지만 루이스의 죽음은] 도끼가 뿌리 근처를 내리친 것 같은 느낌이다."[7]

이제 사랑을 이렇게 긍정적이고 희망적으로 묘사하는 데서 한 걸음 뒤로 물러나야 할 것 같다. 사람과 사람 사이의 관계는 때로 붕괴되기도 하기 때문이다. 한 사람이 다른 한 사람을 학대하는 경우가 있다. 학대가 발생하면, 서로에 대한 책무가 달라져야 한다. 책무가 종식되지 않는다면 말이다. 어떤 경우에는 여전히 화해에 대한 희망이 있을 수도 있다. 치유에 대한 소망이 있을 수 있다. 하지만 이 망가진 세상에서는 가장 선한 의도라고 해도 사랑이 지속되거나 꽃을 피우는 데 필요한 조화를 반드시 이루어 내지 못할 수도 있다는 사실을 강조해야 한다. 사람과 사람 사이의 모든 관계가 다 지속되지는 않는다. 그리스도인들 간의 관계도 마찬가지고, 심지어 우리 주님의 은혜가 임해 있을 때도 마찬가지다.

요소 4. '……하기까지' 험난한 책무

우리는 하나님을 지켜봄으로써 사랑을 배운다. 하나님은 우리와 함께,

우리를 위해 게시며, 이렇게 해서 사랑의 네 번째 요소, 즉 우리를 위한 하나님의 완전한 계획이 이루어지기 '까지' 그렇게 하겠다는 험난한 언약의 책무로 우리를 사랑하신다. '함께'(with)가 임재의 원리이고 '위하여'(for)가 변호의 원리라면, '까지'(unto)는 방향의 원리다.

하나님은 우리를 사랑하시며, 하나님의 다정한 사랑은 우리를 사랑 많고 거룩한, 하나님을 영화롭게 하고 타인 지향적인 하나님 나라 백성으로 변화시킨다. 하나님이 우리와 함께하시고 우리를 위하심은 우리를 변화시키는 능력이다.

어떻게 이런 일이 일어나는가? 신학자 레슬리 웨더헤드(Leslie Weatherhead)의 표현을 빌리자면, 하나님의 은혜로운 임재가 우리를 변화시키는 것은 이 임재가 '변화시키는 우정'이기 때문이다.[8] 우리가 다른 사람을 사랑하는 사랑은 그렇지 못하다. 사람을 사랑하면 우리는 그 사람 안에 살고 그 사람은 우리 안에 산다. 또한 타인과 직접 함께하면 그 사람을 위한 공간이 생겨서 이것이 우리에게 영향을 끼쳐 그 사람을 닮게 된다. 진정한 우정은 양방향이며, 언제나 변화를 이룬다. 그래서 교회 안에서 우리와는 다른 사람을 사랑하지 못하는 이유는 그 사람의 존재가 우리에게 영향을 끼치는 것이 싫어서이거나, 그 사람에 대한 우리의 영향력을 통제하지 못해서이다.

성경적인 모든 사랑은 우리가 사랑을 바치는 대상 쪽을 지향한다. 상대방이 선한 사람이면 우리도 선한 사람이 될 가능성이 있다. 상대방이 악한 사람이면, 우리도 악해질 수 있다. 한 가지 가벼운 예를 들어 보겠다. 내 아내 크리스는 성격상 지저분한 것을 못 보는 사람이다. 그래서 주방 싱크대를 늘 청결하고 깔끔하게 유지한다. 나는 아내를 사랑하고, 아내도 자신의 사랑을 내게 주며, 이어서 나는 아내를 향한 내 사랑을 생의 골짜기 건너편으로 되울려 보낸다. 우리는 서로 안에 산다. 아내의 존재는 아내 쪽으로 나를 변화시킨다. 사랑은 이렇게 단순하다. 결혼했을 때 아내는 내게 갖가지 기대 목록을 내밀지 않았고, "이 집에서 우리는 주방 싱크대를 늘 깔끔하게 유지해야 해요"라고 말하지도 않았다. 하지만 아내가 내 안에 살기에 나도 (시간이 흐르면서 점차) 주방에서 좀 더 깔끔하게 행동하게 되었다. 얼마 전에 주방에 들어갔다가 싱크대 위에 빵 부스러기가 떨어져 있는 것을 보았다. 나는 아침 식사로 토스트를 먹지 않기에 빵 부스러기는 내가 흘린 것이 아니었지만, 그래도 나는 행주를 집어 들고 빵 부스러기를 말끔히 닦아 냈다. 내가 아내 안에 살고 아내가 내 안에 사는 삶은 이렇게 서로를 변화시키는 힘이 있다.

우리를 변화시키는 하나님의 사랑이 무엇을 지향하는지에 대해서는 그리스도를 닮은 형상, 거룩함, 샬롬, 사랑 자체, 하나님 나라 등, 여러 표현을 쓸 수 있다. 나는 이런 표현들을 서로 바꿔 가며 쓸 테지만, 가장 단순하고 빠른 표현은 아마 하나님의 사랑은 하나님 나라의 현실을 '지향한다'는 말일 것이다.

이제 사랑에 관해 가장 중요하게 주목해야 할 부분을 다루면서 잠시 이론적인 이야기를 해 보겠다.

순서가 중요하다

이런 전치사들은 순서가 중요하다. '함께'가 첫 번째이고, '위하여'가 두 번째, 그리고 '까지'는 세 번째다. 달리 표현하자면, 존재, 지지, 방향의 순서다. 이것이 무슨 의미냐면, 내 존재는 내가 상대방을 지지한다는 사실을 상대방에게 전달하고, 존재와 지지의 그 조합은 내가 상대방을 사랑한다는 사실을 내면화할 수 있도록 그 사람에게 능력을 준다는 것이다. 부모들은 대체로 자녀에게 방향('까지')을 제시해 주고 싶어 한다. 친구들도 자기가 사랑하는 사람에게 그리스도를 닮은 모습이라는 방향을 안내해 주고 싶어 한다. 하지만 자신이 그 상대방을 '위해' 존재한다는 사실이 충분히 전달될 만큼 상대방과 '함께' 있고 싶어 하지 않는 이들도 있다.

한 가지 주의할 것이 있다. 존재나 지지 **없이** 방향이 제시되기를 바랄 경우, 상대방(자녀나 친구)은 이를 강요로 여긴다. 다시 말해, 강단 위의 목회자나 식탁에 마주앉은 부모, 또는 친구는 상대방에게 하나님 나라의 현실에 이르기'까지' 멘토 역할을 해주고자 할 때에 필요한 상호 관계를 형성하지 못했을 수도 있다. 존재와 지지가 먼저 있어야 진정으로 하나님 나라를 지향할 기회가 생긴다. 하나님은 우리를 위해 계시는 분으로 임재하셔서 은혜로 우리를 변화시키시며, 하나님의 임재는 그리스도의 형상 닮기라는 하나님의 계획이 이루어지기까지 우리를 변화시킨다.

다시 교회와 그리스도인의 삶으로

성경에서 우리에게 전달된 하나님의 사랑은 사랑이 언약이라는 것을, 누군가와 함께, 누군가를 위해, 그리고 그 나라에 이를 때까지 그 사람과 함께, 그 사람을 위해서 있겠다는 약속임을 보여 준다. 다른 사람을 사랑한다는 것은, 벅차고 힘들더라도 불가능해 보이지만 않는다면 그 사람에게 헌신한다는 의미다. 친구를, 자녀를 사랑하기 힘들다고 누군가 말하면 사람들이 박수 치는 소리가 들리고, 수많은 부모가 공감한다는 듯 고개를 끄덕이는 게 보이고, 또 어떤 이들이 큰 소리로 "아멘!" 하는 소리가 들린다. 이웃을 사랑하기가, 상대 축구팀 감독이나 그 팀의 괴짜 선수를 사랑하기가 얼마나 힘든지는 굳이 말할 것도 없다.

다시 말하지만, 한 사람을 사랑한다는 것은 그 사람과 함께 있는 일에, 그 사람 옆에 존재하는 일에 전념한다는 뜻이다. 또한 한 사람을 사랑한다는 것은 우리가 그 사람을 위해 존재한다는 것을 그 사람이 알고 있다는 뜻이다. 이 사람은 자기 어깨 위에, 자기 등 뒤에 우리 손이 있다는 것을 알아야 한다. 한 사람을 사랑한다는 것은 내가 그 사람 안에 살고 그 사람이 내 안에 살면서 하나님 나라의 현실에 이르기까지, 혹은 그리스도의 형상이나 거룩함, 혹은 그리스도 안에서의 완전한 성숙에 이르기까지 함께 애쓴다는 뜻이다.

사랑을 위한 이 신적(神的) 규범은 사도 바울을 새로운 유형의 하나님 백성, 곧 교회로 이끌었고, 우리는 교회를 샐러드 접시에 비유했다. 샐러드 접시에 잠깐만 머물러 보아도 하나님의 다정한 사랑은 더 없는 행복이 아니라는 것을 알 수 있다. 이 사랑은 사실 행복이라고 하기에는 몹시도 힘들다. 우리와 비슷한 사람들을 사랑하기는 비교적 수월하지만(물론 이 사랑도 도전적인 일일 수 있다), 우리와 다른 사람들이나 심지어 우리를 싫어하는 사람들을 사랑하기는 힘들다. 하지만 복음은 사귐의 공동체 안에 있는 모든 사람을 사랑하라고 말한다. 사실을 말하자면, 그 사람들이 어떤 사람인지 알면 때로 정이 떨어지거나 깜짝 놀랄 수도 있다.

내 친구 댄

댄 킴볼(Dan Kimball)을 만났을 때 나는 깜짝 놀랐다.[9] 차림새는 온통 복고풍이었고, 머리는 리틀 리처드, 엘비스, 자니 캐시, 제리 리 루이스, 그룹 라몬스처럼 퐁파두르(pompadour) 스타일이었다. 어떤 머리 모양을 말하는 건지 잘 모르겠다면 구글에서 이 사람들의 이름이나 '퐁파두르'를 검색해 보라. 처음 만났을 때 댄은 검은색 가죽 재킷 안에 가벼운 재킷을 하나 더 겹쳐 입고, 속에는 1950년대 스타일의 빈티지 셔츠와 흰색 크루넥 티셔츠, 그리고 아랫단을 접어 올린 청바지에 닥터 마틴 신발을 신고 있었다. 당시 대학에서 학생들을 가르치고 있던 나는 옷차림에 관한 한 그 무엇에도 놀라지 않을 수 있다고 생각하는 편이었다. 그래서 댄을 보고는 그저 '멋지군, 독특한 옷차림이야'라고 생각했다. 조금 더 적극적이었다면 '저 퐁파두르 스타일은 조금 기묘하네'라고 덧붙였을 것이다. 하지만 나는 그 50년대 헤어스타일과 옷차림 이면에서 겸손하고 카리스마 있는 하나님의 종이 나타나는 것을 발견했고, 그날 이후 그 사람을 점점 사랑하고 그에게 감탄하게 되었다.

로커빌리 음악을 좋아하는 댄은 런던의 한 로커빌리 밴드에서 연주하다가 그곳에서 예수 그리스도를 만나 그분에게 마음과 생각을 바치게 되었다. 캘리포니아 북부로 돌아온 뒤, 청소년 사역에 동참해 달라는 교회의 요청을 받고 댄은 뛸 듯이 기뻐했다. 교회 문화와 전혀 상관없는 환경에서 자라온 터라 특히 기쁨이 컸다. 런던에서 몇몇 노인 성도와 전형적이지 않은 깊은 교제를 나누기는 했지만, 그리스도인으로서의 사귐은 그 경험이 고작이었다. 그래서 그는 주님을 섬기고 싶어 하는 자기의 간절한 마음을 인정해 준 것에 고마워했고, 따라서 교회의 요청에 선뜻 응했다.

그러던 중 목사님 한 분이 댄을 사무실로 불러, '**나는 당신과 함께할 것이고 당신을 지지한다, 하지만 일의 방향을 생각해 보자**'는 마음으로 하는 말이라면서 "먼저, 머리를 좀 자르셔야겠어요"라고 했다. 목사는 댄에게 20달러짜리 지폐를 내밀면서 머리를 자르라고 했다. 그리고 댄의 구두를 가리키면서 (노란색 구두끈이 무척 화려했다) 교회라는 세계에서 원만하게 지내는 법을 아는 목사처럼 옷을 입으라고 충고했다.

그래서 댄은 노력했다. 댄은 주름이 두 개 잡힌 그레이 카키색의 풍성한 바지에 크루 셔츠를 입었다. 하지만 그는 곧 깨달았다. 자신의 감성에 반하고 성경을 넘어서는 일을 강요당하고 있다는 것을. 결국 댄은 자신의 66년식 머스탱을 몰고 (이 사람 정말 진국이다) 재활용품 상점으로 가서는 그 옷가지들을 판매대에 쿵 내려놓고, 전과 같은 옷차림에 퐁파두르 헤어스타일을 한 과거의 댄 킴볼로 돌아갔다. 그리고 사람을 변화시키는 하나님의 은혜의 그 선한 손이 댄 킴볼에게 임했다.

뿐만 아니라, 옷차림과 머리 모양으로 평가받았던 경험 덕분에 댄은 지나친 비판 성향을 경계하고 자기와는 다른 사람들을 사랑으로 받아들이기 위해 노력하는 리더로 빚어져 갈 수 있었다.

서로 다른 사람들 간의 사귐

하나님이 원하시는 교회는 서로 다른 점들이 차고 넘치는 교회다. 그리고 이는 서로 다른 사람들 간의 이 교제 공동체 안에 나와 함께 있게 된 사람이라면 그 사람이 어떤 사람이든 사랑하는 것이 바로 그리스도인의 삶이라는 의미일 것이다. 내가 그 사귐의 공동체 안에 앉아 있으면 분명 누군가가 가만히 옆으로 다가올 것이다. 그 사람은 어쩌면 옷차림이 좀 이상할지도 모른다. 그래서 우리가 교회를 어떻게 이루어 나가야 할 것인지와 관련해 모두가 스스로에게 던져 보아야 할 중요한 질문이 있다.

내가 다른 사람들에게 보이는 사랑은 얼마나 다양한가?
혹은
사귐의 공동체 안에서 나와는 다른 사람들을 사랑할 준비가
어느 정도나 되어 있는가?

이제 사랑이 무슨 의미인지 알았으므로 다양하다는 말과 서로 다른 사람들이라는 말의 뜻이 더 명확해졌다. 하지만 사귐의 공동체 안에서 모든 사람을 사랑한다는 것은 하나님의 은혜의 역사다. 그리고 그런 유형의 은혜가 우리를 변화시켜서 모두를 환영하고 사랑하는 사귐의 공동체로 만들어 준다.

6장
사랑은 효력이 있다

이론상으로 교회는 작동한다. 이론상으로 교회는 완전하다. (그렇다면 교회에 속하고 싶지 않은 사람이 어디 있겠는가?) 이론상으로 교회는 만사에 걸맞은 사귐의 공동체로, 각 사람이 그리스도의 형상으로 자라 가면서 죄 된 삶을 물리치고 거룩한 삶을 만들어 낸다.

모든 것이 좋아 보인다. 주일 아침 예배 혹은 목요일 저녁 성경 공부 시간 전까지는. 아빠가 가정 폭력만 쓰지 않는다면. 여동생이 까다롭게 굴지만 않는다면. 모두 이것을 믿어야 한다며 누군가가 입에 거품을 물고 떠들지만 않는다면……. 바울이 변화시키는 은혜를 믿을 만도 하다. 바울은 교회가 하나님이 원래 구상하신 모습이 되려면 사랑이 필요하다는 것을 알고 있었다.

사랑은 효력이 있다. 하지만 그 효력을 위해 애써야 한다. 교회에서 사람들을 사랑한다는 것은 수고스럽고 고되고 많은 노력이 요구되는 일이다. 타인을 사랑하면 온갖 긴장이 형성되는데, 이것이 바로 우리가 사랑을 위해 애써야 하는 이유다.

바울, 사랑의 모범

교회에서 분통 터지게 하는 이들을 한 사람 또 한 사람 사랑하는 법을 관찰하려면, 사도 **바울을 우리의 모범으로 삼을 수 있을 것이다.** 왜 바울인가? 바울이 자기가 개척한 모든 교회에서 가르친 것 한 가지가 무엇인 줄 아느냐고 내 친구가 한번은 물었다. 물론 나는 복음이라고 생각하고 그렇게 대답했다. 하지만 친구는 이렇게 말했다. "아니야, 고린도전서 4장 16, 17절을 확인해 봐." 나는 친구 말대로 했다. 다음은 고린도전서 4장 16, 17절(새번역)이다.

> 그러므로 나는 여러분에게 권합니다. 여러분은 나를 본받는 사람이 되십시오. ……

이 구절은 좀 뻔뻔스럽다! 하지만 다음 구절인 17절은 더 많은 것을 말해 준다.

> 이 일 때문에 나는 디모데[바울의 절친]를 여러분에게 보냈습니다. 그는 주님 안에서 얻은 나의 사랑하는 신실한 아들입니다. 그는 그리스도 [예수] 안에서 행하는 나의 생활 방식을 여러분에게 되새겨 줄 것입니다. **어디에서나, 모든 교회에서 내가 가르치는 그대로** 말입니다.

바울의 말은 단단한 꾸러미로 꾸려져 있어서 이를 이해하려면 꾸러미를 조금 풀어야 한다. 바울은 다음과 같이 말하고 있는데, 그가 같은 말을 어떻게 되풀이하고 있는지 알 수 있도록 내가 정리해 보았다.

A: 모든 교회에서 내가 가르치는 것은
   B: 내가 살아가는 방식이다.
   B′: 내가 살아가는 방식은
A′: 어디에서나, 모든 교회에서 내가 가르치는 내용과 합치하기 때문이다.

바울의 주장은, **자신의 삶이 복음을 구현하고 있으므로 자기를 지켜보면 복음을 확실히 알 수 있다**는 것이다. 또한 바울은 자신이 모든 곳에서 이를 가르친다고 주장한다. 우리가 바울의 말을 믿는다면, 바울의 삶은 사랑이 어떻게 효과를 내는지에 관한 하나의 틀을 제공한다고 할 수 있다. 내가 보기에 바울은 사랑을 위해 세 가지로 애를 썼다.

- 바울은 사람들에게 아버지와 어머니 역할을 했다.
- 바울은 사람들을 생각하며 마음 아파했다.
- 바울은 사람들과 우애를 맺었다.

사랑은 부모의 사랑처럼 작용한다

바울은 자신을 어머니와 아버지로 묘사하는데, 그가 사람들을 신자로 빚어 가기 위해 얼마나 사랑으로 애썼는지를 이보다 다정하게 보여 주는 이미지는 없다. 바울이 "어머니가 자녀를 돌보는 것처럼 가르치기"를 배운 것은 아마 예루살렘에서 유명한 랍비인 가말리엘 문하에서 공부할 때였을 것이다. 후대의 한 랍비는 이렇게 지적했다. "레시 라키시 [Resh Lakish, 한 랍비]가 말했다. 이웃 사람의 아들에게 토라를 가르치는 사람은 성경에서 마치 [어머니로서] 그 아이를 빚어 간 사람으로 여겨진다고."[1] 목회를 어머니가 자녀를 키우는 것으로 보는 법을 어디서 배웠든, 바울의 사랑은 어머니가 아기를 낳는 것, 혹은 어머니가 자녀에게 모유를 먹여 키우는 것을 닮았다. 이런 표현들 하나하나가 바울이 자기 교회 가족들에게 어떤 사랑을 품었는지를 잘 보여 준다. 그리고 누구나 알다시피, 아기를 낳는 일은 정말 큰 '수고'다.

> 나의 자녀들아 너희 속에 그리스도의 형상을 이루기까지 다시 너희를 위하여 해산하는 수고를 하노니(갈 4:19).

전에 사람들의 영적 성숙을 염원하는 것은 아기를 낳는 일과 비슷하다는 강의 내용을 준비하면서 아내에게 그 개념을 설명했더니 아내가 당장에 이렇게 대꾸했다. "여보, 아기 낳는 게 어떤 건지 당신은 전혀 몰라요. 분만실에서 당신이 한 일이라고는 기절한 것뿐이잖아요."

바울은 신참 그리스도인을 가르치는 일은 아기를 젖 먹여 키우는 것과도 비슷하다고 했다.

> 우리는 …… 너희 가운데서 유순한 자가 되어 유모가 자기 자녀를 기름과 같이 하였으니 우리가 이같이 너희를 사모하여 하나님의 복음뿐 아니라 우리의 목숨까지도 너희에게 주기를 기뻐함은 너희가 우리의 사랑하는 자 됨이라(살전 2:7, 8).

나는 이 일에도 경험이 없으므로, 내가 이야기할 수 있는 다른 비유, 즉 교회를 향한 바울의 부성애로 이야기를 옮겨 가 보겠다.

> 너희도 아는 바와 같이 우리가 너희 각 사람에게 아버지가 자기 자녀에게 하듯 권면하고 위로하고 경계하노니 이는 너희를 부르사 자기 나라와 영광에 이르게 하시는 하나님께 합당히 행하게 하려 함이라(살전 2:11, 12).

훌륭한 부모는 어머니나 아버지로서 자녀를 성숙한 성인으로 잘 양육하기 위해 애쓰고, 그리스도인 부모는 자녀가 그리스도의 형상을 닮은 사람으로 자랄 수 있도록 사랑으로 애쓴다. 바울은 교회에서 그리스도인들에게 영적인 부모 역할을 했다. 유대인 다음으로 로마인에게, 남자에 이어 여자에게, 노예 상태의 로마인에 이어 자유민인 로마인에게 말이다.

물론 부모 노릇은 숨 막히는 일일 수 있다. 그러므로 바울이 무엇을 목표로 했는지에 주목하라. 바울은 "너희 속에 그리스도의 형상을 이루기까지" 사랑으로 수고하며, 그리하여 편지 수신인들이 "하나님께 합당히 행하게 하려" 한다. 우리네 사전이 정의하는 사랑에는 신학에서 말하는 종말론이 없다. 즉, 그 사랑에는 사랑받는 사람이나 사랑하는 사람의 개인적 행복 외에 다른 최종적 목적이 없다. 그 사랑이 지속하는 한 말이다. 하지만 그리스도인의 사랑에는 지향(指向)이 있다. 그리스도인의 사랑은 한 사람이 다른 한 사람을 도와 그리스도를 닮게 만드는 것을 목표로 한다. 교회에서 우리에게 은혜로 주어지는 과제는 믿음으로 다른 사람들의 어머니와 아버지가 되는 것이다. 우리는 어떻게 이 일을 이루는가? 부모가 자녀에게 가장 강력하고 한결같이 영향을 끼치는 일은 자녀 옆에 **역동적으로 존재해 주는 것**이다. 마찬가지로, 우리는 존재의 역동성을 통해 부모와 같은 방식으로 사람들을 향한 사랑에 힘쓴다.

교회는 믿음으로 다른 사람들에게 어머니와 아버지 역할을 해주어야 할 책임을 늘 수긍해 왔다. 「공동 기도서」(The Book of Common Prayer)에는 다른 사람들의 세례식에 참석한 이들에게 하는 질문이 있는데, 이 질문에 담긴 교회의 이 역사적인 발언을 들어 보라. "이 [헌신의] 서약에 증인이 되는 그대는 이 사람들이 그리스도 안에서 살아갈 수 있도록 힘을 다해 돕겠습니까?" 너무 형식에 치우친 말이라고 생각하는 이들도 있겠지만, 형식성에 대한 망설임은 잠시 접어두고, 교회에서 진행되는 하나님의 장대한 사회적 실험에서 '다른 사람을 사랑하기'는 그 사람들을 우리의 믿음으로 인도하는 유형의 사랑에 힘쓴다.

30년 넘게 학생들을 가르치는 동안 내가 가장 좋아한 수업은 "여성과 성경"이라는 강의였는데, 전체 강의 시간의 3분의 1은 관계의 신학이라는 주제에 할애했다. 이 특별한 수업에 참여하는 학생들은 읽기에 대해서만이 아니라 학생들 자신의 연애에 대해서도 이야기할 준비를 하고 강의실에 왔다. 이 수업의 비공식적 반장은 켈리 커스텐슨이라는 학생이었는데, 학기말이 되어 강의가 종료되자 켈리는 한 달에 두 번 오전 8시 30분에 내 연구실에서 성적 순결과 연애에 관해 이야기하는 시간을 갖자고 제안했다. 새 학기에 "그 그룹"(The Group, 내가 이들에게 붙인 이름) 학생들은 내 연구실로 어슬렁어슬렁 들어와 갖가지 이유로 아직 멍한 상태로 의자와 소파에 주저앉았다(대학생들이 오전 8시 30분에 자발적으로 모인다는 것은 정말 특별한 일임을 인정해야 한다).

켈리와 나는 최근 "그 그룹"에 관해 의견을 나누었는데, 켈리는 이렇게 말했다. "제가 보기에 이 모임은 바울이 말한 참 제자도의 모습이에요. 청소년 시절에 장로님들에게 조언을 들었는데, 이제 그 지식을 동년배들과 함께 토론하고, 함께 씨름하고, 마침내 그것을 우리 자신의 믿음으로 주장할 수 있게 되었어요." 어떤 부모와 지도자들은 청년들의 연애 풍조에 불만을 터뜨리지만, 시간을 들여 청년들의 말에 귀를 기울여 보면 켈리가 내게 한 바로 그 말을 들을 수 있을 것이다. "우리는 어른들의 지혜를 원해요. 들려주시면 기꺼이 들을 거예요. 하지만 이 문제는 우리 스스로 해결하게 놔두세요."

부모로서의 바울에 관한 앞의 성경 구절을 다시 읽어 보라. 그러면 동일한 역학이 작동하는 것을 볼 수 있다. 즉, 지혜가 주어지고, 자유가 주어지고, 이에 대한 화답이 요구된다. 이 모두는 우리가 더욱 그리스도를 닮아 가려고 애쓸 때 사랑의 역사 안에서 일어나는 일들이다.

사랑은 타인을 위해 마음 아파할 때 작동한다

하나님 나라의 구상을 완수하기 위해 타인에게 어머니 역할과 아버지 역할을 하다 보면 때때로 사랑 때문에 아프고 고통스럽기도 하다. C. S. 루이스는 유명한 저서 「네 가지 사랑」(홍성사 역간)에서 이렇게 말했다.

> 안전한 투자 같은 것은 없다. 사랑한다는 것은 어쨌든 취약해지는 것이다. 무엇이든 사랑해 보라. 그러면 분명 마음이 아플 것이고, 어쩌면 마음이 찢어질 수도 있다. 마음을 온전히 보존하고자 한다면 누구에게도 마음을 주면 안 된다. 심지어 동물에게도. 취미와 작은 호사로 마음을 꼼꼼히 싸매라. 그 어떤 일에도 얽혀 들지 말라. 이기심이라는 상자나 관 속에 안전하게 가두어 두라. 하지만 안전하고 어둡고 아무 움직임도 없고 공기도 없는 그 상자 속에서 마음은 변할 것이다. 마음이 찢어지는 일은 없을 것이다. 다만 그 무엇으로도 꺾을 수 없고, 뚫고 들어갈 수 없고, 구제할 수 없는 상태가 될 것이다. 이 비극, 혹은 비극의 위험에 대한 대안은 저주다. 천국 밖에서 사랑으로 동요될 위험 없이 완벽하게 안전할 수 있는 곳은 지옥뿐이다.[2]

바울은 사랑에 힘썼기 때문에 사랑의 고통(그리고 기쁨)을 한껏 표현하기도 했다. 내가 교수와 신학자로 성장한 시기는 목회자가 감정을 드러내거나 인간이라는 냄새를 풍겨서는 안 된다고 하는 시대였는데, 이런 식으로 이들은 사랑에 관해 말하는 성경을 읽지 않았다는 냄새를 풍겼다.

사랑은 우리가 사랑에 힘쓸 때에라야 작동하며, 정서적으로 고통스러운 것이 사랑의 한 가지 작동 방식이다. 아픔이 없는 '사랑'은 사도 바울의 말과 정면으로 상충한다. 바울이 자기 마음을 매우 자주 활짝 열어 보이는 모습을 보면 이따금 그가 불안정한 사람은 아니었는지, 매우 쉽게 상처받지는 않았는지 궁금하기도 하고, 혹시 우리가 사랑에 대해 잘못된 개념을 가진 것은 아닌가 하는 생각이 들기도 한다.

바울의 편지에는 두 가지 에피소드가 있다. 하나는 데살로니가전서 2장 17절-3장 3절이고, 다른 하나는 고린도후서 2장 1-4절, 6장 11-13절, 7장 2-16절이다. 이 구절들을 보면 바울이 타인에 대한 사랑으로 얼마나 아파하는지, 그가 비통해서 자기 손을 비틀며 눈물을 쏟는 모습이 상상될 정도다. 고린도후서에 기록된 이야기를 이제 최선을 다해 재현해 볼 텐데, 이 이야기는 사랑에 힘쓴다는 게 어떤 의미인지 완벽하게 묘사하고 있다.

바울은 고린도에서 '자녀'들 때문에 힘든 시간을 겪었다. 한 예로 어떤 남자가 자기 아버지의 아내(즉, 계모)와 동거 생활을 하고 있는 문제를 처리해야 했다. 사실, 이런 것이 바로 고린도의 풍경이었다. 하나님 나라의 현실을 몹시 갈망했기에 바울은 이 남자와 고린도 교회를 꾸짖으며 이들이 회개하기를 바랐다. 바울은 자신의 사랑이 상심에 빠졌기에 격한 어조로 말할 수밖에 없음을 밝히면서 말문을 연다.

내가 마음에 큰 **눌림**과 **걱정**이 있어 많은 **눈물**로 너희에게 썼노니 이는 너희로 근심하게 하려 한 것이 아니요 **오직 내가 너희를 향하여 넘치는 사랑이 있음을 너희로 알게 하려 함이라**(고후 2:4).

몇 장 뒤에서 바울은 자신이 이들의 반응에 쉽게 마음을 다칠 수 있음을 밝히면서도, 자기 가슴을 그저 활짝 열어젖혀 부모와 같은 마음, 사랑으로 보답받기를 간절히 바라는 마음을 이들에게 내보인다.

> 고린도인들이여 **너희를 향하여** 우리의 입이 열리고 **우리의 마음이 넓어졌으니 너희가 우리 안에서 좁아진 것이 아니라** 오직 너희 심정에서 좁아진 것이니라 내가 자녀에게 말하듯 하노니 보답하는 것으로 **너희도 마음을 넓히라**(6:11-13).

이들이 경건한 사람으로 빚어질 수 있도록 가슴 아플 만큼 사랑으로 애쓰기에 바울은 이들이 보이는 반응과 더불어 살기도 하고 죽기도 한다!

> 마음으로 우리를 영접하라 우리는 아무에게도 불의를 행하지 않고 아무에게도 해롭게 하지 않고 아무에게서도 속여 빼앗은 일이 없노라 내가 이 말을 하는 것은 너희를 정죄하려고 하는 것이 아니라 내가 이전에 말하였거니와 너희가 우리 마음에 있어 **함께 죽고 함께 살게 하고자 함이라**(7:2, 3).

이들이 품을 열어 주기를 기다리는 동안 바울은 잠도 못 자고 그 무엇에서도 위로를 누리지 못한다. 바울의 불안을 덜어 줄 것은 지금 고린도를 방문하고 있는 디도에게서 들려오는 반가운 소식뿐이다. 바울은 그 반가운 소식을 이렇게 묘사한다.

우리가 마게도냐에 이르렀을 때에도 **우리 육체가 편하지 못하였고 사방으로 환난을 당하여 밖으로는 다툼이요 안으로는 두려움이었노라** 그러나 낙심한 자들을 위로하시는 하나님이 디도가 옴으로 **우리를 위로하셨으니** 그가 온 것뿐 아니요 오직 그가 너희에게서 받은 그 위로로 위로하고 너희의 사모함과 애통함과 **나를** 위하여 열심 있는 것을 우리에게 보고함으로 **나를 더욱 기쁘게 하였느니라**(7:5-7).

벗들이여, 친구의 회심이나 성숙을 가슴 아프게 염원하는 것은 바울이 품은 염원과 같다. 부모들이여, 불평불만을 일삼고 결단성 없는 청소년기 자녀들 때문에 가슴 아파하는 것은 바울을 경건하게 본받는 것이다. 목회자들이여, 교인들의 경건이 깊어지기를 간절히 바라는 마음은 교인들을 위한 사랑을 나타낸다. 바울이 그러하듯, 사랑에 힘쓰라.

사랑은 우애 형성에 힘쓴다

바울은 또 다른 차원에서도 사랑에 힘썼다. 즉, 타인을 사랑한다는 것은 헌신적 우애를 형성하는 것이다. 아내와 나는 어릴 때부터 친구였지만, 열다섯 살인 중학교 2학년 때 친구 관계에서 이성 관계로 변했다. 우리는 언젠가는 결혼해서 행복하게 살 거라는 너무도 꿈같은, 그럼에도 진실한 믿음을 품고, 반체제 젊은이들이 착용하는 목걸이에 나팔바지 차림으로 비틀즈와 비치보이스 노래를 부르고 다녔다.

약 5년 후인 1973년, 우리는 결혼했다. 계산이 빠른 사람이라면 내가 스무 살이고 아내가 열아홉 살이었다는 것을 알 수 있을 것이다. 우리의 결혼은 우정의 결혼이다. 이 말은 우리가 서로 '함께' 있는 데 전념한다는 뜻이다. 나는 무언가 재미있는 것을 듣거나 보면 바로 아내에게 문자를 보내고, 아내도 나에게 (나보다 더 자주) 똑같이 한다. 처음 가 보는 식당에서 맛있는 점심 식사를 하면, 나중에 기회가 생길 때 아내를 데려가고 싶다. 함께 있어 주겠다는 우리의 언약적 사랑의 약속에는 몇 가지 항목이 있는데, 그중에는 되도록이면 저녁 시간을 함께 보내겠다는 것도 있다.

우리는 주말을 늘 함께 보낸다. 먼 곳에서 강연을 요청받을 때면 아내와 함께 가도 되는지를 꼭 묻는다. 아내와 동행할 수 없다고 하면 요청을 곧바로 거절한다. 이것은 우리 집안의 규칙이라기보다는 우리의 발걸음을 안내하는 불빛이다. 이따금 아내 없이 어떤 곳에 갈 경우, 나중에 아내와 함께 다시 간다. 그래야 내가 갔던 곳을 아내에게 보여 줄 수 있기 때문이다. 우리는 날마다 함께 걸으면서 관심사를 나누고 토론한다. 때로는 지금 이 책 같은 책들에 관해 이야기하고, 또 어떤 때는 우리 아이들 이야기를 하고, 나이가 들면서 이런저런 문제가 많아지는 부모님 이야기도 한다. 이를 다르게 표현하자면, 우리는 집에서 각방을 쓰지 않는다. 사랑이란 서로에게 존재해 주는 것이라고 믿기에 우리는 늘 함께하며, 이런 유형의 사랑을 위해 애쓴다.

사랑을 체험하려면 결혼을 해야 한다고 교회에서는 말하지만, 꼭 결혼을 해야만 사랑을 체험하는 것은 아니다. 예수님에서 바울에 이르기까지 지배적인 주제는 존재감 없는 사람들을 이웃으로 만드는 것인데, 결혼 여부와 관계없이 그리스도인이라면 누구나 이 일을 행해야 한다. 제이 패턱(Jay Pathak)과 데이브 러니언(Dave Runyon)은 콜로라도에서 이웃과 교회 갱신에 헌신하고 있는 그리스도인 지도자로, 성경에서 서기관이 던진 유명한 질문 "내 이웃이 누구니이까?"를 자신들의 사역에 추진력을 제공하는 질문으로 삼기로 했다. 이 질문에 대한 답변으로 예수님은 선한 사마리아인이라는 비유를 말씀하셨는데, 앞서의 질문보다도 유명한 이 비유에서 사마리아인은 두들겨 맞고 버려져 죽게 된 사람에게 사랑을 보여 주었다.

실제로 제이와 데이브가 속한 공동체에서는 누가 내 이웃이냐는 질문에 답변하는 작업을 하다가 서로 이웃이 되어 주기 운동이 일어났다. 이들은 「이웃 되기의 기술」(The Art of Neighboring)[3]에서 자신들의 이야기를 들려주는데, 여기서 이들은 누가 강도 만난 사람의 이웃이 되겠느냐는 예수님의 질문을 내가 아는 한 가장 중요한 형식으로 압축한다. 어떻게 그렇게 하는가? 이 세상에서 두들겨 맞고 밖에 버려진 사람들뿐만 아니라 그 이상을 포괄하도록 그 질문을 확장하는 것이다. 두 사람의 표현을 빌리자면, "오늘 이 비유를 읽고 우리는 이웃을 사랑하기 위해 곧장 길가로 나간다. 그렇게 해서 우리는 이웃이라는 '은유'를 만든다. 옆집에 사는 사람(문자적 의미의 이웃)은 포함하지 않는 이웃 은유를." 그리하여 이들은 이를 진지하게 실천하기를 촉구한다. 종이를 한 장 가져와 아홉 개의 칸을 그린 다음, 한가운데 칸에 자기 집을 표시하고, 나머지 칸에는 자기 집에서 가장 가까운 여덟 집 사람들의 이름을 적어 보라고 한다. 쉽지 않은가?(아니다, 우리는 여덟 집 사람들의 이름을 다 알지 못했다) 그런 다음, 그 사람들이 각각 누구인지 확인할 수 있는 신상 정보를 적어 넣고, 각 사람의 삶에 지금 어떤 일이 있는지에 관해 좀 더 깊이 있는 내용들을 적어 넣는다(그런 내용들을 알고 있을 경우). 이름을 모를 때는 직접 물어 보라. 이 사람들에 대해 아는 게 전혀 없다면, 이제부터 알아 가도록 하라. 시간이 지나면 이웃 사람들에 대해 그 세 가지 내용을 다 채워 넣을 수 있을 것이다.

누군가를 사랑한다는 것은 바로 그런 의미다. 그 사람을 이웃으로 삼는 것 말이다.

바울의 절친

최근 큰 그림을 그릴 일이 있어 사도행전 전체와 바울 서신을 단 두 번에 걸쳐 모두 읽었다. 이따금 오래전에 좋아하던 영화를 보면 잊고 있던 주제가 떠오르는 경우가 있지 않은가? 이와 비슷하게, 사도행전과 바울 서신을 다 읽고 나자 바울에게 친구가 몇 명이나 있었나 하는 생각이 떠올랐다. 바울은 복음을 가지고 이방인에게 가려는 사명을 이행하려 열심히 수고했다. 하지만 바울이 동료 일꾼들과 함께하고픈 마음을 얼마나 자주 드러냈는지 주목해 보라. 그중 한 사람이 디모데였는데, 바울과 디모데의 특별한 관계는 고린도전서 4장 17절에 있는 특정한 구절에 나타나 있다.

> 이로 말미암아 내가 주 안에서 **내 사랑하고** 신실한 **아들** 디모데를 너희에게 보내었으니 그가 너희로 하여금 그리스도 예수 안에서 나의 행사 곧 내가 각처 각 교회에서 가르치는 것을 생각나게 하리라.

두 사람의 '함께' 관계에 대한 사실을 나열하기 전, 나는 바울이 디모데를 '아들'이라고 부르는 것에 주목했다. 이는 바울이 어머니처럼 디모데를 낳아 아버지처럼 멘토링했음을 보여 준다. 바울은 디모데를 향한 사랑을 표현하고, 디모데를 지지하며, 디모데가 바울의 삶에 관해 정확히 말할 수 있다는 것을 알고 있고, 디모데를 신뢰한다. 바울은 서로에 대한 사랑의 표현으로 많은 시간을 친구 디모데와 **함께** 보냈다.

디모데는 신약 성경에서 늘 배경에 있는 사람 중 하나다. 다행히 그는 그림자 속에 자주 잠복해 있기에 그나마 그에 관한 이야기를 (그런 경우가 드물기는 하지만) 들을 수 있다. 그래서 디모데의 생애에 관한 여러 사실을 제시하고자 한다. 이와 관련한 성경 참조 구절은 각주에서 찾아볼 수 있다.[4]

- 디모데의 아버지는 이방인이었지만, 어머니는 유대인이었다.
- 디모데는 아마 바울이 루스드라로 첫 번째 선교 여행을 갔을 때 회심하여 그리스도를 따른 것 같고, 루스드라에서 디모데는 바울이 돌에 맞는 것을 분명 보았을 것이다.
- 디모데의 어머니는 신자였다.
- 바울은 두 번째 선교 여행에 자신과 '함께할' 사람으로 디모데를 선택했고, 디모데는 안수를 통해 특별히 성령을 받았다.
- 디모데의 '신분'을 규정하기 위해 바울은 디모데가 할례를 받도록 했다(조심스럽고, 조심스럽게).
- 바울이 아덴으로 갔을 때 디모데는 실라와 함께 베뢰아에 머물다가 그 뒤 아덴에서 바울과 합류했다.

- 디모데는 데살로니가의 그리스도인들에게 힘을 북돋아 주고 나중에 데살로니가 교인들에 관해 바울에게 반가운 소식을 전했으며, 그중에는 예루살렘의 가난한 성도를 위한 연보 소식도 있었다.
- 흔히 간과되는 사실들: 디모데는 바울이 데살로니가전후서를 쓰는 것을 도왔고, 고린도 복음화에 힘을 보탰으며, 고린도후서와, 어쩌면 로마서를 쓰는 것까지도 도왔다.
- 디모데는 루스드라에서 예루살렘 교회에 파송한 사람으로 바울과 함께 예루살렘에도 갔다.
- 디모데는 바울이 골로새서, 빌레몬서, 빌립보서를 쓰는 것을 도왔다.
- 디모데는 복음 때문에 옥에 갇혔다가 결국 석방되었다.

두 사람은 떼려야 뗄 수 없는 관계였는가? 모든 칭송은 바울이 받고, 디모데는 배경에 잠복해 있으며, 아직까지 누구도 디모데를 빌립보서 기자라고 불러야 한다고 주장하지 않는다. 하지만 빌립보서 서두는 이렇게 시작한다. "그리스도 예수의 종 바울과 디모데는 그리스도 예수 안에서 빌립보에 사는 모든 성도와 또한 감독들과 집사들에게 편지하노니"(빌 1:1).

바울은 사랑의 모범이지만, 바울의 사랑과 관련해 가장 놀라운 것은 아마 그가 사랑에 얼마나 힘썼는가일 것이다. 바울의 목표는 한 사람, 또 한 사람과 관계를 형성하는 것이었고, 이들을 사랑하되 그리스도의 형상에 이르기까지 사랑하는 것이었다. 어떤 날은 목표대로 잘 되었고, 어떤 날은 재앙이었다. 하지만 바울은 상황과 무관하게 애썼다.

서로 다른 부류의 사람들이 모인 하나님의 장대한 사귐 공동체라는 샐러드 접시에서 우리가 서로 잘 지내기 위해서는, 바울이 사람들에게 품었던 그런 사랑을 우리 안에 만들어 내는 하나님의 은혜가 필요하다. 우리가 하나님이 구상하신 교회가 되는 유일한 길은 사랑으로 바울을 본받는 것뿐이다.

그렇게 할 때 우리가 교회 생활에서 확인해야 할 또 한 가지 사랑의 요소가 있다.

7장
사랑은 나눈다

사도 바울이 하루 종일 무엇을 했을지 궁금한 적이 있는가? 소아시아, 헬라(그리스), 이달리야(이탈리아) 교회들의 그리스도인들이 일터에 나가 있을 때 바울은 무엇을 했을까? 바울의 생활이 오늘날의 목회자와 비슷했을 거라고 쉽게 추측할 수도 있다. 이는 아침에 일어나서 기도를 하고 성경을 읽은 뒤 커피 한 잔을 마시고 구운 빵을 몇 조각 먹고 나서 부스러기를 치우고, 아침 운동을 하고 커피를 한 잔 더 마시고 이메일을 확인하고, 그런 다음 사무실로 출근해서 성경을 연구하며 설교를 준비하고, 커피를 한 잔 더 마신 뒤 장례식이나 결혼식을 집례하고, 회의를 준비하고, 지난 주일 예배 때 음악 선곡이 마음에 들지 않았다는 어떤 성도의 항의 전화를 받고, 다시 회의를 좀 더 준비한 뒤 실제로 사람들을 만나 회의를 하고, 회의를 더 잘 진행하는 법에 관해 또 회의를 한다는 뜻이다.

바울이 그렇게 했을까? 아니다. 오늘날의 목사들도 그렇게는 하지 않는다.

낮 시간에 바울은 천막을 만들었다. 사도행전 18장 3절은 바울을 그렇게 묘사한다("그 생업은 천막을 만드는 것이더라"). 예수님 이후 역사에서 가장 영향력 있는 그리스도인이 덥고 땀나고 먼지 날리는 작업실에서 뼈로 만든 바늘과 작업용 칼과 송곳을 들고 가죽을 자르고 바느질해서 천막을 만들며 하루 종일 노동했다.[1] 사실을 말하자면, 바울은 자기가 얼마나 열심히 일하는지 사람들에게 일깨워 주기를 좋아했던 것 같다. 그의 말을 들어 보자. 강조 부분은 내가 표시했다.

> 형제들아 우리의 수고와 애쓴 것을 너희가 기억하리니 너희 아무에게도 폐를 끼치지 아니하려고 **밤낮으로 일하면서** 너희에게 하나님의 복음을 전하였노라(살전 2:9).

데살로니가 교인들에게 보내는 두 번째 편지에서는 같은 말을 더 길게 한다.

> 어떻게 우리를 본받아야 할지를 너희가 스스로 아나니 우리가 너희 가운데서 **무질서하게 행하지 아니하며 누구에게서든지 음식을 값없이 먹지 않고 오직 수고하고 애써 주야로 일함**은 너희 아무에게도 폐를 끼치지 아니하려 함이니 우리에게 권리가 없는 것이 아니요 오직 스스로 너희에게 본을 보여 우리를 본받게 하려 함이니라 우리가 너희와 함께 있을 때에도 너희에게 명하기를 누구든지 일하기 싫어하거든 먹지도 말게 하라 하였더니(살후 3:7-10).

5년이 훌쩍 지난 후에도 바울은 여전히 똑같이 우는 소리를 하는 것 같다.

> 그들이 그리스도의 일꾼이냐 정신없는 말을 하거니와 나는 더욱 그러하도다 **내가 수고를 넘치도록 하고 …… 또 수고하며 애쓰고 여러 번 자지 못하고** 주리며 목마르고 여러 번 굶고 춥고 헐벗었노라(고후 11:23, 27).

바울이 이렇게 고함치는 소리가 들리는 것 같다. "다 너희를 위해서 한 거라고, 젠장!" 마치 여자 뒤꽁무니를 쫓아다니면서 "내게 사랑을 좀 달라고!"라고 말하는 남자처럼 말이다. 하지만 바울이 불평하고 있는 거라고 여긴다면 전체 맥락을 놓치는 것이 아닌가 하는 생각이 든다. **바울은 자신이 개척한 교회들을 엄청나게 사랑한 탓에 많은 대가를 치른다.** 그는 그 교회들과 함께, 그 교회들을 위해 있겠다고 언약했으며, 그렇게 함께하는 것 때문에 이들이 어떤 재정적 부담을 지는 일은 없도록 하려 했다.

바울은 자신이 개척한 교회들을 위해 수고했으며, 이들을 위한 사랑 때문에 육체적으로, 정서적으로, 심리적으로, 재정적으로 대가를 치른다. "이 외의 일은 고사하고 아직도 날마다 내 속에 눌리는 일이 있으니 곧 모든 교회를 위하여 염려하는 것이라 누가 약하면 내가 약하지 아니하며 누가 실족하게 되면 내가 애타지 아니하더냐"(고후 11:28, 29). 왜 그랬을까? 생각해 보라. 바울은 로마 제국 전역에 가정 교회를 세우고 있었고, 그 교회의 일부 교인들(어쩌면 대부분)은 가난했으며 굶어 죽기 직전인 경우도 많았다. 이 새 교회들은 인심 후하기로 유명했지만,

바울은 생업이 있어서 누구에게도 신세 지지 않고 살 수 있었다. 그래서 바울은 직접 일을 해서 교회들에 부담을 주지 않기로 했다. 사랑은 최대한 후하게 타인과 나눈다(이는 바울의 삶 전체에서 가장 두드러진 특징 중 하나다). 교회가 교회답다면 그 교회 교인들 중에는 궁핍한 사람도 있을 것이다. 그리고 교회가 하나님이 원래 구상하신 교회이고자 한다는 것은 다른 사람들과 나누는 법을 배운다는 의미다.

사랑은 타인에게 유익을 끼친다

바울이 돈을 요구하지 않았다고 앞에서 말했지만, 이는 전적으로 정확한 말은 아니다. 바울은 자신이 개척한 교회들을 향해 숙식을 제공해 달라고 요구하지 않았지만, 대신 다른 사람들을 지원해 주기를 요청했다. 바울의 사명의 핵심을 다시 떠올려 보자. 바울은 서로 다른 사람들이 모인 사귐의 공동체 안에 **하나 됨도 있고 다양성도 있기를** 간절히 바랐다. 이방인 교회들과 예루살렘에 있는 유대인 신자들의 하나 됨을 나타내기 위해 바울은 예루살렘의 가난한 성도를 위한 연보를 모으는 일에 많은 힘을 쏟았다. 신약 성경을 읽으면서 바울이 예루살렘을 위해 연보를 모으는 일이 얼마나 자주 등장하는지 눈치 채지 못하는 이가 많다.

아주 초기 서신에서 바울은 한 행사에서 자신의 설교에 관해 (예수님의 형제라는 이점으로 야고보가 이끌던) 예루살렘의 기둥들에게 보고해 달라는 요청을 받은 일을 언급한다. 바울이 자신의 복음을 설명하자 이들은 바울을 지지하며 모두 악수를 나누었다. 하지만 이런 반응에는 한 가지 중요한 단서가 붙어 있었다. 이들은 바울에게 예루살렘의 가난한 성도를 기억해 달라고 부탁했고(갈 2:10), 예루살렘 성도를 기억하는 일은 바울의 사명 안에서 또 하나의 사명이 되었다. 이제 성경을 펼쳐서 고린도전서 16장 1-4절을 읽어 보라. 그리고 몇 장 건너뛰어 고린도후서 8, 9장을 읽고(이 두 개 장은 가난한 자를 위한 연보와 관련 있다), 다음으로 로마서 15장 25-32절을 읽으라. 여기서 바울은 이방인들이 영적 유익을 얻었으므로 예루살렘의 가난한 사람들에게 물질적 선물을 제공해야 할 빚을 졌다고 말한다. 로마서 15장 31절을 주의 깊게 읽어 보라. 바울은 "예루살렘에 대하여 내가 섬기는 일을 [그곳] 성도들이 받을 만할지" 염려했다. 예루살렘의 가난한 사람들을 위해 기금을 모으는 일이 바울의 삶을 깊이 지배했기에 그는 심문받는 동안에도 모은 돈을 가지고 왔다(행 24:17).

본업인 천막 만들기, 그리고 복음을 전하고 가르치는 사역(풀타임 직무가 두 가지다)과 함께 바울에게는 또 한 가지 일이 있었다. 대략 주후 49년에서 57년까지 이어진 두 번째와 세 번째 선교 여행 때 그는 쉬지 않고 구제 기금을 모았고, 이방인 그리스도인들이 나눈 그 재정적 선물을 가지고 예루살렘으로 갈 때 동행하기 위해 각 교회에서 대표들을 모아들였다. 그는 장장 10여 년에 걸쳐 구제 기금 모으는 일을 한 것이다. 아이고!

바울에게 기금 모금은 하나 됨을 상징했다. 가난한 성도를 위한 기금은 예루살렘의 유대인 신자들에게 이방인들의 존재를 가시화했고, 이방인 교회들에는 유대인 신자들의 존재를 가시화했다. 기금 모금자라는 이 세 번째 풀타임 직무는 그리스도인 공동체 안에서 서로가 서로를 (재정적으로) 지원하는 일에 관해 많은 교훈을 주었으며, 이 교훈들은 모두 한 가지 놀라운 원칙을 바탕에 두고 있었다.

각자 형편에 따라

바울이 개척한 교회의 신자들은 자기 **형편에 따라** 베푼다는 원칙을 곧 습득했다. 가진 것이 없으면 베풀 수 없는데, 바울이 개척한 교회에는 가진 것 없는 사람이 많았다. 우리는 보통 '후하다'고 하면 백만장자가 엄청나게 베푸는 것을 쉽게 연상하지만, '과부의 푼돈'을 가리켜 베풂의 진정한 표현이라고 하신 예수님을 보든, 고린도후서 8, 9장에 기록된 바울의 가르침을 보든, 비용이 드는 사랑의 한계는 우리의 물질적 형편이다. 가진 것을 후히 베풀라. 그리고 가진 게 별로 없다면 좀 덜 후하게 베풀라.

 삶의 상황이 어떠하든 이렇게 배려하고 베푸는 것에 대해서는 캐나다 매니토바에서 후터파(Hutterite)로 살던 어린 시절을 회고하는 메리앤 커크비(MaryAnn Kirkby)의 아름다운 사례보다 훌륭한 예가 떠오르지 않는다.[2] 후터파는 유럽의 프로테스탄트 종교 개혁 급진파(재세례파)의 후손으로, 오늘날까지 약 100여 명으로 이루어진 상호 부양 공동체로 정착해서 살고 있는데, 이 공동체의 구심점은 주방인 것 같다. 이 주방에서 공동체의 유쾌한 식사가 준비되어 나온다. 후터파는 단순한 생활양식으로 살아가지만, 이미 가진 것으로 이들은 넉넉하다. 이들에게는 가족이 있고 안전한 삶이 있다. 그리고 **각자의 형편에 따라** 서로를 돌본다. 메리앤이 살던 대가족 가정인 로널드 돈 집안은 원래 뉴 로즈데일과 페어홈 콜로니(New Rosedale and Fairholme Colony) 이민단에 속해 있다가 따로 갈라져 나와 새로운 독립적 삶을 살았다. 이민단 시절과 그곳을 떠난 후 이들 집안의 이야기는 형편에 따라 후히 베푼다는 게 어떤 것인지를 잘 설명해 준다.

돈 집안이 페어홈 이민단 공동체를 떠나기로 하자 공동체 사람들은 이들을 돕기를 거절했지만, 공동체 일원이던 사나(Sana)는 생각이 달랐다. 사나는 "나는 주방으로 가요"라고 했다. 이들 가족을 "빈손으로 떠나게 하는 것은 옳지 않기" 때문이었다.

한번은 메리앤의 여동생 로지가 심하게 아파서 결국 병원에 입원하게 되었다. 일주일 동안 병원에 머무는 사이 로지는 아홉 살 생일을 맞게 되었는데, 후터파인 로지는 생일 파티를 한 번도 한 적이 없었다. 이에 병원 사람들이 케이크로 생일을 축하해 주자, 남들과 나누는 후터파의 삶에 충실했던 로지는 케이크를 가지고 병실마다 찾아다니며 엉터리 영어로 "드시고 싶으면, 한 조각 드세요"라고 했다.

메리앤도 인정이 많았다. 페어홈 콜로니에 살 때 방문객을 안내하는 일로 9달러를 벌자 메리앤은 깜찍하게도 자신에게 동전을 기부해 달라고 방문객들에게 말했다. 메리앤은 그 돈으로 스케이트를 살 생각이었다. 하지만 집에 돈이 궁하다는 것을 알게 된 메리앤은 아버지에게 말했다.

"아빠, 생각해 보니 제가 아빠보다 돈이 많네요, 아빠는 그렇게 열심히 일하시는데. 이 돈은 아빠가 갖는 게 맞겠어요. 그래야 우리 집이

파산하지 않죠."

"네가 나보다 돈이 많은 것 같구나." 아버지는 그렇게 말하며 딸이 주는 돈을 고맙게 받아들였고, 돈 집안사람들 사이에서는 이렇게 서로 돌아가며 형편에 따라 베푸는 과정이 계속 이어졌다.

훗날 메리앤은 늘 기도하고, 복음을 전하고, 손님을 대접하던 어머니 모습을 이렇게 회상했다. "머물 곳과 따뜻한 식사, 격려의 말 한마디가 필요한 사람들로 우리 집은 늘 붐볐다. 우리는 절대 문을 잠그지 않았다. …… 들어오지 못하고 돌아간 사람은 하나도 없었다. '한 사람 더 들어올 공간은 늘 있게 마련'이라는 것이 어머니의 좌우명이었다."

식구들은 나름의 방식으로, 그리고 각자의 형편에 따라 저마다 너그러웠다. "형편에 따라 후히 대하기"는 사랑하는 데 드는 비용의 한도이자 기회다.

사귐을 위한 재원(財源)

돈 일가가 후한 베풂에 접근하는 자세는 후하게 타인을 사랑하기에 관해 성경, 특히 사도 바울이 하는 말에서 비롯된다. 바로 여기서 우리(미국인)가 직시해야 할 어떤 사실과 만나게 된다. 즉, 우리는 후하지 않다는 것이다.

이 주제를 다루는 책 「헌금 바구니를 넘기며」(Passing the Plate)에서 저자 크리스천 스미스(Christian Smith), 마이클 에머슨(Michael Emerson), 퍼트리샤 스넬(Patricia Snell)은 "교회 역사상 가장 부유한 나라의 기독교 신자 단체가 어떻게 그리고 왜 대부분의 돈을 다른 사람들과 다른 필요를 위해 후히 나누기보다 그저 자신에게 쓰는지, 혹은 자기 교회 사역 강화를 포함해서 이들이 선한 대의(大義)로 여기는 것이 무엇인지"를 검토한다.³

요점은 명쾌하다. 성경은 후히 베풀기를 가르치는데, 우리는 후하지 않다는 것이다. 하지만 바울은 후히 베풀었고, 자신이 개척한 교회들에도 후히 베풀기를 촉구했다. 교회는 형편에 따라 후히 베풀게 될 때에라야 비로소 하나님이 원래 구상하신 대로 온갖 사람들이 모인 진정한 사귐의 공동체가 될 것이다.

이 주제에 관해서는 책 한 권을 쓸 수 있겠으나, 여기서는 이것을 그리스도인의 자선 여덟 가지 원칙으로 요약해 보겠다. 이 원칙은 고린도후서 8, 9장에서 볼 수 있는 바울의 성찰에서 드러난다. 신자의 모금에 관해 바울이 가르치는 내용의 핵심에는 한 가지 단순한 개념이 자리 잡고 있다. 사랑은 가진 것을 나눈다는 것이다.

그리스도인의 사랑에는 자기 자원을 궁핍한 그리스도인들과 나누기가 포함된다. 그런 나눔은 그리스도 안에서 우리의 하나 됨, 그리스도 안에서 나누는 사랑의 사귐, 궁핍한 사람을 향한 특별한 사랑을 상징한다. 바울의 위대한 진술 한 가지가 그의 첫 번째 서신 결말 부분에 등장한다. "그러므로 우리는 기회 있는 대로 모든 이에게 착한 일을 하되 더욱 믿음의 가정들에게 할지니라"(갈 6:10). 그리스도인은 모든 이들, 특히 지역 교회의 궁핍한 사람들과 재원을 나누어야 한다.

자원 나누기는 후한 태도로 구체화된다. 신약 성경의 더 두드러진 특징 한 가지는 십일조의 부재(不在)다. 왜 십일조가 없을까? 하나님 나라의 현실은 신앙 공동체를 위한 새로운 가능성을 만들어 냈으며, 그 첫 그리스도인들에게 작용하는 한 단어는 바로 후함(generosity)이었다. 바울은 마게도냐(마케도니아)에서 하나님의 일이 어떻게 '풍성한 연보'로 이어졌는지를 설명한다(고후 8:2; 9:5). 심지어 바울은 "그들이 힘대로 할 뿐 아니라 힘에 지나도록 자원"(8:3)했다고 말한다.

자원 나누기는 사랑의 행위다. 가난한 성도를 위해 기금을 모을 때 바울은 팽팽한 줄타기를 한다. 바울은 할 수 있는 모든 일을 다해서 이 일이 새로운 법칙이나 단순히 본분에 따른 의무가 아니라는 것을 확실히 한다. 바울에게 나눔은 사랑에 관한 일이었다. "너희의 사랑의 진실함을 증명하고자 함"이라고 바울은 8장 8절에서 말한다. 이는 죄책이 아니라 사랑이 어떤 모습일지에 대한 현실적 기대다. 사랑은 나눈다.

우리 주 왕이신 예수님의 삶이 자원 나누기에 대한 모범을 보여 준다. 바울은 이 점을 더할 수 없이 분명히 한다. "우리 주 예수 그리스도의 은혜[선물, 재원 나누기]를 너희가 알거니와 부요하신 이로서 너희를 위하여 가난하게 되심은 그의 가난함으로 말미암아 너희를 부요하게 하려 하심이라"(8:9). 예수님은 부요한 분이었지만 사람들을 위해 가난하게 되셔서 이들이 부요해지게 하셨다. 바울은 자기 삶에 이를 본받아, 사람들의 유익을 위해 희생적으로 투자했다.

자원 나누기는 의도를 가지고 하는 행위의 문제이지 얼마나 많이 나누느냐의 문제가 아니다. 사도 바울은 우리 시대와 마찬가지로 모든 면에서 불평등한 세상에서 살았다. 그래서 바울은 그리스도인들에게 '있는 대로' 베풀라고 지혜롭게 가르쳤다(8:11; 참고. 9:7). 하지만 나누려는 '의도'만으로는 충분하지 않다고 바울은 말했다. 얼마나 많이 나눌 수 있는지 판단하고, 그런 다음 그것을 베풀라. 아니, 바울 식으로 표현하자면 "마음에 원하던 것과 같이 완성하되 있는 대로 하라"(8:11).

자원 나누기는 평등을 목표로 한다. 바울의 발언 중 비교적 급진적이라고 손꼽힐 만한 말은, 한 사람이 후히 나누어 다른 사람의 결핍이 메워져서 '균등하게' 되어야 한다는 것이다(8:13). 여기서 바울은 한 국가 혹은 전 세계의 경제 체제를 말하는 것이 아니다. 그보다 그는 기회가 닿을 때마다 후히 나누는 것을 말하고 있다. 풍성히 소유하고 있다면 어려움을 겪는 사람에게 이를 베풀라는 것이다. 그러면 나중에 그 사람이 많이 소유할 때 다른 가난한 사람들에게 자선을 베풀 수 있을 것이며, 어쩌면 너희가 그 혜택을 입을 수도 있다는 뜻이다. 이렇게 그때그때 형편에 따라 있는 사람과 없는 사람 사이에 균형이 잡혀야 한다는 인식을 바탕으로, 인색하게 베푸는 사람은 인색하게 받을 것이고 후히 베푸는 사람은 후히 받는 경험을 하리라는 바울의 법칙이 형성된다(9:6). 하지만 여기서 끝이 아니다. 그리스도인이 다른 사람은 가난하게 사는데 자기는 풍요롭게 산다면 이는 복음의 핵심과 완전히 상충하기 때문이다.

자원 나누기는 누구든 궁핍한 사람을 위한 것이다. 바울이 개척한 교회들에는 수공업자, 집 없는 사람, 노예, 전직 매춘부, 그리고 간혹 보이는 상류층 등 온갖 부류의 사람이 다 있었다(우리네 교회들도 그렇기를 바란다). 배운 사람도 있었지만, 못 배운 사람이 대부분이었다. 그리스도인들의 재원은 유대인과 이방인, 노예와 자유민, 남자와 여자 등 누구나 이용할 수 있었다. 후한 베풂은 정체성 정치(identity politics)에 제한받지 않고, 궁핍한 사람들에게까지 스스로를 확장한다. 자기 자신에게 다음과 같이 간단한 질문을 해 보라. "도움이 필요한 사람들에게 내 자원을 기꺼이 베풀겠는가, 아니면 도움이 필요하되 나와 가장 비슷한 부류의 사람들에게 그 자원이 흘러가기를 바라는가?"

자원 나누기는 하나님의 영광이라는 결과를 낳는다. 나눔에 대한 가르침을 마무리하면서 바울은 사람들이 주님의 축복을 경험함에 따라 이 모든 것이 하나님에게 감사하고 하나님을 찬양하는 결과로 이어진다는 것을 깨닫는다. 그래서 바울은 "너희가 모든 일에 넉넉하여 너그럽게 연보를 함은 …… 하나님께 감사하[는]" 결과를 낳을 것이고(9:11), 사람들이 "하나님께 영광을 돌[릴]" 것이라고 말한다(9:13).

후한 은혜를 베푸시는 하나님의 선한 손길(이는 신약 성경에서 베풂을 나타내는 두드러진 표현이다)은 상호 후히 베푸는 손길을 우리에게 허락한다. 앞에서 이야기한 돈 일가는 임차해서 농사짓던 땅이 팔리자 미래가 불확실해졌는데, 이때 메리앤은 자기 아버지의 손에 대해 이렇게 말했다.

그날 밤 우리는 거실에 둥그렇게 모여 앉아 무릎 꿇고 기도했다. 아버지가 두 손을 포개 쥔 모습이 눈에 들어왔다. 어머니와 [본국으로 돌아가기 전에 비극적으로 죽은] 레니를 데리러 트럭을 몰고 디어보인 콜로니(Deerboine Colony)로 갈 때 핸들을 잡고 있던 아버지의 손이 떠올랐다. 그 손은 한때 정밀한 캘리그라피 작업을 할 수 있을 만큼 곱고 섬세한 손, 다정하게 어머니의 어깨를 감싸던 손, 제이크 베터가 말도 안 되는 억지를 부릴 때 분노하여 떨던 손이었다[그 베터에게 아버지는 용서의 손길을 내밀었다]. 내가 본 것은 그저 내 아버지가 아니라, 가족을 부양하기

위해서라면 무슨 일이든 마다하지 않는 확신과 원칙을 가진 남자였다.[4]

그 손은 천막 만드는 사도의 손, 하나님의 후하고 은혜로운 사랑의 손길이 빚어낸 우리의 후한 손을 닮았다.

우리를 향한 하나님의 사랑과 은혜의 '예스'로 힘을 얻는, 효력 있고 베푸는 사랑은 이 세상에서 하나님의 방식으로 구체화된다. 바로 교회로 말이다. 교회는 우리가 이 세상에서 사랑과 은혜를 볼 수 있도록 하나님이 계획하신 곳이기 때문이다. 이는 대단한 개념이기는 하지만, 문제는 그런 교회가 현실에는 별로 없다는 것이다.

3부

—

식탁

A
Fellowship
of
Differents

8장
토마토와 마토

마트에서 산 토마토를 토마토라고 믿을 수 있는 유일한 방법은 그게 정말 토마토인 척하는 것뿐이다. 마트에서 산 맛없는 토마토를 나는 '마토'(maters)라고 부른다. 마토는 아무 색깔 없는 요리에 색감(거의 빨간색)을 더하는 데 쓰일 수 있다. 마토는 (거의) 붉은색 과육에 지나지 않으며, 먹을 때마다 진짜 토마토 맛이었으면 하는 생각을 하게 되지만, 마토에서 진짜 토마토 맛이 난 적은 한 번도 없다. 마토 생산자들을 이것이 초록색일 때 따서 납품한다. 조금 '숙성하면' 마트에서 먹음직한 붉은색을 띠게 되고 과즙도 생긴다는 것을 알기 때문이다. 하지만 우리는 이것이 속임수 행위라는 것을 알고 있다. '마토'는 토마토가 아니다. 아멘인가?

8월과 9월(그리고 때로는 7월)이면 우리 집 텃밭에서 진짜 토마토를 딸 수 있다. 과즙이 풍성하고, 맛도 좋고, 전체가 붉은색이다. 텃밭 토마토가 얼마나 맛있는지 아침 식사로 먹는 스틸컷 귀리에 얹어 먹고 싶을 정도다. 가장 안 좋은 점이라면, 초가을부터 초여름까지는 마토를 수확할 수밖에 없고, 그래서 기나긴 겨울을 지나는 동안에는 진짜 토마토가 몹시 그리워진다는 것이다.

하나의 교회?

주일 예배를 마치고 집으로 돌아올 때면 루터교, 장로교, 로마 가톨릭교, 동방 정교, 침례교, 복음주의 자유교회, 복음주의 언약교회 등, 다른 교회 앞을 지나게 된다. "브랜치"(Branch)나 "야곱의 우물"처럼 멋진 이름을 가진 비교파(nondenominational) 교회도 있다. 사실을 말하자면 과거에 이런 교파들 다수가 서로 의견을 달리했다. 교회 분열, 견해차, 논쟁이라는 현실은 개인주의 및 분리하되 평등한(separate-but-equal) 기독교라는 '마토'다. 우리는 토마토, 즉 진짜 하나 됨 대신 마토를 선택한다.

예수님은 우리가 하나이기를 기도하셨다. 사실 예수님은 그 이상을 기도하셨다. 우리가 '**온전함**'을 이루어 하나가 되게' 해달라고 하셨으니 말이다. 이어서 예수님은 자신을 따르는 사람들이 증언하는 말의 신뢰성은 이들의 하나 됨에 뿌리를 둔다고 하시면서 하나 되게 해주시기를 좀 더 강하게 요청하셨다. 그러고 나서 예수님은 하나 됨의 닻을 더 깊이, 바로 아들과 아버지의 하나 됨에 내리셨다(요 17:21-23).

우리는 여기서 잠깐 멈추어 우리 자신에게 두 가지를 질문해 보아야 한다. 우리의 증언에 효력이 없음은 교회가 그렇게 분열되어 있고, 하나 됨을 이루지 못하고, 예수님의 기도와 보조를 맞추지 못하기 때문일까? 하나 됨이라는 하나님의 샐러드 접시에서 우리가 서로 어우러진 샐러드로 살지 못하고 샐러드 재료들을 접시 위에 따로따로 펼쳐서 쌓아 놓았기 때문일까?

하나 됨이라는 주제가 바울에게는 매우 중요했기에 그는 사역 초기에 이 주제를 다루고, 말기에도 다시 다룬다. 한 성령, 한 주님, 한 아버지가 있으며(고전 8:4-6), **따라서** "몸이 하나요 …… 이와 같이 너희가 부르심의 한 소망 안에서 부르심을 받았느니라"(엡 4:4-6)라고 바울은 지적한다. 바울은 에베소서의 이 세 절에서 '하나'라는 말을 일곱 번 쓴다. 그리고 하나 가운데 셋으로 계신 하나님(Three-in-One God), 즉 서로 다른 점이 영광스러운 일치를 이룬 하나님은, 다수이지만 하나(many-but-one)인 몸을 뜻한다.

하지만 오늘날 교회는 토마토보다는 마토를 더 닮았고, 예수님이 기도하셨고 바울이 가르쳤고 하나님 그 자체인 진짜배기를 아무 맛 없이 체험하는 것에 더 가깝다! 주일에 예배를 따로 드린다면, 주중에 따로따로 사귐을 가진다면, 서로 떨어져 예수님을 따른다면, 이는 하나님의 하나 됨을 조롱하는 것이다! 하나님이 삼위일체로 이 하나 됨을 유지하실 수 있다면, 성령 충만한 우리도 이 하나 됨을 유지해야 한다.

생각해 보아야 할 문제

우리는 그리스도인의 삶을 개인의 문제로 생각하는 경향이 있다.

나는 하나님과 어떻게 지내고 있는가?
나는 그리스도와 어떻게 동행하고 있는가?
나는 성장하고 있는가?

우리는 그리스도인의 삶에 관해 다음과 같은 질문을 하지 않는 경향이 있다.

우리 교회는 하나님과 어떻게 지내고 있는가?
우리 교회는 그리스도와 어떻게 동행하고 있는가?
우리 교회는 성장하고 있는가?

우리가 흔히 말하는 "하나님과의 개인적 관계"는 바람직하다. 사실 개인적 신앙 없는 교회는 썩은 마토나 다름없다. 하지만 성경을 연구하는 사람에서부터 문화를 연구하는 사람에 이르기까지 오늘날 다양한 스펙트럼의 사상가들은 우리의 개인적인 질문이 성경 자체가 아니라 서구 문화에서 비롯되는 경우가 많다고 모두 한목소리로 말한다. 실제로 우리에게는 자기 본위적 태도가 몹시 자연스러워서, 예수님이 기도하셨고 바울이 가르친 하나 됨 따위는 신경도 쓰지 않는 그리스도인이 많다! 토마토가 아니라 마토 같은 삶을 선택한다는 것은 하나님 특유의 하나 됨에 등을 돌린다는 뜻이다. 마토 같은 기독교는 개인주의를 고양하는 반면, 토마토 같은 기독교는 모든 부류의 성도와 교제하라는 난제에 발을 들여 놓는다.

성경 이야기는 단순히 개인 구원에 관한 이야기가 아니다. 성경 이야기는 구원받은 신실한 한 백성인 이스라엘이 만들어지는 이야기다. 그리스도인에게 그 이야기는 하나님의 그 백성이 확장하여 이방인을 포괄한다는 의미다. 이 세상에서 하나님이 하시는 일은 **보편적인 한 백성을 창조하는 일**이기 때문이다. 바울의 전체 사명은 이방인을 하나님의 한 백성, 즉 교회에 포함하여서 하나님의 백성을 확장하는 일이었다.

이렇게 생각해 보자. 창세기 11장이 바벨에서 언어를 창조하여 백성을 흩었다면, 오순절의 기적은 우리의 여러 상이한 언어를 **한** 언어로 극복해서 백성들 사이에 새로운 하나 됨을 형성한다. 교회의 탄생 때 가장 먼저 일어난 일이 **수많은 다양한 사람이 성령을 통해 연합하여 하나가 된 것**이라니, 놀랍지 않은가! 우리 모두의 한 성령, 한 주님, 한 아버지. 예수님이 하나 됨을 기도하신 것은 전혀 이상한 일이 아니다. 안타깝게도 우리는 아직도 그리스도 안에서의 진정한 일치라는 토마토가 아니라 그리스도 안에서 불일치라는 마토를 먹고 있다.

우리는 어떻게 해야 할까? 바울은 교회의 하나 됨을 위한 두 가지 설득력 있는 전략을 제시한다. 변화시키는 하나님의 성령의 은혜에 우리 마음을 열기만 한다면 말이다. 하지만 우리는 먼저 춤추는 법을 배워야 한다.

춤추는 법을 배우라

내 조카 카리는 조너선 윌리엄스와 결혼했다. 두 사람 모두 뉴햄프셔 대학교의 운동선수였다. 카리는 육상 선수였고 조너선은 미식축구 선수였다. 두 사람은 뉴욕주 핑거레이크스 중 한 곳에 있는 멋진 장소에서 결혼식을 했고, 식이 끝난 후 우리는 모두 피로연장으로 가서 춤을 추었다.

내가 알기로 배우 존 트라볼타가 영화 〈토요일 밤의 열기〉(Saturday Night Fever)에서 춤 솜씨를 좀 자랑했는데, 내가 카리의 결혼식 피로연장에서 본 것에 비하면 존 트라볼타의 춤은 아무것도 아니었다. 조녀선은 아프리카계 미국인인데, 우리의 고정관념상 흑인들은 춤을 잘 춘다. 그리고 음악은 서로 다른 점들을 초월한다. 조녀선과 그의 축구팀 친구이자 리젠트 대학교의 신학생인 존 매코이, 그의 아내 제시, 내가 스무스 씨라고 부르는 레이, 그리고 몇몇 백인이 흑인들과 어우러졌고, 젊은이와 노인, 숙녀와 신사도 이들과 어울려 춤을 추었다. 그러다가 일렉트릭 슬라이드(Electric Slide)라는 춤에 맞는 곡이 나오기에 나는 자리에 앉아 모든 사람이 춤으로 하나가 되는 모습을 지켜보았다. 그것은 지금까지 한 번도 본 적 없는 광경이었다.

마토에 만족할 수도 있고 토마토를 먹을 수도 있지만, 하나 됨이라는 진짜 토마토를 원한다면 춤판으로 들어가 모두를 위한 하나님의 '예스'라는 음악을 틀고 함께 춤추는 법을 배워야 한다.

전략 1. 생각을 새롭게 하라

바울은 로마 사회 전 영역의 유대인과 이방인이 교회에서 함께 춤추게 해야 한다는 어마어마한 문제를 매일같이 고민했다. 그는 이 일이 어떻게 이루어질 수 있다고 생각했는가? 도무지 믿어지지 않는 바울의 다음 발언들을 들어 보자. 첫 번째는 바울의 가장 초기 서신에 등장한다.

> 너희는 유대인이나 헬라인이나 종이나 자유인이나 남자나 여자나 다 그리스도 예수 안에서 하나이니라(갈 3:28).

사역의 끝이 가까워질수록 바울은 이 발언을 약간씩 확장했다.

> 거기에는 헬라인이나 유대인이나 할례파나 무할례파나 야만인이나 스구디아인이나 종이나 자유인이 차별이 있을 수 없나니 오직 그리스도는 만유시요 만유 안에 계시니라(골 3:11).

바울이 가르치고 있는 것은 유대인이 하나님의 가족에서 제외되어 왔다는 것이 아니다. **이제 모든 이가 신실한 이스라엘 백성과 나란히 하나님의 가족으로 승격될 기회가 있다**는 것이다. 이 메시지는 자신들의 유산에 대한 유대인들의 자부심에 이의를 제기했을 뿐만 아니라 이방인들에게는 경계를 넘어 새로운 유형의 가정으로 들어가라고 도전을 던졌다.

바울은 우리가 달리 생각하기를, 즉 '그리스도 안에'는 '종이나 자유인'이 없다는 것을 알고, 믿고, 받아들이기를 원한다. 작업장에도, 로마의 광장에도, 선상에도, 로마 시민들의 교외 주택에도 분명한 사회적 차별이 존재했다. 로마인들은 신분에 집착했고, 옷차림은 그 사람의 신분을 반영했다. 예를 들어 신분에 따라 토가의 자주색 줄무늬가 좁

기도 하고 넓기도 했다. 로마 시민은 노예가 아니었고, 노예는 시민이 아니었다(시민은 권리를 보호받았다). 로마 세계를 연구하는 이 시대의 주도적 학자 마틴 굿맨(Martin Goodman)은 이에 관해 다음과 같이 말한다.

> 공적인 면에서 로마 사회는 출신과 재산 정도에 따라서 고도로 계층화되어 있었다. 각 성인 남성 시민의 사회적, 정치적 지위는 비정기적 인구 조사 때 확정되었다. …… 가정 영역에서 …… 법적으로 제대로 인정받는 유일한 사람은 …… 각 가족 단위에서 남성 우두머리인 가부장뿐이었다.[1]

위계질서, 신분, 명성, 연고(緣故)가 이 제국을 말해 주었다. 하지만 교회는 로마 제국이 아니었다! 그래서 그리스도인들이 모여서 예배하고, 교제하고, 만나서 음식을 먹을 때면, 불화를 일으키는 무자비한 신분 기반 제국의 척추가 뚝 부러졌다. 교회 안에는 노예도, 자유민도 없었다. 로마인도, 헬라인도, 애굽인도, 야만인도 없었다. 이는 하나님의 장대한 사회적 실험이었고, 그래서 로마인들은 최상류층에서부터 노예에 이르기까지 교회를 거침없는 평등 혁명과 다름없는 것으로 체험했다.[2] 서로 다른 사람들이 어우러진 집합을 만드는 것이 바울의 사명이었다는 이 개념은 성경 전체가 작동하는 방식에 관해 내가 믿는 믿음의 핵심에 자리 잡고 있다. 그리고 나는 머스터드를 듬뿍 뿌린 내 핫도그를 저들이 빼앗아가기까지는 전심을 다해 이를 믿을 것이다.

바울의 말에는 이보다 더한 내용도 있다. 남자와 여자에 관해 말할 때 창세기 1장 27절을 인용하고 있기 때문이다. 창조 때 하나님은 우리를 남자와 여자라는 '성별로' 만드셨지만, 새 창조 때 하나님은 우리를 하나(one)로 만드신다. 교회에서 우리는 여성들이 하나님의 부르심과 은사를 실천할 수 있는 새로운 능력을 부여받는 것을 보게 된다. 그런 예로 아볼로를 가르친 브리스길라가 떠오른다. 뵈뵈도 생각난다. 뵈뵈는 교회 지도자였고, 아마도 바울의 편지를 로마인들에게 읽어 주었을 것이며, 따라서 바울의 말이 무슨 뜻이냐는 질문이 있을 때 이에 답변해 주어야 했을 것이다. 유니아는 비할 데 없는 사도이자 선교사로 부름받는다. 유오디아와 순두게는 복음 사역을 하는 바울과 '함께 힘쓰던' 여인들이었다. 예언자였던 빌립의 딸들도 생각난다. 로마 제국에서 존재감 없던 여성들이 그리스도 안에서는 눈에 보이는 존재가 된다. 바울과 함께 이름이 거론된 동료 선교사 가운데 20퍼센트가 여성이다. 남성 지향적이고 계급 질서가 강하며 여성 참정권이 없던 사회에서 이는 적지 않은 수치(數値)다.

브레디 보이드(Brady Boyd)는 덴버에 있는 뉴라이프 교회 목사로, 자신의 저서 「여성이 이끌게 하라」(Let Her Lead)에서 남성과 여성을 평등하게 한다는 바울의 이상을 조명하는 일련의 질문을 던진다.

> 지난주, 텍사스에서 강연 일정을 마치고 집으로 돌아오는 비행기 안, 이어폰 볼륨을 최대한 높여 놓고 아델의 노래를 들었다. 무슨 노래를 부르든 아델은 갖가지 업무에 정신 없는 나를 불러 세워 주목하게 만들었다. 나는 반성이라도 하듯 고개를 흔들며 생각했다. '여성들의 목소리가 없었다면 이 세상이 어떻게 되었을지 상상도 안 돼.' 알리샤 키스, 비욘세, 아델의 목소리를 들을 수 없었다면 어떻게 되었을까? J. K. 롤링의 작품

을 읽을 수 없었다면? 콘돌리자 라이스와 힐러리 클린턴 같은 여성들이 미국 최고위직에 오르는 모습을 볼 수 없었다면 어떻게 되었을까? 물론 이들이 하는 모든 말을 100퍼센트 지지하지는 않는다. 그저 그 말을 할 때 여성들이 누린 자유를 지지할 뿐이다.[3]

한번 생각해 보라. 사회사업계가 제인 애덤스(Jane Addams)를 몰랐다면, 패션업계가 코코 샤넬(Coco Chanel)을, 요리업계가 줄리아 차일드(Julia Child)를, 의학계가 마리 퀴리(Marie Curie)를, 연예계가 아레사 프랭클린(Aretha Franklin)을, 화장품업계가 에스티 로더(Estée Lauder)를, 문화 인류학 세계가 마거릿 미드(Margaret Mead)를, 살림의 세계에서 마사 스튜어트(Martha Stewart)를, 법조계에서 산드라 데이 오코너(Sandra Day O'Connor)를, 자선 사업 세계에서 마더 테레사(Mother Teresa)를, 텔레비전 세계에서 오프라 윈프리(Oprah Winfrey)를, 문학계에서 버지니아 울프(Virginia Woolf)를, 인도주의 실천 세계에서 엘리노어 루즈벨트(Eleanor Roosevelt)를 몰랐다면 어떻게 되었을까?

로자 파크스(Rosa Parks, 미국의 민권 운동가)가 하는 이야기를 들을 수 없었다면 어떻게 되었을까?

그렇다. "어떻게 되었을까?"라는 이 물음은 우리를 곧장 바울에게로, '그리스도 안에' 있는 삶으로 다시 데려가서 다양성이야말로 하나님의 구상임을 깨닫게 한다. 우리는 교회의 다양성을 **하나님이 가장 바라시는 바로 그것**으로 기꺼이 받아들이는가? 만약 받아들일 경우, 바울의 첫 번째 전략은 인종, 계급, 성별의 차이에 관한 생각을 새롭게 하라는 것이다. 그리스도 안에서 이 모든 것은 초월되었다. 하나님은 온갖 상이한 부류에 대해 '예스'라고 하신다.

전략 2. 성령 안에서 살라

박사 과정 때 나를 지도하신 제임스 던(James D. G. Dunn) 교수님은 세계적으로 유명한 신약 학자다. 교수님이 하신 말씀 중 성령이 하실 수 있는 일에 관한 설명보다 훌륭한 발언은 없는 것 같다. "**하나님의 영은 인간의 능력을 초월하며 인간의 무능력을 변화시킨다.**"[4] 책상이나 거울에 이 말을 써 붙이고, "#boom"을 붙여 트위터에도 게시하라. 성령은 우리가 절대 할 수 없는 일을 할 능력을 주시고, 우리가 할 수 있는 일을 취하여 더 좋게 만드신다.

　　하나가 되어야 할 하나님의 가정에 거칠고, 간음을 일삼고, 힘 있고, 우상 숭배하는 이방인들을 포함시켜야 하는 상황을 보며 바울은 이런 일은 불가능하다고 생각했다. 이방인들이 유대인을 보는 시각이 있었는데, 이는 지금의 반(反)유대주의와 마찬가지로 본능적으로 경멸하는 시각이었다. 유대인에게도 이방인을 보는 시각이 있었는데, 이방인을 흔히 일컫는 이름은 그저 '죄인들'이었다. 하지만 바울은 유대인과 이방인 모두 성령 안에 사는 삶으로 해묵은 분리의 틀에서 벗어날 수 있다고 믿었다. 바울은 그것을 "할례나 무할례가 아무것도 아니"라고 표현한다. 동족인 유대인들은 대부분 이에 동의하지 않겠지만 바울은 계속해서 말한다. "오직 새로 지으심을 받는 것만이 중요하니라"(갈 6:15). 이는 성령의 임재라는 바울의 주제를 나타내며, 이 성령께서 교회 안에서 모든 것을 새롭게 하신다. 이따금 이 구절을 읽을 때 나는 그저 경이로움에 고개를 가로젓는다.

하나님은 어떻게 이 일을 이루시는가? 우리에게 성령의 은사를 주심으로 이루신다. 하나님이 왜 교회에 영적 은사를 주기로 하셨는지 스스로에게 물어 보라. 그런 다음, 바울은 영적 은사를 어떻게 생각했는지 물어 보라. "하나님의 영은 인간의 능력을 초월하며 인간의 무능력을 변화시킨다"면, 하나 됨을 이루기 위한 가장 중요한 전략은 아마 은사를 나누어 주시면서 성령께서 그리스도의 몸 전체를 인도하시게 하는 방법일 것이다. 교회들이 불화로 거듭 삐걱거리며 다툼의 열기가 고조되었을 때, 바울은 이들에게 성령의 은사를 상기시켰다.

오늘날 교회에서는 사람들이 영적 은사를 많이 이야기한다. 하지만 대부분의 논의는 "**내** 은사는 무엇인가?"라는 질문에 집중되어 있다. 이와 대조적으로 바울은 "**왜** 이 은사인가?"를 묻는다. 그가 뭐라고 대답하느냐고? "하나 됨을 위해서"라고 대답한다. 사람의 몸에 각각 다른 지체들이 있는 것처럼, 그리스도의 몸에도 각각 다른 지체들이 있다. 그리스도의 몸의 '지체들'은 성령의 '은사들'이다. 바울의 질문을 되풀이하자면, 왜 이 은사가 주어졌는가? "이와 같이 우리 많은 사람이 그리스도 안에서 한 몸이 되어 서로 지체가 되었느니라"(롬 12:5). 사역을 끝낼 때가 가까웠을 때 바울은 은사 이야기를 다시 꺼내는데, 여기서 다시 한 번 우리는 은사가 주어진 것이 교회 안에 하나 됨을 이루기 위해서임을 알게 된다(엡 4:16). 하나님의 은사가 주어진 것은 우리를 하나로 만들기 위해서이며, 실제로 이 은사들은 우리가 서로에게 의지하게 만든다. 오늘날 영적 은사, 곧 하나님의 선물이 분열의 원천이 되었다는 것은 얼마나 아이러니인가! 아이러니보다 적확한 표현은 아마 "비극적이다", "슬프다", 혹은 "역겹다"일 것이다!

성령 안에 산다면 우리는 하나다. 하지만 우리가 토마토가 아니라 '마토'에 만족한다면, 이는 우리가 성령 안에 살지 않기 때문이다. 한 하나님, 한 성령, 한 주님인 분이 우리를 하나로 만드신다. 가장 성령 충만한 사람들은 대부분 그리스도인들과 더불어 하나 됨을 이루어 산다. 그리고 역사는 이에 대한 실례(實例)로 가득하다.

성령에 초점을 맞추는 사람들

하나 됨, 단순히 마음만의 하나 됨이 아니라 예수님이 말씀하시고 실제로 실행에 옮기신 '완전한' 하나 됨이 교회를 위한 하나님의 구상이라고, 또한 그리스도인의 삶은 하나님의 원대한 이상에서 흘러나온다고 가정해 보자. 그 목표를 바라보면서 과연 어떤 사람들이 가장 자주 경계를 허물고 나와서 하나 됨을 성취하는지 생각해 보면, 흔히 오순절 운동이나 은사 운동이라고 부르는, 성령께서 빚으신 운동이 떠오른다. 어떤 집단도 오순절파만큼 아프리카계 미국인과 백인 사이에 하나 됨을 이루지 못했다. 어떤 집단도 오순절파만큼 남성과 여성 사이에 조화를 이루지 못했다. 어떤 집단도 오순절파만큼 부자와 가난한 사람이 함께 어울리는 특성을 보이지 못한다. 성령께 순복하는 사람들에게는 자신의 무능력을 초월하고 능력을 변화시킬 역량이 있다.

윌리엄 시모어(William J. Seymour)[5]를 생각해 보자. 그는 1870년 루이지애나주에서 노예 출신 부모 밑에서 태어났는데, 루이지애나주는 남북 전쟁 전에는 평온하고 평화로움이 느껴지던 곳이었지만 전쟁 후에는 인종 분열이 극심해졌다. 시모어는 살길을 찾아 신시내티로 갔다가 천연두에 걸려 죽을 고비를 넘기면서 회심과 소명을 체험했다. 시모어는 일종의 은사주의 신앙을 갖게 되었지만, 방언을 직접 체험해 보지는 못했다. 그는 찰스 파럼(Charles Parham)이라는 매우 영향력 있는 지도자 밑에서 모종의 신학을 공부했는데, 많은 이가 파럼을 미국 은사주의와 오순절 운동 창시자로 여긴다. 텍사스에서 시모어가 스승의 강의를 들으려면 문이 조금 열려 있는 강의실 밖에 자리를 잡고 앉아야 했다. 시모어가 흑인이기 때문이었다. 그런 경험은 윌리엄 시모어에게 일상이었고, 그보다 훨씬 심한 일도 많았다. 나중에 시모어는 흑인을 **혐오**하는 데 이용된 바로 그 신앙을 백인, 흑인 할 것 없이 모든 사람 **사이에** 하나 됨을 이루는 원천으로 바꾸었다.

시모어는 로스앤젤레스의 한 교회에 청빙을 받았는데, 초기에는 좀 험한 시기를 보내기도 했다. 그러나 그런 시간 끝에 시모어가 목회하는 교회인 사도의 복음 신앙 선교회(the Apostolic Gospel Faith Mission)에서 벌어지는 3년간의 아주사 스트리트 부흥이 (인간의 관점에서 말하자면) 마침내 시모어의 책임 아래 일어날 수 있었다. 그러므로 오늘날 신도 수가 2억 7,500만 명에 달하는 오순절과 은사주의 운동은 어떤 의미에서 여전히 윌리엄 시모어의 영향 아래 있다고 할 수 있다. 시모어가 비록 흑인이고 한쪽 눈이 보이지 않는 부분 실명 상태였지만, 하나님은 미국 역사에서 어느 때보다 인종 차별이 심하던 시대에 인종 간 하나 됨을 이루는 일에 시모어를 쓰셨다.

아주사의 교회는 흙바닥에 나무판자로 만든 상자를 놓아 의자로 쓰고 바닥에 톱밥이 깔려 있어 그다지 특별할 것이 없는 곳이었다. 강단은 커다란 목제 신발 상자 두 개를 이어 놓고 면보를 덮어서 만들었다. 겸손한 사람 시모어는 회중 앞에서 가르치거나 설교하는 시간보다는 무릎 꿇고 기도하는 시간이 훨씬 많았다. 하지만 하나님이 그 사람들을 만나 주셨고, 성령께서 임하셨다. 그렇게 이들도 오순절을 체험했다. 원래의 오순절 때처럼 민족과 인종의 경계가 희미해졌고, "며칠 사이 회중은 그저 흑인이 아니라 그 도시에서 서로 어우러진 무엇인가를 대표하는 사람들로 변했다." 사회적이고 경제적인 지위도 사라져야 했다. 아주사 스트리트에는 "과시적인 계급 질서가 없었고, 그 폭넓은 영향력은 일련의 사회적 관습과 상충되었다"고 시모어의 전기 작가는 말했다. 시모어가 자신이 발간하는 신문에 쓴 글은 성령의 권능에 관한 글 중 가장 멋지다고 손꼽힌다. "하나님은 국적이 달라지게 하지 않으신다. 에티오피아인, 중국인, 멕시코인, 그 외 다른 여러 나라 사람들이 함께 예배드린다."

　　아주사 스트리트에서 일어난 일은 전국적으로 회자되었다. 노스캐롤라이나의 전 감리교 목사였다가 은사주의자가 된 백인 개스턴 바너버스 캐시웰(Gaston Barnabas Cashwell)은 이 부흥을 두 눈으로 직접 보려고 로스앤젤레스행 기차에 올랐다. 서로 다른 인종들이 어우러져 있는 광경을 본 그는 다시 기차에 올라 돌아갈 뻔했다. 하지만 시모어의 메시지는 더 깊고 인격적인 부흥을 위해 기도하라고 캐시웰에게 도전을 주었다. 무릎을 꿇고 앉은 캐시웰은 "검은 손이 자신의 금발에 안수하는 것을 보았다. 그가 어떻게 반응했느냐고? '서늘한 한기가 등줄기를 타고 내려갔다.'" 집회에 몇 번 더 참석해 본 캐시웰은 "자존심을 포기했다"고 고백했다. 한 신문 기자는 "아주사에서는 피부색의 경계가 씻겨 없어졌다"고 말했다. 간단히 표현하자면, **성령 충만할수록 하나 됨이 강해졌고, 하나 됨이 덜할수록 성령 충만도 덜했다.** 시모어는 이렇게 표현한다. "오순절은 예수님을 더 많이 사랑하게 해주고 우리 형제들을 더 많이 사랑하게 해준다. 이는 우리를 하나의 공동 가족으로 만들어 준다."

초월은 차이를 지워 버린다는 뜻이 아니다

요즘 나는 노던신학교에서 "초기 교회들에 보내는 편지"라는 과목을 가르치고 있다. 어느 날은 잠시 강의를 멈추고, 교회 지도자들로 구성된 이 만족스러운 반을 둘러보면서 이렇게 말했다. "이 반은 주일의 평범한 교회들보다 본연의 교회 모습에 훨씬 가깝군요." 어째서일까? 우리 반에는 아프리카계 미국인이 다섯 명, 인도인 한 명, 백인 미국인이 열 명, 라틴계 미국인이 두 명, 아시아계 미국인이 한 명이다. 열세 명은 남자, 여섯 명은 여자이며, 나이는 30대 중반이 몇 명 있고 적어도 한 사람은(이름은 말하지 않겠다) 예순 살이 넘었다. 어떤 학생은 맥 컴퓨터를 쓰고 어떤 학생은 PC를 쓴다. 모(Mo)는 골프 선수이고, 스탠리는 재소자들을 섬기는 일을 하고, 게일은 마티와 마찬가지로 사역자이고, 에릭은 전직 야구 선수에 지금은 제자 훈련을 맡고 있는 목사이며, 밍은 컴퓨터 관련 일을 하고, 라즈마니는 목회를 한다. 이 수업에 참석해 보면, 우리가 여러 면에서 서로 다를 때가 많지만 하나님의 말씀 중심으로, 기도 중심으로, 교제 중심으로 함께 모여 공부하고 있다는 것을 알게 될 것이다. 이 정도의 시간을 함께하면 하나 됨이 우리의 차이들을 초월하고, 학기말이 되어 반이 흩어지면 우리는 서로를 그리워하게 될 것이다. 우리는 함께 성장했기 때문이다.

그러나 그리스도 안에서 차이를 초월한다는 것은 그 차이들을 **지워 없앤다**는 뜻이 아니다. 차이를 지워 없애는 것은 우리가 획일성을 추구하려고 할 때, 즉 샐러드에 드레싱을 잔뜩 뿌릴 때 일어나는 일이다. 따로따로인 생각과 출신 때문에 따로 떨어진 장소에 서로를 떼어 놓을 때 일어나는 일이다. 그리스도 안에 하나라는 것은 야코브(야곱)가 더는 유대인이 아니라는 뜻이 아니고, 시어도어가 더는 이방인이 아니라는 뜻도 아니다. 그리스도 안에 하나라는 것은 포르투나투스가 더는 부유한 로마인이 아니라는 뜻이 아니고, 푸블리우스가 더는 가난한 노예가 아니라는 뜻도 아니다. 그리스도 안에 하나라는 것은 바울이 이제 남자가 아니라거나, 유니아가 이제 여자가 아니라는 뜻이 아니다. 그리스도 안에 하나라는 것은 아프리카계 미국인이 백인이 되어야 한다는 뜻이 아니다. 성령 안에서 생각과 삶이 새로워진다는 것은 우리가 차이들을 초월하는 한편 **서로 어울려 살면서도 여전히 서로 다른 존재**라는 뜻이다. 우리의 차이는 제거되지 않는다. 차이는 우리의 사귐에 생명력을 주기 때문이다.

우리의 사귐에 관해 좀 더 생각해 보면 가장 이상한 일이 벌어진다. 복음은 그 자체가 이 세상에서 새로운 유형의 사람들을 창조하는 문제이며, 이 사귐은 식탁에서 시작된다.

9장
서로를 연결시키는 식탁

1세기 사람의 '교회 가기'를 상상해 보라. 로마나 에베소, 혹은 폼페이 같은 주요 도시에 사는 사람이라면, 먼저 가죽 샌들을 신고(혹은 맨발로) 집에서 나와 포장된 도로를 따라 시내를 지날 것이다. 대도시의 도로는 커다란 석재로 포장되어 있어서, 오늘날의 차도나 보도처럼 평탄하거나 네모반듯하지 않으며, 그래서 돌에 발부리를 채이거나 발을 헛디디기 쉽다.

사람들이 모두 모인 가정 교회에 들어서면, '교회 아이들'이 숨바꼭질을 하는 모습을 곧 마주하고, 어느 가정의 노예는 이미 구워진 고기 덩어리가 끄트머리에 매달려 있는 꼬치를 들고 스쳐 지나간다. 그 집에서 전에 아폴로 신 사당으로 쓰이던 곳이 이제 속된 용도로 쓰이는 것, 더 좋게 표현하자면 우상들에게서 해방된 광경도 보게 된다. 안마당을 지나노라면 저녁 햇살이 부드럽게 어깨에 떨어지고, 안마당에서 몇 걸음 너머 커다란 방에 들어가면 사람들이 모여 앉아 있다. 어떤 사람은 바닥에 비스듬히 누워 있고 어떤 사람은 소파에 베개를 끼고 앉아 있다. 어떤 사람, 즉 한 노예가 주요 지도자로 보이는 사람 옆에 서서 부채질을 해주고 있다. 그 사람은 (오늘날 우리가 '목사' 혹은 '사제'라고 부르는) '장로'로, 작은 두루마리를 펼쳐 들고 거기 적힌 내용에 관해 어떤 사람과 가벼운 대화를 나누고 있다.

방 바깥의 베란다에는 낮은 식탁들이 놓여 있고, 몇몇 사람은 저녁 식사를 위해 벌써 자리를 잡고 앉아 있다. 식탁 위에는 휴대용 포도주병과 물주전자, 닭고기와 생선 접시가 놓여 있고, 어떤 접시에는 '채소'와 구운 빵이 담겨 있다. 나는 한 로마인 옆자리에 앉아 음식을 먹기 시작한다. 이 로마인 관원은 얼마 전 송사(訟事) 때 딱 한 번 만나 본 사람이지만, 그 관원은 나를 기억하지 못한다. 그래도 그 사람은 악수를 건네고 뺨에 입을 맞추며 '화평을 전한다.' 토라를 따를 뿐만 아니라 예수님도 믿는 젊은 유대인도 만났는데, 유심히 보니 그 청년은 이른바 율법에 맞는 '정결한 음식'을 먹고 있다.

방 건너편을 보니 한 노예가 누군가의 시중을 드는 게 아니라 어느 로마 시민 옆에 앉아 있다. 옷차림을 보면 이들의 신분이 서로 다르다는 것을 확인할 수 있지만, 두 사람은 서로의 손을 꼭 쥐고 함께 기도하고 있다. 옆 사람들과의 대화가 한창 무르익어 가는데 어떤 사람(장로)이 자리에서 일어나 기도로 사람들을 성찬식으로 인도한다. 장로는 몇 년 전에 이 도시에 온 적 있는 위대한 사도의 글에서 한 부분을 읽는데, 예수님이 배신당해 죽으셨다가 부활하여 하나님의 보좌에 오르는 내용이다. 빵과 몸, 포도주와 피에 관한 말씀이 있은 후, 장로는 빵과 포도주를 방 안에 있는 사람들에게 건넨다.

나는 빵을 조금 떼어 내어 먹고, 포도주를 깊이 한 모금 마신다. 빵과 포도주를 옆 자리의 관원에게 건네고, 식탁은 점점 조용해진다. 예수님에게 일어난 일 때문에 나에게 어떤 일이 벌어졌는가 하는 데로 생각이 흘러간다. 예수님이 죽으셨기에 지금 나는 죄 된 삶에서 구원받았다. 나는 해방된 사람 수십 명과 함께 앉아 나 자신의 해방을 떠올린다. 그 일로 내 세계는 완전히 뒤집어졌다. 남편은 내 신앙을 '미신'이라면서 묵인해 주고, 큰아들은 나더러 어리석다고 한다. 하지만 딸아이와 작은아들은 이따금 나와 동행하기도 한다. 내 소원은 남편도 언젠가는 나와 함께하는 것이다. 요즘 내 기도에 큰아들을 위한 간절함이 배어 있는 것이 눈에 띄기 시작했다. 어떤 때는 감정이 복받쳐 눈물이 나기도 하고 불안해지기도 한다. 아들은 생활 자세가 지나치게 로마식으로 변해 가고 있다. 알다시피 로마식이란 결국 죄의 노예가 되어 지위를 탐하고 거침없이 성적 욕구를 드러내는 것이다.

장로는 포도주 잔에 대해 이야기한 후, 이는 하나님의 사랑과 은혜이며 모든 사람을 향한 '예스'라고 선언한다. 장로는 그리스에 있는 한 교회에 관해 슬픈 소식을 들었다면서(고린도 교회를 말하는 거라고 생각했지만 장로는 고린도라는 이름을 언급하지는 않았다), 그곳의 예수님 따름이들 중 부유한 사람들은 가난한 이들이 도착하기도 전에 음식을 먹는다고 한다. 장로는 로마식은 교회에 발을 들일 수 없으며, 남자와 여자, 노예와 자유민, 유대인과 헬라인, 부자와 가난한 자 등 모두가 그리스도 안에서 한 가족이라고 분명히 말한다. 이어서 장로는 이 유월절 식사를 위한 포도주 잔은 감사의 잔이고(유카리스티아[eucharistia]), 이 잔을 마시면 각 사람이 예수님, 곧 로마인들을 해방시킬 수 있는 유대인 메시아의 죽음에 참여하는 것이라고 말한다. 그 말을 듣고 나는 이 잔이 나에게 얼마나 직접적인 의미가 있는지 실감한다. 계속해서 장로는 이 빵을 먹는다는 것은 예수님이 우리를 위해 내어 주신 몸에 참여한다는 의미이며, 그 몸은 우리가 유대인이든 로마인이든, 남자든 여자든, 노예든 (나 같은) 로마 시민이든 모두를 하나로 만들어 주었다고 말한다.

장로는 로마인들의 사당 예배에 참여하여 마귀들과 어울리지 말라고 경고한다. 남편도 우리 집 출입문 가까이에 사당을 만들어 두었는데, 전에 장로는 이 예배 처소 주인이 회심한 일과 그가 이 집에 있는 아폴로 신 사당을 부숴서 없앤 일에 대해 이야기했었다. 장로는 이 집 주인이 예수님을 오직 한 분인 참 주님으로 믿고 헌신하기를 여전히 힘들어 하고 있으므로 우상에게 바쳤던 음식을 먹는 일에 아주, 아주 신중해야 한다고 내게 강조한다.

이탈리아 전원 지역의 해가 저물어 가는 동안, 나는 장로의 가르침에 귀 기울이면서 한편으로 믿지 않는 남편과 큰아들을 생각하느라 공상에 잠긴다. 나는 장로의 가르침을 들으며 남편과 아들을 위해 기도하기 시작했다. 장로가 가르치는 동안 그렇게 남편과 아들, 그리고 장로 사이를 잠시 오가면서 나는 내게 그랬듯이 하나님의 선한 은혜의 손길이 우리 가족에게도 임하기를 기도했다. 교회가 그 식탁에서 시작되기에 저녁 시간 내내 장로는 우리 인생 전체를 성찬식과 연관시켜 말씀을 전했다. 그 빌라에서 내가 경험하는 일은 놀라운 사귐, 새로운 유형의 가족이다.

얼마나 다른지!

이제 그리스도 안에 있는 평범한 로마인들은 그런 배경에서 만인이 얼마나 평등한지를 알고 충격을 받았을 것이다. 오늘날 우리는 이 평등을 납득하지 못해 어려움을 겪는다. 그래서 신약 성경보다 약간 늦은 시기에 기록되었지만 로마 제국의 저녁 연회 규정을 잘 보여 주는 한 편지를 소개하려고 한다. 이 편지는 소 플리니우스(Pliny the Younger, 61-113년, 고대 로마의 변호사, 작가, 행정관. 역사적으로 가치가 높은 수백여 통의 편지를 남겼다_ 옮긴이)가 썼으며, 한 부잣집의 연회에서 음식 먹기에 관한 이야기를 들려준다.

> 긴 이야기가 될 것 같습니다. 별로 중요하지는 않겠지만요. 그 자의 특별한 친구도 아닌 제가 어떻게 그 연회에 가게 되었는지 말씀드리지요. 그 자는 스스로를 기품과 경제력을 겸비한 사람으로 여기지만, 제가 보기에는 비열하고 사치를 좋아하는 사람이었습니다. 자기를 비롯해 몇몇 사람 앞에만 최고급 요리를 놓고 그 외 사람들에게는 싸구려 지스러기 음식을 대접했으니까요.
>
> 그 자는 세 종류의 작은 유리병에 포도주를 나누어 두었는데, 손님들이 골라 마실 수 있도록 하려는 게 아니라 어떤 포도주를 주든 손님이 거절하지 못하도록 하기 위해서였습니다. 그 자는 한 병은 자기 자신과 우리 몫으로 했고, 또 한 병은 비교적 덜 유명한 친구들에게 돌렸고(그 자는 자기 지인들을 등급별로 나누는 사람입니다), 세 번째 병은 자기 집과 손님들의 해방 노예들에게 주었습니다.[1]

로마 제국에서는 모두가 신분에 따라 서열이 나뉘었으며, 그에 따라 부자는 최고 식기에 최고의 음식, 최고의 포도주를 제공받았다. 모든 연회가 늘 이랬다는 것은 아니고, 플리니우스는 이것이 잘못된 관행이라고 생각하는 한 남자의 이야기를 하고 있지만, 계급에 따라 차이 나는 음식을 먹는 것은 흔한 일이었다. 이를 배경으로, 그리스도인들의 회집은 모든 것을 밑바닥에서부터 개조했다. 이 회집에서는 모두가 환영받았고, 모두가 같은 음식으로 식사했고, 모두가 평등했고, 모두가 한 주님, 왕이신 예수님을 섬겼다. 이 새로운 가족의 식탁에서 이들은 하나였다.

이 식사 때 이들은 하나님과 서로에게 연결되어 있었다. 성찬식은 하나님을 모든 이와 연결하고, 모든 이를 다른 모든 이 및 하나님과 연결해서 하나님의 사회적 실험을 극적으로 표현하기 때문이다.

성찬식은 우리를 예수님과 함께하는
일상의 식사로 연결한다

예수님은 일상의 식사를 하나님 나라의 현실로 바꾸셨다. 이는 저녁 식탁을 중심으로 새로운 사회가 형성되고 있었고, 사람들이 예수님과 함께하는 식탁에서 회개하게 되었다는 뜻이다. 또한 예수님의 제자들은 매일 저녁 예수님과 함께 앉아 예수님 및 그 나라에 관해 더 많이 알아갔다. 그 저녁 식사에 초대받는다면, 우리가 비유라고 부르는 여러 이야기로 예수님이 제자들의 질문에 대답하시는 말씀을 듣게 될 것이다.

로마의 고위층에게 충격적이었던 것은 예수님의 식탁에 온갖 사람들이 어울려 앉았다는 점일 것이다. 지체 높은 유대인들이 아무 지위 없는 유대인들과 함께 앉았다. 성도가 죄인들과 함께 앉았고, 성도는 자신도 죄인이었다는 것을 알게 되고 죄인들은 자신도 성도가 될 수 있다는 것을 알게 된다. 세리들이 열심당원들과 함께 앉았다. 예수님과 함께하는 식탁은 은혜가 있는 곳이었기 때문이다.

마지막 만찬 때, 예수님은 그 식사를 제자들이 지금까지 해오고 있는 저녁 식사와 앞으로 마침내 하게 될 식사로 연결하셨다. 예수님은 이렇게 말씀하셨다. "내가 포도나무에서 난 것을 하나님 나라에서 새것으로 마시는 날까지 다시 마시지 아니하리라"(막 14:25). 과거의 일상적 식사는 기억 속의 식사가 되었고, 과거를 미래와 연결하는 그 마지막 만찬은 예수님 따름이들이 모일 때마다 기념되어야 했다(그래서 고린도전서 11장 24, 25절에서 "이것을 행하여 나를 기념하라"는 말씀을 보게 된다).

초기 그리스도인들은 가정에서의 저녁 식사와 연결해서 성찬식을 거행했다. 그러므로 오늘날 우리는 상상력을 새롭게 해서, 화려한 컵과 접시, 흰 식탁보, 아무 맛도 나지 않는 조각 빵, 몇 방울의 포도주나 포도 주스, 그리고 성찬식을 '행하는' 엄숙함과 기이함을 없애는 법을 배워야 한다. 또한 관행도 새롭게 해서, 우리가 서로 나누는 식탁 교제가 주님을 기억하는 일로 변화되도록 하는 법을 배워야 한다.

성찬식이 어떻게 우리를 유월절로 연결하는지 생각해 보라

우리가 행하는 성찬식은 흔히 엄숙하고 무겁고 진지한 의식이어서 마지막 만찬과 유월절의 상관관계를 거의 드러내지 못한다. 마지막 만찬

은 유월절 주간에 있었는데, 유월절은 예루살렘에서 8일 동안 흥겨운 잔치로 기념하는 절기였다. 유월절은 애굽(이집트)에서의 첫 유월절을 기억하는 절기였으며(출애굽기 12장에 그 이야기가 기록되어 있다), 이는 유월절이 무엇보다도 압제에서 해방된 것을 기념하는 날이라는 의미다. 유월절에서 해방이라는 주제를 놓치는 사람은 유월절의 가장 중요한 의미를 놓치는 것인데. 오늘날 우리가 거행하는 엄숙한 의식은 해방에 대한 소망을 거의 불러일으키지 못한다.

"내 몸을 먹고 내 피를 마시라"고 제자들에게 말씀하셨을 때 예수님은 유월절의 빵과 포도주를, 먹는 음식과 문설주에 바르는 피가 아닌 무언가 심히 새롭고 충격적인 것으로 변화시키고 계셨다. 예수님이 하시는 말씀은 자기 자신이 유월절 빵과 포도주라는 것이다. 바울은 고린도전서 5장 7절에서 바로 이 사실을 말하고 있다. "우리의 유월절 양 곧 그리스도께서 희생되셨느니라." 그러므로 제자들이 그 떡을 먹고 그 포도주를 마셨을 때, 이들은 (현재 상황에서는, 애굽에 있던 이스라엘 자손들처럼 로마의 수중에 있는 예루살렘을 배경으로) 하나님의 심판에서 자신들을 보호해 주는 것을 섭취한 것이었다. 그 빵과 포도주가 이제 이들을 해방시켜서 하나님 나라에서 모두가 함께하는 새로운 삶을 살게 해줄 터였다.

성찬식이 어떻게 우리를 복음으로 연결하는지 생각해 보라

"이것은 내 몸이니라", "이것은 나의 피니라"라고 말씀하셨을 때, 그리고 "이를 행하여 나를 기념하라"라고 하셨을 때, 예수님은 유월절 이야기를 자기 자신에 관한 이야기로 만드셨다. 예수님은 정당하게, 그리고 전적으로 자기중심적이시다. 성찬에 참여할 때 우리는 ('복음'을) 선포한다. 성찬에 참여할 때 우리가 예수님, 예수님의 삶, 예수님의 죽음, 예수님의 부활, 그리고 예수님의 재림에 초점을 맞추기 때문이다. 바울은 이 사실을 더할 수 없이 명쾌하게 설명한다. "너희가 이 떡을 먹으며 이 잔을 마실 때마다 주의 죽으심을[복음을] 그가 오실 때까지 전하는 것이니라"(고전 11:26).

성찬식을 거행하고 참여하는 행동은 복음이 선포하는 내용을 선포한다. 즉 예수님이 우리 죄를 위해 죽으셨다는 것이다(고전 15:3). "이 잔은 내 피로 세운 새 언약"이라고 예수님은 말씀하셨다(11:25). 하나의 행위로서, 하나의 상징으로서, 하나의 사건으로서 성찬식은 이를 지키는 모든 사람, 여기 참여하는 모든 사람에게 복음을 선포한다. 성찬식은 예수님의 빵과 포도주를 섭취함으로 죄가 용서되었고 죄인들이 해방되었다고 알린다. 빵을 먹고 포도주를 마실 때 우리는 예수님의 속죄의 죽음을, 해방시키는 부활의 능력을, 우리가 기대하는 것처럼 자기 나라를 세우기 위해 주님이 다시 오실 것을 인정하고 받아들이고 참여한다. 성찬식은 복음 자체와 긴밀하게 연결되어 있다.

성찬식이 어떻게 우리를 개인적 신앙으로 연결하는지 생각해 보라
이스라엘 유월절의 극적인 특징 한 가지는, 이 절기가 지극히 개인적이고 개별적이었다는 것이다. 유월절은 프로 축구 경기를 관전하는 일이 아니었다. 유월절에는 관중이 없었다. 모두 저마다 할 일이 있었고, 모두가 참여했다. 어떤 사람은 어린양을 구울 때 쓸 땔감을 모아 왔고, 어떤 사람은 나물과 향료와 무교병을 준비했고, 어떤 사람은 방을 채비했다. 남자들은 성전으로 가서 어린양으로 제사를 드린 후 구워져서 먹히기를 기다리는 양고기를 가지고 집으로 돌아왔다. 아버지는 가족에게 출애굽에 얽힌 이야기를 들려주었고, 식구들은 **저마다 이에 화답하며 음식을 먹었다.** 사람들은 저마다 이 일을 **기억해야** 했다. 애굽에서 탈출한 일을 매년 저마다 되새겨야 했다. 이런 이유로 바울은 예수님이 마지막 식사 때 계시하신 내용을 되풀이한다. "이를 행하라······", "이를 행하라······", "먹으라", "마시라", "전하라", "살피라." 이는 지극히 성스러운 동시에 지극히 개인적으로 연결되는 일이어서, 이 일을 가볍게 대하는 사람은 "자기의 죄를 먹고 마시는 것"(고전 11:29)이라고 경고받았다.

성찬식 때 빵과 포도주를 받으려고 앉아 있거나 앞으로 나갈 때, 이는 나와 하나님의 일이다. 하나님이 나를 상대하시는 것처럼 나는 하나님을 상대해야 한다. 미리 준비하라. 자기 마음을 살펴서, 방해가 될 만한 것들을 없애라. 출애굽의 엄청난 이야기를 다시 떠올리라. 복음서의 한 구절(마 26장; 막 14장; 눅 22장)이나 고린도전서 11장 17-34절을 읽으라. 아니면 아브라함 언약 이야기부터 요한계시록에서 구속을 크게 축하하는 이야기에 이르기까지 위대한 구원 이야기를 깊이 생각하는 시간을 가지라. 하나님의 임재 앞에서 기도하라. 이 모든 일을 통해서 **예수님, 곧 이 땅에서 살다가, 죽으시고, 무덤에 들어가시고, 부활하시고, 높아지셔서 다스리다가 다시 오실 분 안에 있는 하나님의 구원 행위에 대한 믿음을 재확인하라.**

성찬식(Eucharist)이라는 말은 감사한다는 뜻이므로, 바로 그렇게 하라. 구원, 칭의, 화해, 구속, 죄 사함, 성화, 그리고 하나님 나라의 도래에 대해 하나님에게 감사하라.

성찬식이 어떻게 우리를 교회 예배로 연결하는지 생각해 보라

시간상 한 걸음 조금 더 나아가 2세기로 들어가 보자. 이제 일주일에 한 번씩 예배 때마다 성찬식이 거행되는 광경을 볼 수 있다. 다음은 초기 기독교 변증가인 순교자 유스티누스(Justin Martyr)의 글에서 발췌한 구절인데, 여기서 우리가 주목해야 할 것은 성찬식이 교회 예배의 중심이라는 점이다. 성찬식 관련 부분은 내가 강조했다.

> 그 후 우리는 계속해서 서로에게 이런 일들을 상기시킨다. 우리 중에 부자는 궁핍한 사람을 돕는다. 우리는 항상 함께한다. 우리에게 채워지는 모든 것에 대해, 우리는 자기 아들 예수 그리스도와 성령을 통해 만물을 창조하신 분에게 감사한다.
>
> 일요일이라 하는 날에는 도시나 촌에 사는 모든 이가 한곳에 모여, 시간이 허용하는 한 사도들의 기록이나 선지자들의 글을 낭독한다. 다음으로, 낭독자가 읽기를 마치면 예배 주재자가 말로 교훈하고, 이 선한 일들을 본받으라고 권면한다.
>
> 그런 다음 모두 일어나 함께 기도하고, 앞에서 말했다시피 기도가 끝나면 **빵과 포도주를 가져오고**, 예배 주재자가 같은 방식으로 자기 능력에 따라 기도와 **감사**를 바치며, 사람들은 '아멘'으로 동의한다. **각 사람에게 성찬을 나누어 주고, 감사를 올린 그 음식에 참여하며, 그 자리에 없는 사람에게는 집사 편으로 그 사람 몫을 보내 준다.**
>
> 부유하고, 뜻이 있는 사람은 각자 합당하다고 생각하는 것을 바친다. 그렇게 모인 것은 예배 주재자에게 맡기고, 예배 주재자는 이 물질로 고아와 과부, 질병이나 다른 어떤 이유로 어려움을 겪는 사람들, 그리고 갇

힌 사람들과 우리 가운데 머무는 나그네들을 돕는다. 한마디로 도움이 필요한 모든 이를 돌본다.

하지만 일요일은 우리가 공동으로 회집하는 날인데, 이 날은 하나님이 어둠과 물질 가운데 변화를 일으키셔서 세상을 만드신 첫날이기 때문이다. 또한 예수 그리스도 우리 구주는 바로 이 날, 죽은 자 가운데서 부활하셨다. 그분은 토성의 날(토요일) 전 날에 십자가에 달리셨고, 토성의 날 다음 날인 태양의 날에 사도들과 제자들에게 나타나셔서 이런 일들을 가르치셨으니, 우리가 여러분에게도 이를 제시하여 깊이 생각해 볼 수 있도록 했다.[2]

교회라는 지혜가 신속히 확립되었고(엡 3:10 참조_ 옮긴이), 그래서 함께 모였을 때 이들은 성찬식을 거행했다. 성찬식은 예배로 연결되었고, 예배는 복음을 가르치는 일로 연결되었으며, 복음을 가르치는 일은, 짐작했겠지만 교회의 하나 됨으로 연결되었다.

성찬식이 어떻게 우리를 교회의 하나 됨으로 연결하는지 생각해 보라

이 소제목의 글을 읽으면, 성찬식에 초점을 맞춘 예배가 신자들을 가난한 사람, 고아, 그리고 (오늘날 교회에서 가장 소홀히 여겨지는 집단인) 과부(와 홀아비)를 위한 자선과 연결했다는 사실을 알게 될 것이다. 성찬식에서 교회 안의 모든 사람이 연결된다.

언젠가 코네티컷의 한 교회에서 설교하면서, 과부들이 우리네 교회에서 가장 소외된 집단이라고 말했는데, 설교가 끝나자 할아버지 한 분이 눈물을 흘리면서 내게 와 말했다. "우리 홀아비들도 소외되고 있어요." 연결이 끊어진 사람들을 다시 연결하기, 존재감 없는 사람들을 눈에 보이는 사람으로 만들기는 하나님이 우리 모두를 향해 '예스'하시기에 가능한 일인데, 성찬식에서 가장 중요한 것이 바로 이 일이다. 예전 예배(liturgical services) 때 우리는 "하나님의 선물은 하나님의 백성(모두)을 위한 것"이라고 말한다.

하지만 가난한 사람들을 위한 베풂에 대한 이런 관심은 2세기까지 가지 않아도 볼 수 있다. 예수님의 식탁 교제가 가난하고 배고픈 사람들을 식탁으로 청했다는 명백한 사실이 있고, 이외에 사도 바울은 고린도 그리스도인들이 성찬식 전 애찬 순서 때 가난한 사람들을 소홀히 여기고 있다고 책망한다. 이들을 향해 바울은 이렇게 말했다. "그런즉 내 형제들아 먹으러 모일 때에 서로 기다리라"(고전 11:33). 즉, 성찬식으로 이어지는 식사는 모든 이가 평등하게 나누어야 했다.

그렇다면 성찬식의 주요 요소는 '연결된'이라는 말에서 찾을 수 있다. 성찬식 때 나는 함께 예수님에게 집중하고, 함께 음식을 나누며, 함께 예배드리기 위해 예수님 따름이들에게 연결된다. 우리는 그리스도의 몸의 하나 됨을 **함께** 구현한다. 이는 참으로 멋진 생각이고, 이론상으로는 완벽하게 작동하지만, 어디를 가든 나는 식탁에서 함께 연결되는 교회의 중요성에 이의를 제기하는 말을 듣게 된다.

이제 그중 두 가지를 살펴보자.

10장
'우리'는 '나'보다 크다

내 친구 댄 킴볼이 책을 한 권 썼는데, 제목이 머리를 떠나지 않는다. 그 책의 제목은 「예수님은 좋지만 교회는 싫다」(They Like Jesus But Not the Church)이다. 나는 성경을 좋아하는 신학자로서, 우리네 신학자들은 예수님을 사랑하면서 교회를 사랑하지 않기란 불가능하다고 알고 있다. 어쨌든 교회는 예수님의 몸 아닌가! 하지만 나는 이 불가능한 일의 가능성을 이해하며, 이 표현에 공감하기도 한다. 솔직히 말해 오늘날에는 불안정한 교회와 교파가 많기 때문이다.

 얼마 전, 펜실베이니아에서 강연을 했다. 아침 일찍 '음향 점검'을 위해 주최 측 차를 타고 교회로 갔는데, 가는 길에 폐쇄된 교회당을 대여섯 곳은 지났다. 한 곳은 이제 학교가 되었고, 또 한 곳은 사업장, 그 외에는 오래전에 예배와 교제가 이루어지던 흔적만 남아 있었다. 내가 강연하러 갈 교회도 같은 운명을 맞게 되지는 않을까 하는 생각이 들었다. 하루 종일 설교하고, 가르치고, 하나님 백성의 질문에 답변하는 일정을 앞둔 상황에서 그리 유쾌한 생각은 아니었다.

예수님 따르기와 교회에서 교제하기는 서로 무관하다고 생각하는 이가 많은 탓에 전국 곳곳에서 교회가 문을 닫고 있다. 신약 성경에서는 그리스도인의 삶이 주로 지역 교회에서, 그리고 지역 교회를 통해 이루어진다고 가르치기 때문에 나는 앞서 말한 바와 같은 생각에 동의하지 않는다. 그렇다면 어떻게 하다가 우리는 선량한 그리스도인들이 교회를 전적인 선택의 문제로 생각하고, 심지어 그리스도인 삶의 방해물로 여기는 지경에까지 이르렀을까? 교회에서 사라지는 미국의 그리스도인들은 교회의 중요성에 관해 생각할 때 두 가지 주요한 도전에 부딪쳤다. 그리고 그 두 가지 도전은 미국 역사의 중요한 특징 두 가지에서 비롯되는데, 나는 그 두 가지를 위험한 속삭임이라고 부른다.

첫 번째 속삭임_ 완전한 교회를 찾으라

아메리카는 서구 세계의 전제와 법칙이 된 한 가지 개념을 선도했다. 즉, 교회와 국가는 별개라는 것이다. 서구인들은 종교의 자유를 당연하게 여기고 교회와 국가 사이에는 당연히 '분리의 장벽'이 있다고 생각한다. 초기 아메리카인들이 이 개념을 주창했는데, 종교가 국가의 간섭으로부터 자유롭다는 이 확고한 개념에 누구보다 책임 있는 인물은 17세기의 로저 윌리엄스(Roger Williams)다. 교회와 국가가 별개라는 미국의 믿음, 사실상 서구 문화 전체의 이 믿음에 로저 윌리엄스가 어떻게 기여했는지는 설령 오늘날 그를 아는 사람이 별로 없다 해도 여전히 주목할 만하다.

잉글랜드는 교회와 국가가 서로 얽혀 있었으며, 수 세기에 걸쳐 로마 가톨릭 쪽으로 이따금 이동해 가다가 결국은 개신교(성공회) 쪽으로 옮겨 갔다. 개신교의 한 분파인 청교도는 성공회 교회에서 가톨릭 신앙의 흔적을 다 지워 없애는 데 열중했다. 그러나 그 일이 바라는 만큼 되지 않자 일부 청교도는 짐을 꾸려 배에 싣고 아메리카로 향하는 순례자가 되었다. 가장 뛰어난 미국 교회사가로 손꼽히는 에드윈 고스태드(Edwin Gaustad)는 청교도의 목표를 다음과 같이 요약한다. "잉글랜드의 간섭과 박해하는 주교들에게서 멀리 벗어나, 꼬치꼬치 캐물으며 잡으러 다니는 행정관들도 없는 곳에서 청교도들은 오직 신약 성경만을 자신들의 모범이자 길잡이로 삼아, 정결하고 비정치적이며 오염되지 않고 타협하지 않는 교회를 만들 수 있었다."[1]

최초의 청교도들이 부패하지 않은 교회에 대한 꿈을 품은 지 얼마 지나지 않아 아메리카 해안에 상륙한 윌리엄스는 이곳에서 여러 문제를 보았다. 그래서 그는 보스턴의 성공회 교회에서 문제를 일소하고 신약 성경에, 오직 신약 성경에만 바탕을 둔 교회를 세우는 데 힘썼다. 마지막에는 보스턴 지역에서 완전히 철수해 남쪽으로 간 뒤, 종교의 자유가 특징인 새 식민지 프로비던스 플랜테이션(Providence Plantation, 오늘날의 로드아일랜드)을 개척했다. 예를 들어 윌리엄스는 유아 세례에 근거가 없다고 믿었고, 그래서 참 신자(즉, 침례교도)에게만 세례를 주어야 한다고 주장했다.

나는 미국 사회의 교회와 국가 간 관계에 대한 윌리엄스의 공헌을 높이 평가하기는 하지만, 그가 확고히 해 놓은 사고방식이 지금까지 그리스도인들의 귀를 간질이고 있다는 점은 좀 마뜩지 않다. 윌리엄스는 신약 성경의 교회를 완벽히 구현하고자 했는데, 설령 그의 용기와 열정을 인정한다 해도 윌리엄스 자신이 문젯거리가 된 것 또한 사실이다. 그는 교회를 시작해 놓고는, 신약 성경의 가르침에 대한 자신의 견해에 충분히 전념하지 않는다는 이유로 번번이 그 교회를 나왔다. 국가에서 교회를 분리해서 순전한 교회를 만들고 싶어 한 사람이 결국 외톨이 1인 교회가 되었다. 윌리엄스는 예수님을 사랑했으나 교회는 사랑하지 않은 최초의 미국인이었다.

로저 윌리엄스의 예는 오늘날 우리 각 사람에게 여전히 다음과 같은 생각들을 주입한다.

> 신약 성경을 꼼꼼히 읽으라.
> 교회가 어떠해야 하는지, 어떤 교회가 될 수 있는지 생각해 보고 그 영광을 발견하라.
> 교회에 대한 새로운 이상을 품고 거듭 다시 시작하라.
> 그 이상을 성취하는 골치 아픈 일들을 경험하라.
> 낙심하라.
> 교회에서 나오라.
> 새로이 개선된 이상을 품고 다른 교회를 시작하라.
> 같은 생각을 가진 사람들이 점점 줄어든다는 것을 곧 깨달으라.
> 집에서 혼자 교회를 세우라.

미국인들에게는 선택의 권력이 주어졌고, 종교는 나의 기호(嗜好)에 부응하는 능력을 기준으로 교회를 고를 수 있는 잡다한 전시장이 되었다. 이 문제는 실제 신약 성경의 모범에 관해 우리가 첫 번째로 주목할 것이 무엇인지로 귀결된다. 윌리엄스는 그럭저럭 이를 피해 갔고, 오늘날에는 이를 인정하지 않으려는 사람이 많다. 그것은 바로 **우리가 엉망진창 가족**이라는 사실이다.

교회가 철저히 '교회다웠던' 황금시대는 없었다. 1세기가 황금시대였다며 선의를 가지고 말하는 이들도 가끔 있지만, 신약 성경을 읽는 사람이라면 몇 주 지나지 않아 그 시대에도 문제가 있었다는 것을 알게 된다! 예루살렘에서 '민족적 적대 관계'는 헬라어를 쓰는 과부가 무시당한다는 의미였고, 고린도 교회 교인들은 인물을 숭배하는 파당을 만들고 있었다. 바울이 개척한 번잡한 가정 교회에서는 곧 갈등이 떠올랐다. 로마서를 최고 수준의 신약 신학으로 여기는 이가 많지만, 로마서에서 바울은 '약한' 자와 '강한' 자에게 복음으로 압박을 가해야 했다. 이는 유대인과 이방인을 가리키는 은유적 표현으로, 로마에서 이들은 서로 사귐을 갖는 데 어려움을 겪고 있었다(롬 14:1-15:13). 로마 교회의 문제를 해결하기 위한 바울의 전략은 이번에도 역시 '사랑'이었다. 바로 그곳 로마에서, 곧바로, 그리스도인들 사이에서 문제들이 표면으로 떠올랐다.

로저 윌리엄스는 순결하고 거룩한 교회를 원했다.	바울은 그리스도께서 순결하고 거룩하게 만드실 수 있는 불결하고 거룩치 못한 사람들을 위한 교회를 원했다.
로저 윌리엄스는 사랑할 만한 사람들을 위한 교회를 원했다.	바울은 사랑받지 못하는 사람들을 사랑하는 교회를 원했다.

로저 윌리엄스는 비슷한 사람들끼리 모이는 교회를 원했다.	바울은 서로 다른 사람들이 함께 모여 교제하는 교회를 원했다.

예수님을 좋아하지만 교회는 싫다고 말하는 사람들 이야기를 들을 때마다 나는 디트리히 본회퍼의 유명한 책 「성도의 공동생활」(*Life Together*)을 꺼내서 1장을 펼쳐 든다. 여기서 본회퍼는 많은 사람이 교회에 환멸을 느끼는 이유가, 존재하지도 않는 꿈같은 교회 이미지를 만들어 놓아서라고 한다. 그러고 나서 그는 다음과 같이 충격적인 말을 한다.

> 그리스도인 공동체에 대한 자신의 이상(理想)을 그리스도인 공동체 자체보다 소중히 여기는 사람은 개인적 의도가 아무리 정직하고 진지하고 희생적일지라도 결국 그 그리스도인 공동체를 파괴하는 사람이 된다.[2]

교회보다 규모도 작고 서로 사랑하며 혈육의 정을 나누어 온 역사가 있는 보통의 가정에도 이런저런 어려움이 있는데, 하물며 온갖 다른 점과 기능 장애를 지닌, 수많은 사람이 한데 모이는 교회에서는 어떤 일이 벌어지겠는가? C. S. 루이스는 우리가 우연히 한 교회에 있게 된 사람들을 사랑하라는 부름을 받는다고 말했지만, 그 사람들은 "내 생각보다 이상하기도 하고, 우리의 짐작보다 가치 있기도 한"[3] 사람들일 수 있다고 공정하게 관측했다.

교회는 죄인들을 위한 병원이지, 완벽한 사람들이 조용히 은거하는 곳이 아니다. 완전한 교회의 완전한 그리스도인들을 기대한다면, 이는 교회가 무엇인지 이해하지 못하는 것이다. 견실한 교회를 세우기 위해 견실한 그리스도인을 찾는 것이 로저 윌리엄스의 모형이다. 그러나 바울은 가장 아슬아슬한 긴장 관계에 있는 민족(유대인과 이방인)을 찾아서 이들로 교회를 세울 수 있는지 알아보라고 말한다! 과거에도 오늘날에도 교회는 역사상 가장 급진적인 사회 실험이다.

두 번째 속삭임_ 나는 혼자다

로저 윌리엄스 옆에는 우리 귀에 비슷한 메시지를 속살거리는 또 하나의 목소리 헨리 데이비드 소로(Henry David Thoreau)가 있다.[4] 소로라고 하면 그가 월든 호숫가 외딴 오두막에 잠시 머물렀다는 것, 그리고 그의 고독한 처세와 인생을 떠올리게 된다. 소로의 오두막과 그의 삶은 사람의 기질과 관련해 미국인들에게 강력하고 예리한 주제를 제시한다. 우리는 자기 자신을 돌보고, 자기 자신을 위해서 일하며, 자기 자신의 질문에 답한다. 그리고 이는 우리가 대체로 자기 자신을 위해 교회에 다닌다는 의미이기도 하다. 미국인들의 심리 한가운데에는 자아가 자리 잡고 있고, 소로의 영향으로 '미국인 우리'(American We) 혹은 '교회로서의 우리'(church We)보다 큰 '미국인 나'(American Me)가 형성되었다.

　소로의 고집스러운 개인주의는 다음 대사에 잘 표현되어 있다. "좋아하는 일을 하라. 자기 존재의 뼈대를 알라. 그 뼈를 갉아먹고, 묻고, 파내고, 또 갉아먹으라." 소로에게 공감하는 전기 작가 로버트 리처드슨(Robert Richardson)은 소로라는 사람을 다음과 같이 요약했다. "나이를 먹지 않는 스토아적 자기 신뢰, 자기 존중, 자신감이라는 원리를 지닌 …… 가장 매력적인 미국인의 표본으로 우뚝 서 있다." 리처드슨은 또 이렇게 말했다. "죽음에서도 생전과 마찬가지로 개별적 존재의 원리가 지배한다."

개인주의가 소로의 삶을 얼마나 까다롭게 만들었던지 그는 사람들과 장기적이고 의미 있는 관계 맺기를 어려워했다. 말년에 소로는 절친인 랠프 왈도 에머슨(Ralph Waldo Emerson)에 대해 겨우 이런 서글픈 말을 할 수 있을 뿐이었다. "또 한 사람과는 오래 기억될 '견실한 한때'를 마을에 있는 그의 집에서 함께 보냈고, 그는 이따금 나를 들여다봐 주었다." 소로는 그 친구의 이름조차 언급하지 않으려 했다. 소로의 이미지와 발언 중 가장 영향력 있는 것은 아마 그의 유명한 저서 「월든」(Walden)의 결론 부분에서 찾아볼 수 있을 텐데, 거기서 소로는 이렇게 말했다. "어떤 사람이 동무들과 걸음을 맞추지 못한다면, 그건 아마 다른 북소리를 듣기 때문일 것이다. 그 사람은 그가 듣는 음악에 맞춰 걷게 하라. 잘 맞춰 걷든 앞뒤로 멀리 떨어져 걷든." 소로의 '나 맥주'(Me-beer)를 마시는 사람은 성찬식의 '우리 포도주'(We-wine)가 입맛에 맞지 않을 것이다.

자기 자신을 찾으라고 우리 모두에게 자극을 주었다는 점에서 소로가 미국인들에게 끼친 모든 유익에도, 그의 삶은 교회와는 완전히 결을 달리하는 일종의 미국식 개인주의를 구현한다. 소로의 메시지는 미국인 각 사람의 귀에 속삭이고 있다. 누군가가 로저 윌리엄스를 소로와 결합시키면 우리는 '우리' 대부분의 용량보다 큰 '나'를 갖게 된다.

교회의 지혜_ '우리'는 '나'보다 크다

성경에서 가장 중요한 용어는 하나님인데, 이 용어는 성부, 성자, 성령, 이렇게 셋으로 나눌 수 있다. 성경에서 두 번째로 중요한 용어는 (하나님의) 백성이며, 이 용어도 이스라엘, 하나님 나라, 교회, 셋으로 나눌 수 있다. 달리 말해, 성경의 중요 용어 두 가지는 하나님과 우리다. 앞에서 말했다시피 기독교는 개인적이고 개별적이고 내밀하고 경건하고 사적인 것에 지나치게 사로잡혀 있다. 다시 말해, '나'에게 집착한다.

이것을 무엇보다 잘 나타내 주는 것이 오늘날의 당당하고 떠들썩한 슬로건, "나는 영적인 사람이지만, 종교적이지는 않다"이다. 이 슬로건의 의미는 두 가지다. 첫째, 나는 제도 교회나 제도 종교를 좋아하지 않는다. 둘째, 나는 나름의 방식으로 영성을 형성해 가며, 이는 하나님과 나 사이의 일이다. 하지만 '나'(Me)는 성경에 나오는 중요한 단어들에 속하지 않는다. 하나님과 백성을 통하지 않고는 '나'에 이르지 못하며, 그 순서에 따라 움직이면 '나'는 '우리'로 변한다. "나는 영적인 사람이지만 종교적이지는 않다"라는 슬로건은 소로와 로저 윌리엄스가 융합할 때 생겨난다.

'나' 중심 자세는 성경을 위에서 아래로, 안에서 바깥으로 전복시킨다. 성경을 처음부터 끝까지 읽어 보면 알겠지만, 성경의 초점은 하나님이 **자신의 백성을 통해** 이 세상에서 하시는 일에 있다. 66권의 각 페이지, 각 장, 각 권마다 성경은 하나님 나라 이야기와 교회 이야기로 변하는 이스라엘 이야기를 들려준다. 하나님 백성의 그 이야기는 요한계시록에 이르러 하나님이 새 하늘과 새 땅에서 새 예루살렘을 창조하시는 광경으로 끝나며, 여기서도 초점은 역시 하나님의 백성에 맞춰져 있다. 여기서는 단 한 사람의 이름도 언급되지 않는다. "도널드와 셰리와 캐시와 버드가 보인다"는 말이 없다. 물론, 하나님 백성 이야기에는 매우 개인적이고 개별적인 요소가 있지만, '나' 이야기는 '우리' 이야기 안에 담겨 있다.

우리는 삶을 나눈다

신약 성경 전체에서 교회를 가장 잘 나타내는 단어는 회집(會集)을 뜻하는 **교회**(church)가 아니다. 교회를 가장 잘 나타내는 단어는 **사귐**(fellowship)이며, 이는 한마디로 우리가 삶을 서로 나눈다는 뜻이다. 그것이 바로 로마 제국 전역의 가정 교회들에서 하나님의 영이 첫 그리스도인들 모두에게 임했을 때 이들에게 생긴 일이다. 온갖 부류의 서로 다른 사람들이 모인 그 기이하고 잡다한 모임에 말이다.

어떤 이들은 초기 교회가 마치 모나리자 미소를 짓고 있기라도 한 듯 바라보고, 사도행전의 처음 몇 장은 실패한 공동체 생활 실험을 묘사하고 있다고 생각한다. 하지만 사도행전은 모든 것이 완전한 황금시대를 묘사하고 있지 않다. 그보다 사도행전은 성령에 흠뻑 젖어 새 생명의 행복감을 느끼는 초기 그리스도인들이 어떻게 서로 교제하며 살아가는 법을 깨우쳤는지를 그리고 있다. 이들이 바라는 것은 '우리'가 '나'보다 커지는 것뿐이었다.

다음은 사도행전 2장 42-47절과 4장 32-35절을 기본적인 내용으로 축약한 것이다.

이들은 사도들의 가르침과 교제에, 빵을 떼고 기도하는 일에 전념했다. 모두 사도들이 행한 여러 기이한 일과 표적에 대한 경외감에 휩싸였다. 신자들은 모두 함께했고 모든 것을 함께 소유했다. 이들은 재산과 소유를 팔아 궁핍한 사람들에게 주었다. 이들은 자기 집에서 빵을 떼서 기쁘고 진실한 마음으로 함께 먹으면서 하나님을 찬양하고 모든 사람의 호의를 누렸다. 그리고 주님이 구원받는 사람의 수를 날마다 늘려 주셨다.

신자들은 모두 한마음 한뜻이었다. 누구도 자기 소유를 자기 것이라 주장하지 않고 자기가 가진 것을 모두 나누었다. 사도들은 큰 능력으로 주 예수님의 부활을 계속 증언했다. 그리고 하나님의 은혜가 이들 모두에게 강력히 역사했기에 이들 중에는 궁핍한 사람이 없었다.

우리의 새로운 교제에는 삶을 함께 나눈다는 어떤 표지가 있는가?

우리는 사도들의 말에 귀 기울인다.
우리는 식사를 서로 나눈다.
우리는 함께 찬양하고, 기도하며, 죄를 고백하고, 하나님을 예배한다.
우리는 자기가 가진 자원을 서로 나눈다.
이런 일은 우리 안에서 역사하는 하나님의 권능을 통해 일어난다.
새 백성은 복음이 전해짐을 통해 이러한 사귐으로 들어간다.

그래서 이런 사귐을 갖는 우리는 영적인 존재, 사회적인 존재, 경제적인 존재다. 하지만 사귐은 우리가 만들어 내는 어떤 것이 아니다. 이는 하나님이 우리 안에서 일하신 결과다. 하나님의 백성이 서로 교제하며 살 때, 함께 '삶을 영위'할 때, 교회는 왕 예수님에 관한 복음을 구현하고, 하나님의 백성은 예수님에 관한 복음에 화답한다. 백성이 사귐 가운데 살 때, '나'는 '우리' 안에서 기쁨을 발견한다. 이는 번거로운(messy) 일이다. 내 말을 믿으라, 정말 번거롭다. 하지만 얼마나 번거롭든, 복음은 변변치 않은(messy) 사람들을 거룩한 사람들로 변화시키기 위해 역사한다. 설령 평생(혹은 그 이상)이 걸리더라도.

4부

거룩함

A
Fellowship
of
Differents

11장
하나님에게 대한 헌신으로서의 거룩함

거룩함(holiness)이라고 하면 어떤 이들은 여름 캠프에서 정장을 입은 남성과 긴 드레스를 입은 여성의 오래된 흑백 석판화 이미지를 떠올리고, 어떤 이들은 거룩함이라는 말에 등골이 오싹해지기도 한다. 또 어떤 이들의 경우, **거룩함**이라는 말을 들으면 마음 깊숙한 곳의 종교적 정서에 불이 붙는다. 노던신학교에서의 어느 날, 한 학생이 자신은 "거룩한 여자"라고 말했다. 그리고 10분쯤 후 또 한 학생이 "거룩함은 늘 율법주의가 되게 마련"이라고 했다. 우리 중에는 "너는 ……하지 말지니라"라는 잘 알려진 성경 말씀 아래서 자란 이가 많다. 하지 말아야 할 것의 목록이 길어짐에 따라 목사님과 부모님, 오빠나 형들은 19금 영화, 술, 이성, 귀가 시간, 몸에 꼭 달라붙는 옷, 팔뚝 문신(타투) 같은 나쁜 짓에 관해 훈시를 늘어놓았다.

거룩함을 망쳐 놓는 가장 좋은 방법은 거룩함을 (하라는 내용은 하나도 없이) 하지 말아야 할 일의 목록으로 만들어 버리거나, 근육질 어깨에 십자가 문신을 한 열혈 축구 선수 앞에서 성경책을 꺼내 레위기를 펼쳐 놓는 것이다. 플래너리 오코너(Flannery O'Connor)가 언젠가 말하기를, 있을 수 있는 작은 잘못들까지 시시콜콜 트집 잡는 것은 "죄를 계산자(slide rule)로 측정하는 것"이라고 했다.[1] 거룩함은 하나님의 지극히 아름답고 영광스러운 속성이기에, 그리고 우리는 거룩하라고 부름받았기에, 이제 그 등골 서늘함과 두려워서 확장된 동공을 애정으로 바꿔 보자.

토라에 대한 믿음이 깊었던 유대인 사도 바울은 (누가 봐도 죄인인) 이방인과 (그다지 명백하지는 않은 죄인인) 유대인 선교에 날마다 전념했다. 그래서 거룩함은 바울이 호흡하는 공기였을 뿐만 아니라 그가 보기에 교회에 주어진 과제이기도 했다. 바울은 자신이 개척한 각 교회가 하나님에게 헌신하는 삶을 살 수 있기를 바랐으며, 날마다 그렇게 될 수 있는 기회를 모색했다. 거룩함에 대한 성경의 큰 그림은 레위기 11장 44, 45절에 표현되어 있다.

> 나는 여호와 너희의 하나님이라 내가 **거룩**하니 너희도 몸을 구별하여 **거룩**하게 하고 땅에 기는 길짐승으로 말미암아 스스로 **더럽히지 말라** 나는 너희의 하나님이 되려고 너희를 애굽 땅에서 인도하여 낸 여호와라 내가 **거룩**하니 너희도 **거룩**할지어다.

여기서 우리는 성경에 거룩함의 두 가지 주된 요소가 있다는 것을 알 수 있다.

1. 하나님은 거룩하시다.

2. 그러므로 하나님의 백성도 거룩해야 한다.

우리의 거룩함은 하나님이 먼저 거룩하시다는 사실에 근거하며, 이는 교회라고 하는 이 어수선하고 잡다한 교제 공동체 안에서 거룩하다는 것이 무슨 의미인지 알아야 한다는 뜻이다. 사도 바울만큼 이 거룩함이라는 난제를 실감나게 체험한 사람은 없다. 로마 제국의 가정 교회들은 '거룩함'이 무엇을 뜻하는지 어림조차 못하는 사람들로 가득했기 때문이다.

'분리됨'을 넘어

많은 사람이 거룩함이란 "분리되다"라는 뜻이라고 말한다. 달리 말해, 어떤 이들은 거룩함을 더는 과거처럼 죄를 짓지 않는 것이라고 정의한다. 바울은 이들이 어떤 죄에서 분리되어야 하는지 다음과 같이 목록을 제시했는데, 이 목록으로 들어가기 전에 질문을 하나 하겠다. 이와 같이 행하는 이들이 교회에서 다 쫓겨난다면 교회는 어떻게 되겠는가?

> 육체의 일은 분명하니
> 곧 음행과 더러운 것과 호색과
> 우상 숭배와 주술과
> 원수 맺는 것과 분쟁과 시기와 분 냄과 당 짓는 것과 분열함과 이단과
> 투기와

술 취함과 방탕함과 또 그와 같은 것들이라

전에 너희에게 경계한 것같이 경계하노니 이런 일을 하는 자들은

하나님의 나라를 유업으로 받지 못할 것이요(갈 5:19-21).

바울은 욕망과 관련된 죄, 예배와 관련된 죄, 서로에게 짓는 죄, 극단적 욕망의 죄 순서로 목록을 만든다. 그렇다면 **이런 행동들을 더 이상 하지 않는 것이 거룩함인가?**

이 문제를 신학적 차원에서, 아니 철학적 차원에서까지 생각해 보자. 하나님은 거룩하시다. 하나님은 우리가 스마트폰을 소유하는 것 같은 식으로 거룩함을 소유하시지 않는다. 그렇다, **하나님은 존재 자체가 거룩하시다.** 또 한 가지 질문을 해 보겠다. 하나님이 거룩하시다면, 그리고 하나님이 **모든 피조물보다 앞서 거룩하시다면**, 그리고 어떤 이들이 거룩함이란 "다른 무엇이나 다른 어떤 사람과 다르다", 혹은 "다른 무엇이나 다른 어떤 사람에게서 분리된다"는 의미라고 말한다면, **하나님이 '혼자'셨고 다른 아무것도 없었을 때, 그때도 하나님은 거룩하셨는가?** 그렇다, 실제로 하나님은 거룩하셨고, 거룩하시며, 언제나 거룩하실 것이다. 이 사실은 우리를 중요한 지점으로 인도한다. 즉, 거룩함은 단순히 분리나 차이로 축소될 수 없다는 것이다. 더 깊은 차원에서, 거룩함은 "경건히 헌신한다"는 의미다. 이런 행동은 하고 저런 행동은 하지 말라는 식으로 거룩함에 접근하면, "⋯⋯을 하라"라는 데 거룩함의 초점을 맞추게 된다. 다시 말해, '분리'가 세상과의 차이에 초점을 맞춘다면, '경건'이라는 더 깊은 차원은 하나님**에게로** 헌신하는 삶에 초점을 맞춘다. 이 둘은 서로에게 속해 있고, 우리에게는 이 두 가지 모두

필요하다.

일상에서 겪을 만한 일로 이를 설명해 보겠다. 어느 날 나무 조각으로 무언가를 하다가 못이 튀어나와 있는 것을 보았다. 호기심 많은 우리 손자들이 이 나무판자를 만질지도 모른다는 생각이 들어서 나는 망치를 찾았다. 하지만 차고에는 망치가 없었다. 골프 클럽, 이를테면 웨지 같은 것을 휘둘러 못을 살짝 두드리면 문제가 해결되지 않을까 하는 생각도 들었다. 하지만 내 웨지는 핑 아이(Ping Eye) 2 아이언으로, 값싼 물건이 아니었다. 나는 그 아이언을 아꼈다. 그리고 클럽은 골프에 쓰는 것 아닌가. 못을 박다가 클럽에 손상이 생기는 것은 싫었다.

골프 클럽은 특별하고, 골프라는 한 가지 과제를 위해 마련된(혹은 헌신된) 것이며, 따라서 클럽으로 못을 박는 행동은 삼가야 한다는 인식은 성경에서 거룩함이 무엇인지를 한 예로 보여 준다. 거룩함이란 헌신한다는 의미이며, 성경에서 거의 언제나 거룩함은 전적으로 **하나님에게 헌신한다**는 의미다(나는 골프 코스에서 망치를 써 보면 어떨까 하는 생각도 해 봤지만, 구속의 목적을 위해서는 아니었다).

거룩함을 생각할 때 내게 떠오르는 것은……

A. W. 토저(Tozer)의 저서 「하나님을 추구하다」(*The Pursuit of God*, 두란노 역간)와 「하나님을 바로 알자」(*Knowledge of the Holy*, 생명의말씀사 역간)는 그리스도인이라면 누구나 읽어 볼 만한, 아니 깊이 묵상해 볼 만한 책이다. 토저는 그리스도인의 삶은 성경이 말하는 바로 그 지점, 즉 하나님과

더불어 시작한다고, 그리고 거룩함에 이르는 유일한 길은 하나님의 임재 가운데 보내는 시간이라고 말했다. 토저는 크리스천미셔너리얼라이언스교회(Christian and Missionary Alliance Church)에서 안수받았는데, 얼마나 경건한 사람이었는지 "안수식 마지막 순서에 안수를 받은 뒤, 식사하고 교제하면서 축하받는 시간도 거절했다. 대신 슬그머니 사람들 사이에서 빠져나와 혼자 있을 수 있는 곳을 찾았다. 그곳에서 그는 자신을 구별해 세우시고 설교 사역자로 불러 주신 주님에게 홀로 기도했다."[2]

전해지는 기록에 따르면, 이 기도 시간에 토저는 그저 "주님의 손을 제게 얹어 주소서"라고 하나님에게 구했다. 토저의 전 생애를 하나의 틀로 표현한다면, 다른 사람들이 하나님에 관해, 혹은 서로 이야기 나누고 싶어 할 때 토저는 하나님에게 이야기하고 싶어 했다는 것이다. 다른 사람들이 하나님에 관해 토론하고 싶어 할 때, 토저는 하나님의 임재 가운데서 시간을 보내고 싶어 했다.

그래서 토저의 삶은 기도로 하나님에게 바쳐졌고, 기도하는 데 얼마나 많은 시간을 썼는지 특별히 언급할 만한 습관이 생길 정도였다. "오랜 시간 드리는 기도는 …… 대체로 [시카고에 있는] 예배당 2층 뒤편 사무실에서 이뤄졌다." 이런 기도 습관은 그다지 특이하지 않다. 특이한 것은, 아침에 교회 사무실에 들어서면 "양복바지를 가만히 벗어서 걸어 놓고, 낡아서 해진 '기도 바지'와 스웨터로 갈아입었다"는 것이다. 왜 그랬을까? 하도 오래 무릎을 꿇고 앉아 있으니 바지 무릎이 다 닳아서 기도할 때 편하게 입을 수 있는 '낡은' 옷 한 벌이 필요했던 것이다.

"토저의 설교에 영향을 준 것은 그의 기도"였다. 토저와 동시대를 살았던 한 사람이 그의 설교에 대해 말한 것처럼, 토저의 "설교는 기도

하면서 깨우친 내용을 선언하는 것"이었다고 말할 수 있을 정도다. 토저 자신도 이를 인정했다. "나는 설교를 준비하기 위해 성경을 펼친 적이 없다. 나는 하나님을 뵈려고 성경을 펼친다. 그러면 설교할 말이 떠오른다." 하나님의 임재 가운데 많은 시간을 지내다 보니 토저는 교회 안의 피상적 기도와 신학에 비판적인 견해를 갖게 되었다. "불타는 떨기나무 앞에 고개를 숙여 본 사람이라면 그 후 하나님에 대해 가볍게 말할 수 없다"고 토저는 말했다. 더할 수 없이 경건했던 사람, 토저에 대한 이야기를 읽다 보면 예의 그 질문이 떠오른다. 우리는 어떻게 거룩해질 수 있을까? 아니, 좀 더 큰 틀에서 질문해 보면, 지역 교회, 즉 우리 교회, 여러분의 교회는 어떻게 하면 더 거룩해질 수 있을까?

거룩함에는 세 가지 요소가 있다. 첫째, 우리는 스스로 거룩해지지 못한다. 거룩함은 하나님의 내적 사역이다. 둘째, 거룩함이란 죄를 피하여 사는 법을 배운다는 의미다. 셋째, 거룩함은 하나님에게 헌신하는 삶을 사는 법을 배운다는 의미다. 이제 바울이 자주 그런 것처럼 두 번째 요소와 세 번째 요소를 연결해 보겠다.

하나님의 역사로서의 거룩함

거룩함은 만들어 내거나 돈으로 살 수 없다. 영성 형성 전문가들이 하는 말을 가끔 들어 보면, 영적 훈련을 충분히 하면 거룩해질 수 있을 것 같다는 인상을 받는다. 또한 사회 정의를 위해 애쓰는 이들의 말을 들어 보면, 그러한 일에 더 적극적으로 참여하다 보면 우리가 더 거룩해지지 않을까 하는 생각이 든다. 그리고 어떤 목사들의 말을 들어 보면, 거룩해지려면 그 목사들의 특정 교회에 출석하거나 그 교회를 본받아야 할 것만 같다. 가톨릭교회나 정교회 신앙을 가진 친구들은 우리가 좀 더 성찬례에 신경 써야 한다고 말한다. '경건주의자들'은 거룩함이란 기도 더 많이 하기와 성경 더 많이 읽기의 산물이라고 가르치는 것 같다. 금식, 행동주의, 지식, 교회 출석, 성찬식, 기도 등은 거룩한 삶의 특징이지만, 거룩한 삶의 원천은 아니다. 사도 바울은 신령한 삶의 근원을 우리에게 바로 가리킨다. 그것은 **우리 안에서 이루어지는 하나님의 영의 역사가 거룩함을 낳는다**는 것이다.

이 점을 더 확실히 하기 위해 바울의 말을 몇 마디 인용하겠다. 거룩함의 근원이신 하나님에게 주목하게 하는 부분은 내가 강조하여 표시했다.

> 평강의 **하나님이 친히** 너희를 온전히 **거룩하게** 하시……기를 원하노라 (살전 5:23).

> …… 하나님이 처음부터 너희를 택하사 **성령의 거룩하게 하심**과 진리를 믿음으로 구원을 받게 하심이니(살후 2:13).

바울의 초기 편지들에서부터 마지막 편지들에 이르기까지 주제는 늘 동일하다. 거룩함은 우리 안에서 이루어지는 하나님의 역사라는 것이다. 우리의 교회가 거룩해지기를 바란다면, 하나님의 거룩하심의 빛에 잠겨, 하나님의 임재 가운데 시간을 보내는 법을 배워야 한다.

해야 할 일 때문에 하지 말아야 할 일

우리는 '해야 할 일과 하지 말아야 할 일'을 따지는 것은 얄팍한 신앙이라고 생각하는 습관이 있다. 하지만 성경에는 온통 해야 할 일과 하지 말아야 할 일의 목록으로 가득하다. 역사상 가장 유명한 법전은 십계명인데, 이는 하지 말아야 할 일 여덟 가지와 해야 할 일 두 가지라고도 부를 수 있다!(하지 말아야 할 것 세 가지로 시작해서, 해야 할 것 두 가지가 이어지고, 하지 말아야 할 것 다섯 가지가 더 등장한다) 우리에게는 왜 하지 말아야 할 일들이 있는가? 이는 모두 부정적이고 초보적이지 않은가?

아니다, 사실은 그렇지 않다. 하나님은 우리가 어떤 행동들은 하지 않기를 바라시고, 또한 어떤 행동들은 하나님 백성의 특징이 되기를 바라신다. 하지만 거룩함은 경건 문제이기에, '해야 할 일과 하지 말아야 할 일'에 관해 이야기하기보다는 '해야 할 일 때문에 하지 말아야 할 일'에 관해 이야기하는 것이 최선이다. 즉, 우리는 하나님을 향해 경건의 행동을 하고 있기 때문에 죄를 행하기를 원치 않는다는 것이다.

내가 생각하기에 성경에서 에베소서 4, 5장보다 거룩함을 잘 가르치는 부분은 없다. 이 두 장을 우리는 바울 식의 '해야 할 일 때문에 하지 말아야 할 일 목록'이라고 할 수 있다. 이 두 장을 읽을 때는 상점 일꾼, 노예, 이주민 노동자, 그리고 교회에서 배우는 일들과 씨름하고 있는 남자들로 가득한 바울의 가정 교회를 머릿속에 그려야 한다. 바울은 교회가 거룩하기를 바랐다. 그리고 바울에게 이는 하나님에게 바쳐진 삶을 뜻했다. 하지만 바울은 하지 말아야 할 일들 목록으로 그리스도인의 삶에 관한 이야기를 시작하지 않았다. 바울은 우리 각 사람이 온전히 하나님에게 헌신하게 되는 이상을 품고 그리스도인의 삶 이야기를 시작했다. 다음은 바울이 제시하는 한 목록인데, 해야 할 일과 하지 말아야 할 일을 분명히 구별하려고 그 앞에 +와 −로 표시했다(에베소서 4장 24절로 시작하겠다).

(+)하나님을 따라 의와 진리의 거룩함으로 지으심을 받은 새 사람을 입으라

그런즉 (−)거짓을 버리고 (+)각각 그 이웃과 더불어 참된 것을 말하라 이는 우리가 서로 지체가 됨이라 ……

(−)도둑질하는 자는 다시 도둑질하지 말고 (+)돌이켜 가난한 자에게 구제할 수 있도록 자기 손으로 수고하여 선한 일을 하라

(−)무릇 더러운 말은 너희 입 밖에도 내지 말고 (+)오직 덕을 세우는 데 소용되는 대로 선한 말을 하여 듣는 자들에게 은혜를 끼치게 하라 ……

(+)서로 친절하게 하며 불쌍히 여기며 (+)서로 용서하기를 하나님이 그리스도 안에서 너희를 용서하심과 같이 하라 ……

(−)음행과 온갖 더러운 것과 탐욕은 너희 중에서 그 이름조차도 부르지 말라 이는 성도에게 마땅한 바니라 (−)누추함과 어리석은 말이나 희롱의 말이 마땅치 아니하니 (+)오히려 감사하는 말을 하라 (−)너희도 정녕 이것을 알거니와 음행하는 자나 더러운 자나 탐하는 자 곧 우상 숭배자는 다 그리스도와 하나님의 나라에서 기업을 얻지 못하리니 (−)누구든지 헛된 말로 너희를 속이지 못하게 하라 이로 말미암아 하나님의 진노가 불순종의 아들들에게 임하나니 (−)그러므로 그들과 함께하는 자가 되지 말라

너희가 전에는 어둠이더니 이제는 주 안에서 빛이라 (+)빛의 자녀들처럼 행하라 빛의 열매는 모든 착함과 의로움과 진실함에 있느니라 주를 기쁘시게 할 것이 무엇인가 시험하여 보라 (−)너희는 열매 없는 어둠의 일에 참여하지 말고 (+)도리어 책망하라 ……
(+)그런즉 너희가 어떻게 행할지를 자세히 주의하여 지혜 없는 자같이 하지 말고 오직 지혜 있는 자같이 하여 (+)세월을 아끼라 때가 악하니라 (−)그러므로 어리석은 자가 되지 말고 (+)오직 주의 뜻이 무엇인가 이해하라 (−)술 취하지 말라 이는 방탕한 것이니 (+)오직 성령으로 충만함을 받으라 (+)시와 찬송과 신령한 노래들로 서로 화답하며 너희의 마음으로 주께 노래하며 찬송하며 (+)범사에 우리 주 예수 그리스도의 이름으로 항상 아버지 하나님께 감사하며.

가정 교회들의 도덕적 불결 상태에 관해 생각하기 시작할 때 바울이 염두에 둔 것이 바로 하나님에 대한 이런 유형의 순전한 헌신이다. 바울은 그 교회들이 거룩하기를 바라지만, 이들 안에서 하나님이 일하셔야 이들이 죄에서 멀어져 로마 제국 속으로 빠르게 퍼져 나가고 있는 사랑, 정의, 평화, 긍휼, 용서 같은 가장 훌륭한 덕목들을 향해 나아갈 수 있다는 것을 알고 있었다.

거룩함에 관한 여러 염려 가운데서도(충분히 짐작 가능한 일이었지만) 바울은 성적인 죄와 성적 순결에 대한 염려를 드러낸다. 그때나 지금이나 성 문제를 빼놓고는 교회에 관해 이야기하기가 불가능하다. 우리 문화의 가장 긴박한 사회적 쟁점으로 손꼽히는 것, 즉 동성애에 관해 성경이 하는 말을 포함해서 말이다. 그런데 이런 성 문제는 바울이 이를 어떤 관점에서 다루었는지를 보고 그와 동일한 관점에서, 즉 평생에 걸친 과정이자 몸부림으로서의 거룩함과 구원의 관점에서, 그리고 시종 지역 교회의 맥락에서 다루어야 한다.

지금까지 거룩함의 세 가지 요소를 짧게 살펴보았다. 다음 장에서는 성적인 죄에 대해 알아보고, 우리네 교회에서 하나님의 구속 역사가 진행되는 동안 우리는 사람들을 환영하고 인내하는 자세를 가져야 한다고 우리 자신에게 일깨워 보자.

12장
교회에 속한 성적인 몸들

로마 제국에 어떤 지역 교회가 있다면, 그 교회에는 성(性)을 실험하고, 탐험하고, 착취하며 살았거나, 혹은 노예 신분으로 매춘을 하면서 어쩌면 그런 삶에서 해방되고 싶어 하는 회심한 로마인 성도가 있을 것이 거의 확실하다. 폼페이에 갔을 때 길을 따라 도심으로 들어가면서 본 것을 말하자면, 정말 도시 전체가 에로틱한 이미지들에 푹 잠겨 있다고 해도 과언이 아니었다. 길 오른쪽 목욕탕 건물에는 벌거벗고 준비 완료 자세로 비스듬히 누워 있는 남자의 몸 위로 한 여자가 올라타는 모습의 프레스코화가 그려져 있었다. 목욕탕 건물 내부에는 남자가 남자에게 삽입을 하고 있고, 그 남자는 또 한 여자에게 삽입을 하고 있는 벽화가 그려져 있었다. 로마 제국 전역의 성적 현실, 폼페이가 전형적인 예를 보여 주는 그 현실에는 성적 금기(禁忌)라는 것이 전혀 없었다.

　그리스도께 회심한 이들은 바로 그런 사람들과 어울려 살던 이들이었다. 바울의 교회들은 오늘날 대부분 그리스도인이 상상조차 못할 세상에서 그리스도인으로서의 여정을 시작한 사람들로 구성되었다. 바로 그런 사람들이 교회에 모이는 사람들이었고, 기도하는 사람들이었으며, 저녁 식탁에 둘러앉은 사람들이었고, 성찬식에서 은혜를 갈망하는 사람들, (몸의) 구속과 영생을 갈망하는 사람들, 목회자들이 목양하던 사람들이었다. 동성애[1]는 로마인들의 성생활과 관련하여 잘 알려진 요소로, 바울이 회심시킨 사람들 중 적지 않은 이가 그런 사연을 지니고 있었다. 바울이 이 주제에 대해 어떻게 말하는지를 알면 서로 다른 사람들끼리 교제하며 산다는 것이 무슨 의미인지, 그리고 은혜 안에 자란다는 것이 어떤 의미일 수 있는지를 깨우치는 데 도움이 된다. 성적인 면에서의 구속, 거룩함, 정결은 그 당시나 지금이나 여전히 지속되고 있는 교회 생활의 일부다.

로마의 정황

로마인(혹은 그리스인)[2] 남자들의 성생활 연구를 보면 전형적인 경향이 드러난다. 남자들은 아내와는 '생식을 위한' 성관계를 가지면서 가정과 자녀와 가정생활을 아내와 공유했고, 아내 아닌 사람들과는 '기분 전환을 위한' 성행위를 했다. 이것이 로마인 남자, 그리고 정도는 덜하지만 로마인 여자들의 통상적 성생활이었다. 그렇다, 맞다. 이것이 표준이었다. 기분 전환을 위한 성관계의 대상으로는 남자 어린이(남색),[3] 매춘부(로마 도시들에서 매춘부 비율은 깜짝 놀랄 정도다), 노예가 있었다. 신약 성경에 몇 차례 예가 있는 것처럼, 여자 노예가 언급되는 경우 그 여자는 성적 만족을 위해 이용당했을 가능성이 높다는 것이 로마 역사의 서글픈 사실이다. 로마 제국에서 혼외 성관계는 대부분 사람들에게 도덕적 문제가 아니었다.[4] 로마의 가장 위대한 웅변가 키케로(Cicero)가 매춘부와의 성관계 풍습에 관해 뭐라고 말했는지 들어 보자.

> 젊은 남자들이 매춘부와 관계를 갖는 것까지 금지해야 한다고 생각하는 사람이 있다면, 그 사람은 매우 엄격한 사람임이 분명하다. 그러나 그 사람은 이 시대가 허용하는 일뿐만 아니라, 우리 조상들의 풍습 및 도락(道樂)과도 의견을 달리하는 사람이다. 그런 행동을 하지 않았던 때가 언제인가? 그런 행동이 비난받은 적이 있는가? 그런 행동이 허용되지 않던 때가 언제인가? 마지막으로, 지금 허용되는 일이 허용되지 않던 때가 있는가?[5]

결혼했든 하지 않았든 로마인들은 아무 제약 없는 성적 탐구 행위를 나쁘게 생각하지 않았다. 그래서 남자들의 경우 성적 관계는 두 가지 차원으로 존재했다. 가정에서는 아내와 성행위를 했고, 아내는 남편에게 충실해야 했다. 그리고 공적인 영역에서는 아내 아닌 다른 사람들과 성적 관계를 맺었다. 로마인과 그리스인의 성적 관계 중심에 있는 것은 지배와 피지배 관계였다. 다른 사람에게 성기를 삽입하면서 지배권을 행사하고 신분상 우위를 드러냈기 때문이다(지배권이라는 주제는 한 남자와 아내, 한 아내와 남편이 놀라울 정도로 서로 약점을 드러내며 상호적이고 친밀한 관계를 맺는 모습으로 이따금 반박되기도 했다).

기분 전환을 위한 성행위의 경우, 어떤 남편들은 여자들과 성관계를 갖는 반면 그중에서 어떤 남편들은 동성 관계도 맺었다.[6] 바울은 고린도전서 6장 9절에서 이런 종류의 관계를 "남색하는 자"(men who have sex with men[NIV])라고 묘사하는데, 각주에서는 이 말이 "수동적이고 능동적인 참여자를 가리킨다"고 설명한다. 거칠게 말해 이 표현은, 아내와 이성애 관계를 맺는 한편 기분 전환을 위한 성관계 때에는 성기를 삽입하는 쪽으로든 성기가 삽입되는 쪽으로든 남성을 선호하는 로마인 남편들을 가리킨다. "바울 시대에 동성 관계를 맺는 사람들은 어떤 사람들이었는가?"라고 물을 때는 기분 전환을 위해 동성 관계를 맺는 기혼 남성들을 주로 염두에 두어야 한다. 로마 세계에는 서로에게 전념하는 동성 관계도 있었다고 알려져 있기 때문에, 고린도전서 6장 9-11절은 서로에게 충실한 동성 연인을 묘사한 것일 수도 있지만, 그보다는 아내가 있는 로마인 남성이 기분 전환을 위해 다른 남성과 성관계를 갖는 것을 가리킬 가능성이 더 높다.[7]

여성 간의 동성애도 존재했지만, 남성 간의 동성애만큼 널리 퍼져 있지는 않았다. 사도 바울 시대를 지나 2세기에 활동한 풍자 작가 루키아노스(Lucian)는 이렇게 말한다. "레스보스에는 남자처럼 생긴 여자들이 있는데, 이 여자들은 남자들을 위해 그런 외모를 포기하기를 원치 않는다고 한다. 대신 이들은 여자와 사귄다고 한다, 마치 남자들처럼."[8]

이렇게 보면 특히 그리스와 로마 남자들은 자기 영역을 표시하려고 여기저기 소변을 뿌리고 다니는 개들과 비슷하다는 인상을 받을 수 있고, 서글프게도 그것이 전적으로 틀리지도 않다. 그러나 여기서 집중할 문제는 로마 제국의 금기 없는 성생활이 유대 세계와는 거리가 멀어도 한참 멀다는 것이다. 유대 세계는 성을 제한한 것으로 유명하다.

유대의 전통

바울은 로마 제국 내에 위치한 다소 땅에서 성장했다. 그래서 로마 남성들의 전형적인 성생활을 일상적으로 목격했을 것이다. 다소에도 로마인들의 성생활을 묘사하는 벽화와 프레스코화가 있었을 것이고, 바울은 일상 속에서 매춘부나 노예들과 늘 마주쳤을 것이며, 동성애나 남색에 관해서도 들었을 것이 틀림없다. 하지만 바울 시대의 성경, 즉 오늘날의 구약 성경은 토라를 준수하는 유대인들을 위한 규범과 법을 확고히 세웠고, 바울은 이를 준수했다. 그 규범은 성적 성실이었다. 즉, 성관계는 남편과 아내, 오로지 남편과 아내 사이에만 있어야 했다. 그것이 성경의 이상(理想)이기는 했지만, 성경에는 망가진 성에 대한 묘사가 그 이상으로 많다. 예를 들어 이스라엘 사람들의 성생활에는 유력한 상류 계층의 일부다처 제도가 포함되었다. 다윗처럼 여러 아내와 첩을 거느리면서 성적으로 불성실한 것에 대해서는 온갖 설명이 있다. 게다가 노련한 호색한 솔로몬에 대해서는 굳이 상기시킬 필요가 있을까? 하지만 성경의 핵심 이상이 남편과 아내 사이의 성적 성실이라는 사실은 여전하다.

그러니까, 구약 성경 첫 장에서 마지막 장까지 면면히 흐르는 내용은 이성 간의 결혼 전 성관계나 혼외 성관계를 금한다는 것으로, 이는 토라가 동성 관계를 반대한다는 의미다. 창세기 19장 1-14절에 기록된 소돔에서의 폭력적인 강간 시도를 보든, 사사기 19장 22-30절에서 레위인과 그 첩에 얽힌 방탕한 성폭력 사건을 보든, 혹은 이교도들에게서 볼 수 있는 "가증한 일"인 동성 관계를 금지한 이스라엘의 율법(레

18:22; 20:13)을 보든, 성경의 전통은 성을 남편과 아내만을 위한 것으로 규정했다.⁹ 다른 모든 형태의 성관계는 '질서를 벗어난'(out of order) 것이었다.¹⁰ 따라서 예수님,¹¹ 특히 바울은 온통 성으로 가득한 로마 문화 속에서 성적으로 반문화적인 삶의 방식에 따라 성장했다. 하지만 바울의 사명은 그 삶의 방식이 이방인 문화와 어우러지게 하는 것이었으며, 그래서 그는 자신의 사명이 온갖 난제를 낳으리라는 것을 알고 있었다.

바울의 가르침

놀랍지도 않은 일이지만, 바울이 로마 제국 전역에 가정 교회를 세우기 시작하자, 바울이 고수하는 유대의 성적 전통과 로마의 성 관습이 곧장 충돌했다. 토라를 준수하는 유대인으로서 바울은 로마인들의 기분 전환용 성생활이 인간을 더럽히고 하나님의 뜻을 업신여긴다고 믿었음이 틀림없다. 또한 바울은 유대인 시민들 사이에도 그런 일이 있을 수 있다는 것을 알고 있었고, 유감스럽게도 이런 성 풍습이 자신이 개척한 교회들의 한 단면이라는 것도 알고 있었다. 그러나 이런 현실에도 바울은 회심과 거룩함, 이 두 가지를 감독하는 목회자였다. 다음은 바울이 성과 관련하여 그런 교회들에 남긴 가장 유명한 발언이다.

> 불의한 자가 하나님의 나라를 유업으로 받지 못할 줄을 알지 못하느냐 미혹을 받지 말라 **음행하는 자**나 우상 숭배하는 자나 **간음하는 자**나 탐색하는 자나 **남색하는 자**나 도적이나 탐욕을 부리는 자나 술 취하는 자

나 모욕하는 자나 속여 빼앗는 자들은 하나님의 나라를 유업으로 받지 못하리라 너희 중에 이와 같은 자들이 있더니 주 예수 그리스도의 이름과 우리 하나님의 성령 안에서 씻음과 거룩함과 의롭다 하심을 받았느니라(고전 6:9-11).

로마 남자들의 성 관행 정황을 일단 알게 되면, 바울이 여기 제시한 죄의 목록[12]은 하나님 나라 안에 있는 사람과 밖에 있는 사람의 목록이라기보다 바울이 로마 제국의 모든 도시에서 목격한 '악명 높은 죄인들의 악명 높은 죄' 목록으로 해석해야 한다는 생각이 든다. 토라를 준수하는 유대인들이 '휴가'를 마치고 예루살렘 집으로 돌아왔을 때 누군가가 "이방인들은 어떤 사람들인가요?"라고 묻는다면, 바로 이런 유형의 고정관념 목록으로 대답할 수 있을 것이다.[13] 여기서 가장 중요한 요소는 바울이 "너희 중에 이와 같은 자들이 있더니 …… **씻음과 거룩함과 의롭다 하심을 받았느니라**"라고 말하는 부분이다.

바울의 기본 가르침은 두 가지 면에서 반문화적이었다. 첫째, 이 이방인 그리스도인들의 과거 행동은 과거로 묻어 두어야 했다. 둘째, 바울의 교회들에서 성관계는 한 남자와 그 아내, 한 아내와 그 남편 사이에만 있어야 한다고 하나님이 정하신 일이었다. 앞 장에서 다음과 같은 에베소서 말씀을 읽은 것을 기억하라. "음행과 온갖 더러운 것과 탐욕은 너희 중에서 그 이름조차도 부르지 말라 이는 성도에게 마땅한 바니라"(엡 5:3). 바울은 자기 교회 사람들에게 "음행을 피하라"(고전 6:18)고 말했다. 따라서 사도는 이방인들에게 두 가지 선택안이 있음을 분명히 한다(이는 당시로서는 급진적인 요구다). 즉, 금욕하든지, 아니면 배우자에게 충실하라는 것이다. 우리가 가장 중요하게 들어야 할 것은 전형적인 로마 남자에게 **정절**은 확실히 **금욕**보다 어려운 일이었으리라는 것이다.

고린도전서의 바로 앞 장에서 바울이 이와 비슷한 말을 한 것에 주목해야 하는데, 그 본문에서 우리는 바울이 염두에 두고 있는 더 큰 그림이 암시되어 있음을 알 수 있다.

> 내가 너희에게 쓴 편지에 **음행하는 자들**을 사귀지 말라 하였거니와[14] 이 말은 이 세상의 **음행하는 자들**이나 탐하는 자들이나 속여 빼앗는 자들이나 우상 숭배하는 자들을 도무지 사귀지 말라 하는 것이 아니니 만일 그리하려면 너희가 세상 밖으로 나가야 할 것이라 이제 내가 너희에게 쓴 것은 만일 어떤 형제라 일컫는 자가 **음행하거나** 탐욕을 부리거나 우상 숭배를 하거나 모욕하거나 술 취하거나 속여 빼앗거든 사귀지도 말고 그런 자와는 함께 먹지도 말라 함이라(고전 5:9-11).

그 큰 그림이란, 고린도전서 5장이 음행, 즉 성적 부도덕의 모든 사례를 겨냥하는 반면, 고린도전서 6장은 동성 관계를 포함해 구체적 예를 제시한다는 것이다. 바울이 서로에게 충실한 동성 관계를 염두에 두고 있을 수도 있지만(이에 대해서는 나중에 좀 더 이야기하겠다), 그보다는 사회 전반에 널리 퍼져 있는 기분 전환용 동성 관계에 관해 말하고 있는 것일 가능성이 더 높다. 그래서 거룩함과 관련된 바울의 사명은 악명 높은 로마인 죄인들을 로마 세계의 죄 된 삶에서 구해 내고, 하나님의 새 백성인 교회 안에서 성적으로 거룩한 삶을 확고하게 해주는 것이다. 이는 시간이 걸릴 수도 있는 일이었는데, 이 주제는 다음 장에서 다루겠다.

중요한 점은 바울이 로마서 1장에서 동성 관계는 하나님의 창조 질서에 반하기 때문에 "역리"(unnatural)라고 말한다는 것이다(로마서 1장 26, 27절을 창세기 1장 26, 27절과 비교해 보라). 로마서 1장에서 바울은 창세기 1장을 여러 번 환기시키거나 인용한다. "창세"(1:20), "우상"(1:23), "피조물을 조물주보다"(1:25) 같은 표현을 주의해서 보라. "역리" 또는 "순리"(natural)라는 표현으로 바울은 해부학적 구상을 포함해 하나님의 창조 질서를 가리킨다. 즉, 하나님은 여자를 위한 존재로 남자를 구상하셨고, 남자를 위한 존재로 여자를 구상하셨으며, 여자가 남자에게 어울리듯이 남자는 여자에게 어울린다.[15] 여기서 무엇이 '순리'인가에 관해 바울이 하는 말은 더할 수 없이 광범위하다. 바울은 동성 간의 모든 성적 관계는 신적인 창조 질서에 어긋나고 '그리스도 안에' 있는 삶과 조화되지 않는다고 본다.

바울은 로마 세계의 성 관행을 향해, 그리고 그 관행에 반하여 말하고 있다. 그렇게 함으로써 '그리스도 안에' 있는 삶, 혹은 '교회 안에' 있는 삶을 위한 근본적 이상을 확고히 한다. 사귐의 공동체 안에 있는 모든 이는 몸과 성의 구속을 포함하여 완전한 구속을 향한 여정 중에 있다. 바울이 그리스도의 식탁에서 음식을 먹고자 하고 그리스도와 교제하고자 하는 이들을 모두 환영했을 것이라 생각하는 데에는 다 이유가 있지만, 그리스도인은 성경에서 금하는 성관계뿐만 아니라 기분 전환을 위한 금지된 혼외 성관계도 포기해야 한다고 바울이 강조했다고 믿을 만한 이유도 충분하다. 바울의 편지들에서는 성적 순결의 필요를 일상적으로 상기시키는 것을 볼 수 있는데, '로마인처럼 행동'하고 싶은 유혹에 모두가 저항하지는 않았음이 여기서 드러난다. 하지만 어떤 사람이 성의 구속을 향한 여정 중에 있는 한, 바울은 이 여정에 힘을 북돋아 주고 있다. 가정 교회에 모일 때 이들은 "도덕적으로 정결한 사람만 출입할 수 있습니다"라는 표지판을 붙여 놓지 않았다.

이제 정리해 보자. 바울은 로마인들의 성적 부도덕을 전반적으로 다루고 있으며, 그중에서 동성 관계를 로마인 남자와 여자 모두가 행하는 일의 한 예로 보았다. 바울이 호소하는 내용은, 회심자들은 그런 세상에서 빠져나와 서로에게 성실한 일부일처제의 이성애 관계의 세상으로, 혹은 독신 세상으로 들어가야 한다는 것이었다. 설령 거룩함의 길을 알아 나가기 힘들더라도 말이다. 오늘날 논의되는 문제, 즉 동성 간의 성실한 결합과 결혼의 적절성 여부는 바울의 관심사가 아니었다는 주장이 있을지도 모른다(다음 내용을 보라). 하지만 그 문제가 바울의 주된 초점이 아니었다 해도, 로마서 1장에서 '역리'에 관해 바울이 한 말은 모든 동성 관계에 적용된다. 바울이 교회들에 전하는 소식으로 하나님의 은혜, 사랑, 죄 사함, 그리고 이들 가운데서 일하시면서 변화시키시는 성령에 관한 소식, 그리고 이 모든 것을 성찬식에서 먹고 마실 수 있다는 것보다 반가운 소식은 없었다. 바울의 가정 교회 문 앞에는 "환영"이라는 표지판이 걸려 있었지만, 이것을 바울 식으로 표현하자면, 성령을 통해 드러나는 하나님의 변화시키는 능력에서와 마찬가지로, '은혜'였다.

교회 모양의 대본 발견하기

어떤 이들은 내가 앞에서 언급한 성경 구절을 처벌 구절(clobber passages: 성경에서 동성애를 비판하거나 공격하는 데 자주 인용되는 특정 구절_ 옮긴이)이라고 부르는데, 어떤 면에서는 그 말이 옳다. 하지만 우리가 하는 일이 "성경에서 '안 돼!'라고 한다"고 말하는 것뿐이라면, 우리가 전하는 메시지는 부분적인 메시지에 지나지 않을 것이다. 앞 장에서 거룩함을 살펴보면서 이 주제를 다루기 시작했는데, 이제 거기서 더 나아가 구속은 하나의 과정이라는 것을 다음 장에서 알아보겠다. 하지만 이 두 가지 주제에는 그보다 많은 내용이 있다. 우리에게는 교회 모양(Church-Shaped)의 대본이 필요하며, 그 대본은 이렇게 시작한다. 즉, 우리는 모든 이를 사랑하라고 부름받는다고 말이다. 앞의 장들에서 사랑에 관해 살펴본 내용들에 비추어 이것이 무슨 의미인지 생각해 보면 이제 새로운 차원으로 접어들게 된다. 우리는 동성 끌림(same-sex attraction, SSA)을 경험하는 사람을 포함해 모든 사람에게 험난한 헌신을 하라고 부름받는다. 역사 속에서 교회가 동성 끌림을 경험하는 사람들을 대해 온 방식 때문에 여기서 직접적으로 몇 마디를 더할 수밖에 없다.

우리가 서로 사랑하라고 부름받는다면, 게이와 레즈비언과도 '함께'하라고(이는 시간 속에서 물리적으로 그 사람들 앞에 현존한다는 의미다) 부름받는 것이고, 자신들이 사랑받는다는 것을 이 사람들이 알게 된다는 의미에서 이 사람들을 '위해' 있으라고 부름받는 것이며, 하나님 나라를 향해, 그리고 성적인 거룩함을 향해 게이와 레즈비언 들과 함께 가라고 부름받는 것이다. 사랑이란 "내가 원하는 것을 해주면 너를 사랑할게"

라거나 "우리 방식대로 살면 당신을 우리 교회로 받아들여 줄게요"를 뜻하지 않는다. 이는 사랑이 아니라 강요다. 하지만 사랑은 묵인을 뜻하지도 않는다. "네가 하고 싶은 대로 해, 내버려 둘게. 그리고 나는 내가 하고 싶은 대로 할 테니까 너도 나를 내버려 둬"가 아닌 것이다. 사랑은 누군가에 대한 험난한 헌신으로, 하나님 나라를 향해 갈 때 시간을 들여 그 사람 앞에 존재해 주고 그 사람을 지지해 주며 그 사람과 동행해 주는 것도 이런 헌신에 포함된다. 이는 그 사람과 함께 거룩함, 사랑, 의로움이 자라 간다는 의미다.

교회 모양의 대본에서 우리 자신의 구속에 관해서는 할 말이 많다. 여기서는 나보다 잘 아는 사람의 도움을 받도록 하자. 닉 로언(Nick Roen)[16]은 배타적인 동성 끌림(SSA)을 경험한 사람으로, 서로 다른 사람들이 모여 교제하는 멋진 공동체라면 총체적인 대본을 제시할 수 있어야 한다고 말한다.

> 교회에 필요한 것은 대안적 대본이다. 그리고 이는 SSA를 지닌 사람들의 실제 감정과 욕구를 설명해 주는 총체적 대본이어야 한다. 자기 욕망에 대해 "노!"라고만 말하는 삶을 살 수는 없다. 우리는 무언가 더 위대한 것, 무언가 더 좋은 것에 대해 "예스!"라고 할 수 있어야 한다.
> 내가 "예스!"라고 한 대상 중 가장 기본적이고 가장 영광스러운 대상은 예수님이다[나는 앞 장에서 이것을 "경건"이라고 했다]. …… 하지만, 예수님을 따른다고 해서 인간적 친밀함과 동반 관계에 대한 내 갈망이 마법처럼 사라지지는 않는다. 기독교는 그 영역을 향해 뭐라고 말해야 하는가?

닉은 이 대본에 새로운 자기 정체성이 포함된다고 주장한다. 교회에는 게이와 레즈비언이 존재하고, 이들은 '그들'이 아니라 '우리'다. 닉의 표현을 빌리자면, "우리는 예수님의 몸에 속해 있을 뿐만 아니라, 그분을 믿는 다른 죄인들에게도 속해 있다. 교회는 SSA와 씨름하고 있는 사람들이 환영받는다고 느낄 수 있는 곳, 소속감과 안도감을 느끼며 주님 안에서 우리의 구원을 이루기 위해 힘쓰는 곳이어야 한다." 또한 닉은 비혼(非婚) 상태를 진지하게 여기는 대본을 개발하기를 촉구하는데, 나는 이것이 닉의 관측 중 가장 중요한 부분으로 손꼽힐 만하다고 생각한다. 교회의 기본 '대본'은 기혼자들을 위한 것이다. 하지만 비혼은 사람들이 통과해 나가는 어떤 단계로 의미가 축소될 수 없다. 비혼 상태 역시 하나의 부르심일 수 있다. 어쩌면 더 중요한 점은, 결혼하고 싶어 하는 사람에게 비혼 상태는 외로운 갈망 단계일 수 있다는 것이며, 이는 여러 교회에서 내가 직접 경험한 진실이기도 하다.

마지막으로, 닉 로언은 공동체 안에서 깊이를 허용하는 대본으로 우리를 부른다. 그리고 이 부분이 바로 이 책의 주제가 표면으로 드러나는 지점이다. 다시 말해, 닉은 서로 다른 사람들의 사귐으로 우리를 부르고 있으며, '서로 다른' 그 사람들 중에는 동성 끌림을 겪고 있는 이들도 있다. 닉의 말을 직접 들어 보자. "그 사람들 귀에 '그런 관계는 맺지 말아요'라는 말만 들리는 게 아니라 '교회는 당신을 환영해요, 그리고…… 우리는 여러분이 공동체와 더불어 사랑 넘치는 관계 안에서 환대받으며 믿음의 길을 갈 수 있도록 돕겠습니다'라는 말도 들릴 수 있다면 어떻겠는가?" 이같은 질문을 이렇게 표현할 수도 있다. "'그 사람들'이 우리 중 한 사람이 될 때 그 사람들에게 어떤 일이 일어나겠는가?"

다시 말해, '함께', '위하여', '……까지'의 관계가 된다면 어떻게 될까?

그렇다, 그 결과는 거룩함이다. 그렇다, 성경이 가르치는 것에 이르게 된다. 그렇다, 하나의 과정으로서의 구속(救贖)이다. 하지만 이 모든 결과는 서로 사랑으로 헌신하며 성적인 유혹을 피하는 방식으로 함께 거룩함을 추구하는 투명성이 특징인 공동체 안에서 이루어진다.

교회가 맞닥뜨린 가장 최근의 난제

'순리'와 '역리'라는 표현이 동성 관계의 전체 스펙트럼을 다 포괄한다 해도, 동성 관계와 관련해 바울의 가장 강경한 발언은 어린 남자, 매춘부, 노예를 상대로 흥청거리는 기혼 남성들을 향한 말이었다는 것이 내 생각이다. 바울이 문제를 제기하지 않는 것, 그리고 동성 끌림을 겪는 사람들의 상황을 복잡하게 만드는 것은, 현재 연구 결과를 보면 오직 동성 끌림만 경험하는 사람들이 있다는 점이다. 청소년기에 접어들어 자신이 동성에게 성적으로 이끌린다는 사실이 드러나면 이들은 대부분 깊은 충격을 받으며, 머릿속을 떠나지 않는 비밀을 짊어지고 살다가 종종 불안과 우울감에 빠진다. 이들은 이성애 욕구가 생기기를 갈망하지만 그런 욕구는 생기지 않고, 치유와 변화를 하나님에게 구하지만 그 기도가 응답되는 경우는 드물다. 또한 가능한 한 성경에 충실하고자 하는 기독교 지도자들의 무신경한 발언에 날마다 상처를 입는다.

동성 끌림을 겪는 다수의 사람을 섬기며 이들과 더불어 사역하는 한 목사와 전화 통화를 했는데, 그는 이들의 사연을 듣고 마음이 아프지 않은 사람은 이 문제에 대해 말할 권리가 없다고 했다. 그래서 내 말은, 동성 관계에 관해 강경 발언을 할 때 바울이 염두에 둔 사람들은(이들을 전형적인 로마인 남성이라고 하자) 자기도 어쩔 수 없이 동성에게 이끌리는 사람들이 아니라 성적 방종에 휘둘리는 사람들이라는 것이다. 전형적인 로마인 남성은 늘 동성 끌림을 겪는 사람이 아니다. 그런데 오늘날 우리는 전자보다는 후자에 대해 훨씬 많이 이야기한다. 이는 교회가 맞닥뜨린 가장 최근의 난제다.[17]

게이이자 독신 그리스도인의 가장 훌륭한 자서전으로 손꼽히는 것은 웨슬리 힐(Wesley Hill)의 책인데, 그는 현재 트리니티 에피스코팔 신학교(Trinity Episcopal School of Ministry)에 재직 중인 복음주의 성향 신약학 교수다. 웨슬리는 자신의 저서 「씻김받고 기다리다」(Washed and Waiting)에서 자기 이야기를 들려주었다.[18] 웨슬리는 청소년 시절부터 자신이 게이라는 것을 알았다고 한다. 그는 여성에게 욕구를 느끼거나 마음이 끌린 적이 한 번도 없었다. 웨슬리는 변화되기를 기도했다. 경건하고 친절한 친구와 상담가를 찾아가 상담도 했다. 지인의 결혼식에서 한 아리따운 여성과 춤을 추면서도 몸에 그 어떤 감흥도 없던 그는 여성의 어깨 너머로 어떤 남자가 다른 여성과 춤추고 있는 것을 보고 그 남자에게 매력을 느꼈다고 한다. 그 후 웨슬리는 줄곧 독신을 고수해 왔다. 그리고 때때로 매우, 매우 외로웠다고 한다. 고통스러운 외로움이었다. 눈물로 카펫을 적실 정도로.

웨슬리의 입에서 나온 단어 세 가지가 그의 여정을 대변해 준다. 몸부림, 외로움, 수치심. 인생 여정 내내 그는 마음과 삶을 하나님에게 바쳤고, 순종하려고 날마다 노력했으며, 삶의 한 방식으로 자기 부인의 십자가를 졌다. 하지만, 하지만, 하지만…… 웨슬리는 하나님이 자신에게 이성애 관계에 대한 욕구를 주셨다는 것을 확인할 수 없었다. 웨슬리 자신의 표현대로 "[고등학생 시절] 자아를 발견한 그 순간 이후, 나는 그리스도인으로서 신실하게 사는 법을 알아내려고 한 주 또 한 주 몸부림쳤다."[19] 웨슬리 힐은 우리에게 들려줄 이야기가 아직 많지만, 지금은 힘들고 고독한 독신 생활 여정의 고상한 사례로 우뚝 서 있다.

이는 교회가 맞닥뜨린 가장 최신의 난제다. 이는 앞에서 이야기한 닉 로언의 사연이자 웨슬리 힐의 사연이고, 다른 수많은 사람의 사연이다. 사람들이 모두 순종하고자 하고 변화되기를 바랄 때 교회는 어떻게 해야 할까?

제3의 길_ 구속을 향하여

'제3의 길'은 없다고 강력히 주장하는 일부 기독교 지도자들 사이에 일어난 논란이 인터넷 상에 확산되었다. 이 격렬한 논쟁을 보고 있자면, 이 문제가 양측 모두에게 신조(信條)가 걸린 사안이 된 것 같다는 생각이 든다. 길은 두 가지뿐이라고 양측 모두 소리 높여 알렸다. 강력한 찬성 아니면 강력한 반대뿐이라는 것이다. 나는 제3의 길, 교회의 사귐이라는 정황에서 구속의 길이 있다고 제안하고자 한다. 즉, 제3의 길은 어떤 견해를 단호히 고수하느냐에 초점을 맞추지 않고, 우리 각 사람을 위한 하나님의 목표에, 즉 총체적 구속에 초점을 맞춘다. 제3의 길은 구원에 시간이 걸린다는 점을 잘 알고 있다. 그 변화는 구속을 **향한**

변화라는 것도 잘 알고 있다. 구속이 안겨 주는 해방을 위해서는 하나님 나라가 임할 때까지 기다려야 할 수도 있다는 것을 잘 알고 있다. 또한 제3의 길은 이 구속의 배경이 지역의 사귐 공동체, 즉 교회라는 것도 잘 알고 있다.

하나의 과정으로서의 구원에 관해 이야기하지 않으면서 성적 구속에 관해 말하기는 불가능하다. 이 주제에 대해서는 다음 장에서 논의하기로 하자. 하지만 그 전에 몇 가지를 먼저 살펴보는 것이 적절하다. 우리도 마찬가지지만 바울은 순간적으로 변화하는 것처럼 보이는 사람들이 있다는 걸 분명 알고 있다. 하지만 바울의 편지들을 보면 모든 이가 갑작스런 성화를 체험하지는 않는다는 것 또한 알 수 있다. 그러므로 지역 교회에서는 다음과 같은 자세를 표준으로 삼도록 하자. 즉, **그리스도인은 변화 과정에 있으며, 이는 누구도 예외가 아니다.** 어떤 사람이 한 영역에서 다른 사람들보다 성숙할 수는 있지만, 누구도 완벽하지는 않다. 그리고 이는 우리가 성숙한 그리스도인의 삶을 소망하는 한편 성숙에는 시간이 걸린다는 것을 알고 있다는 의미다.

더 나아가, 동성 끌림을 경험하는 남성과 여성 중 이런 성향에 깊은 변화를 겪는 사람은 비율상 얼마 되지 않는다는 사실이 통계를 통해 분명해지고 있다. 그래서 웨슬리 힐 같은 많은 사람이 주장한다. 완전한 구속을 발견하려면 하나님 나라가 임할 때까지 기다릴 각오를 해야 한다고 말이다. 좀 더 직설적으로 표현하자면, 구속이란 단순히 동성 끌림을 겪는 사람들도 하나님 나라가 임하기에 앞서 '스트레이트' (straight: 동성애자와 대비하여 이성애자를 일컫는 말_옮긴이)가 되어야 한다는 의미가 아니다.[20] 독신 그리스도인으로서 웨슬리 힐이 이 기다림에 어떻게 접근하는지 직접 들어보자.

나의 동성애 성향, 오로지 남자에게만 끌리는 마음, 그에 대한 내 슬픔과 회개, 그리스도의 은혜와 성령의 능력 안에서 합당하게 살아가려는 나의 위태로운 노력, 이 모든 것을 내 지독한 타락과 위선에 대한 확증이라고 여기지 않는 법을 점차 배워 가고 있다. 대신, 몸부림치고, 실패하며, 회개하고, 회복되며, 새로운 기쁨을 느끼고, 걷어 나가며, 고통스럽게 순종하는 이 여정을 있는 그대로 바라보는 법을 천천히, 그리고 확실하게 배워 가고 있다. 그리스도의 십자가와 그 부활의 아침에 죽음을 이기신 승리를 바탕으로 성령께서 나를 변화시키고 계시기 때문이다.
……

동성애 성향을 지닌 채 그리스도 안에서 하나님 앞에 신실하게 살려는 내 몸부림이 하나님을 기쁘시게 한다는 것을 나는 알아 가고 있다. 그리고 신적 영예를 얻게 될 날, 신뢰하고 소망하며 자기를 부인하려는 내 수고가 하나님의 칭찬으로 관(冠) 쓰게 될 날을 나는 기다리고 있다.[21]

교회에서 동성애 성도가 가장 흔히 하는 질문은 "교회에서 우리가 할 수 있는 일이 무엇입니까?"라는 것이라고 한 목사가 내게 말했다. 나에게 작동하는 원칙은 이렇다. 그 사람이 누구든 교회를 떠나는 일은 끝까지 일어나지 않았으면 한다는 것이다. 그 목사는 자기 교회 교인들이 다 동성애 성도만큼 열심이라면 그 도시를 다 뒤집어엎었을 것이라고도 했다! 나의 두 번째 원칙은, 우리가 각자의 교회에서 예수님과 은혜와 거룩함을 나타낸다면, 동성 끌림을 겪는 사람들도 하나님이 원하시는 사람이 될 수 있도록 교회에 소속되기를 바라야 한다는 것이다. 확신컨대, 각 교파와 지역 교회 지도자들은 이 질문에 대한 답변 문제로 씨름해야 할 것이다.

어쩌면 이 질문의 방향을 돌려, 독신으로 분투하는 동성애 그리스도인이 살아가는 법을 배우는 방식에서 우리는 무엇을 배울 수 있는지를 물어야 할 것이다. 이번에도 나는 웨슬리 힐에게서 교훈을 얻었다. 우리의 신학은 하나님 나라가 이미 이 세상에 틈입했다고, 새 창조가 이미 진행 중이라고. 그러나 그 나라가 아직은 이 땅에 완전히 임하지 않았다고 믿게 만든다. 그래서 우리는 변화, 성장, 전환은 기대할 수 있지만, 지금으로서는 완전한 구속이나 완전함을 기대할 수 없다. 웨슬리 힐은 동성 끌림을 일종의 "육체의 가시"라고 부르며, 고통이 우리를 그리스도의 고난과 십자가로 인도한다는 것을 바울을 통해 알 수 있게 된다고 말한다. 웨슬리 힐의 소중한 질문들에 귀를 기울여 보라.

> (독신을 고수하는 그리스도인) 게이로 사는 데 따르는 고통을 주로 타락의 결과이자 '기도로 해결해야 할' 문제로 여기기보다, 십자가 모양의 예수님 이야기 안에서 정체성을 발견하는 기회로 여길 수 있을까? J. 루이스 마틴(Louis Martyn)은 그리스도의 십자가가 "어떤 의미에서는 부활로 이어지며, [하지만] 부활로 대체되지는 않는다"고 말한다. 현재로 틈입한 새 창조 세계에서의 삶은 십자가의 고난을 상쇄하기보다, 그 고난에 참되고 구속적인 의미를 부여한다. 마찬가지로, 게이 그리스도인은 자신의 동성애 성향을 단순히 세상의 타락을 자기 몫으로 받은 것이라고 말하기보다 갈보리로 가는 길에서 예수님과 합류하는 자기 나름의 방식이

라고 이야기하는 것이 합당하지 않을까 하는 생각이 든다. 예수님의 생명을 다른 이들과 나누기 위해서, **사랑**을 위해서 말이다.[22]

웨슬리 힐의 질문에 더하여 나는 이렇게 묻고 싶다. 동성 끌림을 겪으며 고통스러워하는 사람들과의 교제에서 우리는 십자가 모양의 삶에 대해 무엇을 배울 수 있는가? 우리의 자세는 동정하는 자세일 수 없다. 그리스도의 십자가와 부활로 상호 교제하는 자세, 서로를 섬기는 그런 사귐을 나누는 자세여야 한다.

그래서 제3의 길의 두 가지 원칙은, 구속과 관련해 우리 자신의 성장에 점진적 성격이 있다는 것, 그리고 그 성장의 배경으로 지역 교회가 중요하다는 것이다. 예수님은 누군가가 자신과 함께 식탁에 앉아 음식을 먹으려면 율법에 따라 정결해야 한다고 요구하지 않으셨다. 사실 예수님은 서로 다른 사람들로 이루어진 그 첫 번째 사귐 공동체에서 온갖 식탁 교제를 만들어 내셨다. 율법에 따라 정결해야 우리와 함께 음식을 먹을 수 있다고 누군가가 말했다면, 예수님은 "나와 함께 먹자, 내가 너를 정결하게 할 것이다"라고 말씀하셨다. 더 나아가 예수님은 식탁에 모여 앉은 사람들의 거룩함과 사랑이 성장하기를 기대하셨는데, 그 성장은 교제를 통해 이루어졌다. 사도 바울의 경우도 마찬가지여서, 바울이 개척한 가정 교회는 은혜가 필요한 죄인들로 그득했다. 이들은 그 은혜를 식탁에서 발견했으며, 이것이 이 사람들을 예수님에게로 인도했다. 오늘날 우리네 교회들도 마찬가지다. 우리는 모든 이를 식탁으로 초대해서, 변화시키시는 하나님의 영이 부어지기를 기도한다. 그 변화가 하나님 나라가 임하기까지는 일어나지 않을지라도 말이다. 우리는 씻김받았고, 기다리고 있으며, 그동안 우리는 거룩해지고 사랑이 깊어지기 위해 애쓴다.

우리에게 가장 필요한 것은 아마 바울이 그리스도인의 삶을 어떻게 **구원**이라는 단어의 의미를 통과하는 여정으로 보는지 이해하는 일일 것이다. 구원은 단번에 영원히 일어나는 일이 아니기 때문이다. 구원은 하나의 과정이다.

13장
과정으로서의 구원

내가 자란 교회에서는 해마다 가을 부흥회를 열었다. 이웃 구원을 위해 일주일 동안 저녁 예배를 드리는 행사였다. 행사를 위해 우리는 먼저 이웃 사람들을 교회로 초청해야 했는데, 이는 평소보다 용기가 필요한 일이었다. 이웃 사람들이 예배에 참석하면, 열성적인 성도, 최고로 고조된 성스러운 음악, 머리카락이 곤두서고 혼비백산할 만한 이야기를 들려 줄 수 있는 부흥사나 복음 전도자와 맞닥뜨리게 된다. 사람들이 전도자의 초청에 응할 시간을 넉넉히 주려고 우리는 6절까지 있는 찬송가를 연거푸 두 번이나 불렀다.

    내 친구는 가끔 반주가 시작되자마자 앞으로 나갔다. 초청 순서가 얼마나 길게 이어지는지 알기에, 그냥 앞으로 나가, 죄인의 기도("주 예수님, 저는 죄인입니다, 주님을 제 마음에 모십니다……")를 드리라고 하는 안내자에게 협조한 후 뒷문으로 예배당을 빠져나가면 예배에서 풀려날 수 있다고 생각했기 때문이다. 다른 친구들과 함께 예배가 끝날 때까지 버티다가 밖으로 나가 보면 그 친구는 벌써 밖에 나와 기다리고 있다가 긴 시간 예배당 안에 잡혀 있던 우리를 보고 폭소를 터트렸다.

안타깝게도, 그러한 감정 과잉의 부흥회 설교들은 '**구원**' 또는 '**구원받았다**'라는 단어들로 나를 불편하게 만들었다. 신약 학자로 살면서 나는 그 단어들에 대한 사랑을 회복하려고 상당 기간 노력해 왔다. 그 용어들의 가치를 인식하게 된 것은, 누구에게 들은 말인지는 기억나지 않지만 구원이란 말이 신약 성경에서 세 가지 시제로 쓰였다는 것을 알게 되면서부터였다. 성경이 말하는 구원은 "구원 곱하기 3"이다.

과거: 우리는 구원받았다(롬 8:24).
현재: 우리는 구원받고 있다(빌 2:12).
미래: 우리는 구원받을 것이다(롬 13:11).

이 셋을 합하면 서로 다른 사람들과 교제하며 사는 삶에 매우 중요한 무언가에 이르게 된다. 즉, **구원은 하나의 과정이지 한 번만의, 한 번에 되는 사건이 아니라는 것이다.** 구원은 평생 혹은 그 이상이 걸리는 일이라고 말하는 사람도 있을지 모르나, 구원이라는 말의 모든 쓰임새 이면에는 **구원**을 하나의 이야기로 변모시키는 개념이 자리 잡고 있다.

작은 출애굽으로서의 구원

첫 번째 요소는 쉽다. '구원하다' 혹은 '구원'이라는 단어는 '구출하다'

(rescue)라는 뜻이다. 성경에서 첫 번째이자 가장 중요한 구원 사건은 출애굽인데,[1] 이 사건이 매우 중요하기 때문에 그때부터 **모든 구원 사건은 하나님의 백성을 해방으로 이끄는 작은 출애굽**(mini-exodus)**으로 여겨졌다.**

구원은 출애굽이다. 세례 요한의 아버지는 성경의 다른 모든 사람들이 그랬듯 자신과 아내의 구원을 작은 출애굽으로 보았다. 다음은 누가복음 1장에서 사가랴가 한 말들이다.

> 우리를 위하여 **구원**의 뿔을 그 종 다윗의 집에 일으키셨으니(눅 1:69).
> 우리 원수[로마]에게서 …… **구원하시는 일**이라(1:71).
> 우리가 원수[로마]의 손에서 **건지심**[구출]을 받고(1:74).

생애 말년에 사도 바울은 하나님과 인간 사이의 유일한 중보자이신 예수님이 "모든 사람을 위하여 자기를 대속물(ransom: 출애굽 때 해방을 위한 구출의 의미로 쓰인 단어)로 주셨[다]"(딤전 2:6)고 디모데에게 말했다. 사도 바울의 사명 중심에는 이방인과 유대인, 남자와 여자, 노예와 자유인 모두를 구출한다는 하나님의 사명이 자리 잡고 있다. 작은 출애굽 혹은 개인적 출애굽은 이들 각 사람을 교회라고 하는 일종의 '약속의 땅'으로 인도한다. 교회는 해방된 상태의 서로 다른 사람들이 사귐을 나누는 공동체로, 이는 그곳에 속한 사람들을 해방시키기 위해 계획된 작은 출애굽을 통과한 공동체다.

작은 출애굽 이야기

지구라는 행성에서 내가 가장 좋아하는 곳은 이탈리아 움브리아 땅 한가운데 있는 아시시(Assisi)다. 그 위대한 작은 사람, 성 프란체스코가 그곳에 살았다.[2] 부요와 육욕에 노예처럼 매여 있다가 쾌활하고 거룩한 삶으로 해방된 이 영향력 있고 모범적인 인물의 이야기를 이제부터 해 보겠다. 프란시스 혹은 프란체스코는 고상한 은수저를 입에 물고 인생을 시작했다. 그는 1182년 3월 아시시의 아름다운 산 루피노 성당에서 세례를 받았다. 부유한 사업가인 아버지 피에트로 디 베르나르도네(Pietro di Bernardone)는 프랑스에서 종종 사업을 벌였으며, 그래서 자기 아들을 "프랭키"나 "프렌치"라고 부르면서 오직 하나님만이 바로잡아 주실 수 있는 인생길에 세워 놓았다.

처음에 프란체스코는 세련되고 쾌활한 장사꾼이었으며, 아시시의 부유층이 벌이는 질펀한 연회를 즐기는 사람이었고, 노래 잘하고 농담 잘하기로 유명한 데다가 머리끝부터 발끝까지 주목받고 싶어 하는 멋쟁이였다. 1201년, 인접한 페루자를 상대로 전쟁이 벌어지자 프란체스코는 전쟁에 나갔다가 포로로 잡혀 1년 동안 옥에 갇혀 지냈다. 밤마다 유흥을 즐기던 그는 고통스러운 포로 생활로 우울증에 빠졌고, 이 경험이 그의 내면을 얼마나 깊이 흔들어 놓았는지 풀려난 후 프란체스코는 더 이상 전처럼 살 수 없었다. 그는 한동안 우울증을 떨쳐 내고 군 생활로 복귀할 생각을 했으나, 그런 인생의 결말을 알게 된 뒤 그리스도인으로 살기로 작정하고 집으로 돌아갔다.

프란체스코의 친구들은 그가 연회에 갈 마음이 없다는 것을 알게 되었다. 프란체스코의 아버지는 그가 사업을 흥미 없어 한다는 것을 알게 되었다. 새로 발견한 그리스도에 대한 사랑을 더 깊이 하려고 프란체스코는 산 다미아노의 작은 교회에 몇 시간씩 머물면서 고난당하는 그리스도의 모습을 깊이 묵상했다. 그는 집을 나와서 이 작은 예배당에서 살기 시작했는데, 이 일은 그의 어머니와 아버지에게 큰 놀라움을 안겼다. 아들을 그 미친 짓에서 구해 내려고 달려간 프란체스코의 부모는 그를 집으로 데려가려고 했지만, 프란체스코는 새로 발견한 신앙을 번복할 수 없었다. 그는 은신처에 숨어 지내다가 황당한 거동을 보이며 모습을 드러냈는데, 이에 대경실색한 부모는 그를 집에 데려가 가둬 놓았다. 이제부터 프란체스코의 작은 출애굽 이야기가 이어진다.

프란체스코의 아버지는 자신이 죽어 일부 사업이 그 미치광이 아들의 손에 들어갈 경우 자신의 사업체에 끼칠 금전적 영향을 깊이 고민하게 되었다. 그래서 그는 비협조적이고 제멋대로인 아들을 고소했다. 교회와 사법 체계가 긴밀히 연결되어 있어서 주교는 곧 판사이기도 했는데, 이 판사는 아버지의 사업에 대해 모든 권리를 포기해야 한다고 프란체스코에게 설명했고, 프란체스코는 쾌히 그렇게 했다. 완전한 해방을 나타내는 행동으로 프란체스코는 입고 있던 옷을 아버지 앞에 벗어 놓으며 말했다. "이제부터는 피에트로 디 베르나도네가 아니라 하늘에 계신 아버지가 내 아버지입니다."

해방된 프란체스코는 숲에서 노래하고, 기도하고, 찬양하고, 가난한 사람들을 섬기고, 하나님이 자신에게 어떤 일을 시키실지 생각하며 지냈다. 나중에 전하는 이야기에 따르면, 어느 날 아시시 근방의 숲에서 강도를 만났는데, 강도들이 신분을 밝히라고 하자 그는 "위대하신

왕의 전령"이라고 대답했다. 오늘날까지 프란체스코회의 갈색 예복은 가난한 사람을 불쌍히 여기던 그의 마음을 뜻하는 상징으로 통한다. 프란체스코 전기를 쓴 작가 어거스틴 톰슨(Augustine Thompson)이 이를 가장 잘 표현했다. "전에는 추하고 불쾌하게 여겨졌던 것이 이제는 그에게 기쁨과 즐거움을 안겨 주었다. 영적으로만이 아니라 본능적으로, 그리고 육체적으로도……. 깜짝 놀란 이 퇴역 군인은 자기 능력이 아니라 하나님의 은혜로 자신이 다른 사람으로 다시 태어났다는 것을 감지했다."

프란체스코는 성경의 출애굽 이야기를 개인적 차원에서 경험했다. 출애굽은 이스라엘 자손을 애굽에서 약속의 땅으로 데려갔는데, 이는 **"무엇이 우리의 애굽인가? 우리에게는 무엇이 약속의 땅인가?"** 라는 질문으로 이어진다. 첫 번째 질문이 중요하므로 첫 번째부터 살펴보자.

무엇이 우리의 애굽인가?

예수 그리스도는 우리의 유월절 희생 제물이신데(고전 5:7), 이는 그리스도 안에 있는 우리가 세 가지 애굽에서 탈출을 경험했다는 뜻이다. 첫째, 우리는 *전면적 압제에서* 구원받는다. 바울은 애굽 탈출이라는 이 주제를 우주 차원의 통치자들과 권세들로부터 구출되는 것으로 바꾼다. 20년 가까이 로마 제국을 두루 다니며 복음을 설교하고, 고위층의 전면적 적대에서 악의 세력을 실감하며, 그 세력이 말로 다할 수 없는 성적 문제로 모습을 드러내는 것을 보고 나서 바울은 이렇게 말한다.

> 우리의 씨름은 혈과 육을 상대하는 것이 아니요 통치자들과 권세들과 이 어둠의 세상 주관자들과 하늘에 있는 악의 영들을 상대함이라(엡 6:12).

교회 생활에서 이는 어떤 모습으로 나타나는가? 몇 가지만 예로 들자면, 우리는 압제, 민족 간 분열, 성별에 따른 계급 질서, 그 외 여러 가지 경계 형성이라는 애굽을 성령의 권능으로 몰아내야 한다. 그런 다음, 평화, 사랑, 정의, 화해, 거룩함, 의로움, 지혜로 채색된 공동체를 교회 안에 든든히 세워야 한다. 바울에게 애굽은 로마의 방식이었고, 약속의 땅은 교회 안에서의 새 삶이었다.

둘째, 우리는 *우리를 향한 '애굽의' 우주적이고, 사탄의 추동을 받는 죽음의 습격에서* 구원받는다. 바로가 이스라엘 자손을 죽이고 싶어 했듯이, 우리가 태어나는 순간부터 죽는 순간까지 사탄의 의도는 죽음이다. 하지만 그리스도 안에서 우리는 죽음이라는 애굽에서 해방된다. 바울은 디모데에게 보내는 편지에서 이를 다음과 같이 요약한다.

> 하나님이 우리를 구원하사 거룩하신 소명으로 부르심은 우리의 행위대로 하심이 아니요 오직 자기의 뜻과 영원 전부터 그리스도 예수 안에서 우리에게 주신 은혜대로 하심이라 이제는 우리 구주 그리스도 예수의 나타나심으로 말미암아 나타났으니 그는 사망을 폐하시고 복음으로써 생명과 썩지 아니할 것을 드러내신지라(딤후 1:9, 10).

창세기 3장 이후로 성경에서 말하는 주요 원수는 죽음이다. 우리의 애굽 중심에는 죽음이 있으며, 우리를 대신해 우리의 죄 사함을 위해 죽으신 우리의 유월절 어린양은 그 죽음에서 우리를 해방시키셨다.

마지막으로, 우리는 *죄 된 삶에서* 구원받는다. 다음 인용 구절을 보면 바울이 우리의 과거 죄 된 삶에 대해 어떻게 말하고 있는지를 알 수 있다(딛 3:3-7). 지금까지 각 항목에서 '애굽'에 해당하는 말은 이탤릭체로 표시했는데, 다음 인용 구절에서 '출애굽'에 해당하는 말은 볼드체로 강조했고, 다음 항목에서 다루게 될 '약속의 땅'에 해당하는 표현은 밑줄로 표시했다.

> 우리도 전에는 어리석은 자요 순종하지 아니한 자요 속은 자요 여러 가지 정욕과 행락에 종노릇한 자요 악독과 투기를 일삼은 자요 가증스러운 자요 피차 미워한 자였으나 우리 구주 하나님의 자비와 사람 사랑하심이 나타날 때에 우리를 **구원하시되** 우리가 행한 바 의로운 행위로 말미암지 아니하고 오직 그의 긍휼하심을 따라 중생의 씻음과 성령의 새롭게 하심으로 **[구원하셨나니**] 우리 구주 예수 그리스도로 말미암아 <u>우리에게 그 성령을 풍성히 부어 주사 우리로 그의 은혜를 힘입어 **의롭다 하심을 얻어** 영생의 소망을 따라 상속자가 되게 하려 하심이라.</u>

이스라엘이 애굽을 떠났듯이, 그리고 성 프란체스코가 자기 나름의 애굽을 떠났듯이, 우리도 능하신 구원자의 권능으로 죄와 전면적 불의라는 애굽을 떠나왔고, 약속의 땅을 향하고 있다. 하나님이 우리 편이시다. 내 귀에는 이스라엘 자손에게 주신 하나님의 약속이 울려 퍼진다. "여호와께서 너희 앞에서 행하시며 이스라엘의 하나님이 너희 뒤에서 호위하시리니"(사 52:12a). 하나님의 사명은 이스라엘을 구출해서 약속의 땅까지 안전하게 호위해 주시는 것이었다.

한 교회 이야기

어느 주일, 쿠크먼연합감리교회에서 있었던 일이다. 한 남자가 무슨 이유에서인지 회중석 앞으로 나오더니 자신은 이제 갓 예수 그리스도를 믿게 된 사람이라고 하면서[3] "도움이 좀 필요합니다"라고 했다. 이어서 남자는 자신의 과거에 대해, 그리고 어떻게 5년 동안 옥살이를 했는지에 대해 사람들 앞에 털어 놓았다. 그리고 남자는 울기 시작했다. 예배 인도자가 남자의 어깨에 손을 올려 위로했고, 도나 존스 목사가 남자에게 다가가 강대상 앞에 무릎을 꿇게 했다. 한 장로가 전에 죄수였던 이 남자에게 기름을 부었다. 그리고 나서 예배 인도자는 사람들을 애굽에서 이끌어 내어 약속의 땅으로 인도해야 하는 교회의 책임을 환기시키면서 "교회는 여러분에게 필요한 도움을 받을 수 있는 곳"이며 "여러분을 온전하게 사랑해 주는 곳"이라고 했다.

 몸을 포함해 모든 면에서의 거룩함과 구속, 그리고 하나의 과정으로서의 구원에 대해 이야기하기 시작한 순간부터 바울이 염두에 둔 것이 바로 그것이다.

우리에게는 무엇이 약속의 땅인가?

하나님이 이스라엘 백성을 애굽에서 해방시키셔서 이들이 하나님의 거룩한 백성으로 살 수 있었던 것처럼, 하나님이 우리를 구해 내셔서 우리는 새로운 종류의 약속의 땅에서 살 수 있다. 그것이 무엇인가? 간단히 말해, 교회에서 살아가는 해방된 삶이다. 이스라엘 백성이 애굽에서 벗어나 약속의 땅으로 들어가기까지는 40년 세월이 걸렸다는 것을 기억하라. 그것이 아마 우리에게 필요한 비유일 것이다. 즉, 구속은 평생에 걸쳐 진행되는 하나의 과정이라는 것이다. 이스라엘 백성은 홍해를 건너서 십계명을 받고 그 즉시 성화를 이루지 않았다. 그 일에는 시간이 걸렸으며, 우리도 지금 그 시간을 통과하는 중이다. 그 시간 동안 새로운 창조 생명이 우리 안으로, 우리네 교회의 사귐 안으로 솟구쳐 들어오기 시작한다. 그 새 생명이 5부에서 다룰 주제다.

부흥사들은 때로 구원의 과거형, 즉 애굽에서 구출된 일과 구원의 미래형인 영생에 지나치게 치중하고 현재, 즉 교회에서 이루어지는 하나님 나라의 삶은 그다지 강조하지 않음으로 우리를 얕잡아 봤다. 하지만 지금까지 살펴보았다시피 구원은 평생에 걸친 과정이다. 애굽에서 해방되고, 그리하여 하나님이 우리를 위해 예비하신 땅에서 살 수 있게 되는 과정이다. 이제 구원이라는 말의 아름다움을 성경의 원대한 이상 그 경계에 이르기까지 회복해야 할 때다. 프란체스코가 아시시 주변의 무너져 내린 예배당에 아름다움을 회복시킨 것처럼 말이다. 그는 그 예배당을 아주 새롭게 만들었다.

5부

—

새로움

A
Fellowship
of
Differents

14장
새로운 자유

뉴욕항 한가운데 서 있는 자유의 여신상처럼, 자유는 우리가 교회 및 교회 유형의 그리스도인의 삶으로 들어갈 때 일어나서 우리를 반겨 준다. 교회에서 자유나 해방감 같은 것을 경험해 보지 못한 탓에 이 문장에 마침표가 찍히기도 전에 손을 들고 이의를 제기하는 이들도 있을 것이다. **자유**라는 말이 등장하는 순간, 손을 드는 이들도 있을 것이다. 이른바 이 자유가 우리를 로마인들의 생활 방식으로 이끌 거라고 걱정하기 때문이다! 그래서 먼저 몇 가지를 분명히 해두어야, 그리스도의 새 몸, 곧 유대인과 이방인, 노예와 자유민, 남자와 여자가 서로 다른 사람들 간의 사귐으로 어우러진 그 몸으로 들어가는 길에서 복음의 경이로운 자유가 우리를 반갑게 맞이할 수 있다. 그런데 어느 한 집단, 예를 들어 유대인들이 자유라고 생각하는 것을 이방인들은 예속이라고 생각할 수도 있다. 이렇게 자유가 교회의 새로운 생활 방식이 되면 그 즉시 갖가지 상이(相異)한 점들이 늘어나기 시작한다.

초기 교회 생활에 관한 것은 모든 이에게 새로웠고, 바울도 예외가 아니었다. 이들은 주변의 새로운 사람들과 더불어 새로운 주님 아래서 새로운 유형의 공동체를 시험하고 있었다. 이들은 새 성령 아래서 살아가는 법에 관해 온갖 새로운 생각을 갖고 있었고, 새로운 과제와 새로운 은사, 새로운 도덕을 지닌 사람들이었다. 하나님이 하고 계신 일은 약속으로 가득했고, 아주 전적으로 …… 새로웠으며, 그래서 바울은 다음과 같이 말했다.

그런즉 누구든지 그리스도 안에 있으면 새로운 피조물이라 이전 것은 지나갔으니 보라 새것이 되었도다.

고린도후서 5장 17절의 이 대사는 '그리스도 안에' 있으면 우리가 어떤 사람이고 어떤 행동을 했든 모든 것이 새롭다고 말한다. 새 창조 세계가 지닌 이 새로움의 핵심에는 자유가 있다.

그리스도인의 자유는 서구 세계의 주요 정치 문서로써 형성되지 않는다. 또한 우리는 주요 사상가들에게서 자유를 발견하지도 않는다. 성경이 말하는 자유는 자유를 옹호한 미국인 토머스 페인(Thomas Paine)이나 그를 따르는 프랑스인 사상가 장 자크 루소(Jean Jacques Rousseau)가 정의하지 않았다. 또한 오늘날 자유는 극우 반정부 운동이나 민주당이 정의하지 않는다. 자유에 관한 한 교회 지도자라고 해도 늘 믿을 만하지는 않다. 주로 하지 말아야 할 일에 초점을 맞춰서 무언가를 하라고 가르치는 교회는 자유를 망치기 때문이다. 하지만 바울은 새로운 유형의 자유를 원했다. 이는 바울이 다수의 분노를 불러일으켰다는 의미였다. 물론 새로운 영역에 들어가기 위해서는 싸워 볼 가치가 있었다.

바울의 대헌장 경구(驚句)

성경에 살아남아 있는 그의 첫 번째 편지 갈라디아서에서 바울은 자신이 "할례당"이라고 부르는 무리와 맞대결을 펼쳤는데, 이에 대해서는 설명이 필요 없을 것이다(#어이쿠). 할례당은 주님의 형제 야고보, 예루살렘 교회와의 연고(緣故)를 주장했는데, 이들은 틀림없이 친(親)토라 그리스도인 집단을 대표했다(#위협적). 네 개 장에 걸쳐 할례당의 주장을 격파하려 시도한 뒤 바울은 마침내 인생을 사는 법을 위한 아주 실천적인 내용으로 난관을 타개한다. 다음은 그 중심이 되는 대사다.

> 그리스도께서 우리를 자유롭게 하려고 자유를 주셨으니(갈 5:1).

원어인 그리스어로는 겨우 네 단어로 이루어졌지만, 자유에 관한 이 단 한 줄의 문장은 바울의 입에서 나온 가장 급진적인 발언이다. 바울의 이 말에 대해서는 다음 네 가지 반응이 있었을 것이라고 장담할 수 있다.

강경한 친토라 집단_ "이단이다! 위험해! 저 놈을 내쫓아!"
예민한 친토라 집단_ "자유라고? 무엇으로부터의 자유? 확실히 말해 줘야지! 바울은 늘 말도 안 되는 이상한 말만 한다니까. 그 사람은 좀 차분해져야 해. 야고보가 이제 우리의 공식 사도야."

예민한 비(非)토라 집단_ "자유? 우리 유대인 신자 친구들은 어떡하라고? 그 친구들한테 햄 샌드위치 줘도 되나? 바울도 확실히 쓸모 있을 때가 있군."

강경한 비토라 집단_ "바울, 장하다! 맥주하고 구운 돼지고기 좀 가져와!"

진실은, 바울이 자유에 대한 그 위대한 발언을 한 것은 그것이 바울의 진심이기 때문이라는 것이다. 그렇다, 자유가 있는 삶은 삶에 대한 새로운 개념과 새로운 방식을 탐구한다는 의미이며, 이런 삶에는 **분별력**이 요구된다. 자유가 어떻게 사귐, 경건함, 거룩함, 사랑, 정의, 지혜, 평화를 뜻하고, 어째서 방종, 탐욕, 원한, 자기중심주의를 뜻하지 않는지에 대한 분별력 말이다. 그럼에도 여전히 이는 자유다. 그리고 교회 안의 많은 사람에게 이런 유형의 자유는 아주 새로운 자유다.

딸 로라가 고등학교에 입학했을 때 나는 갈라디아서 주석을 작업하고 있었는데, 당시 나는 성령 안에 있는 자유와 생명에 관한 바울의 가르침에 흠뻑 취해 있었다(자유와 생명은 뗄 수 없는 관계다). 금요일 저녁 외출을 위해 집을 나서던 로라는 아내와 나를 돌아보며 말했다. "몇 시까지 들어와요?" 그 말이 떨어지자마자 나는 대답했다. "성령이 인도하시는 때 들어오면 돼. 넌 자유야." 아내는 나를 흘긋 돌아보고 로라의 어리둥절한 표정도 한 번 보고 나서 상황을 정리했다. "열한 시까지 들어와." (10대 딸을 둔 부모로서, 성령 안에 있는 자유와 생명은 오후 열한 시를 의미한다는 아내의 생각에 나도 동의했다!) 로라가 문을 닫고 나간 뒤 아내가 내 쪽으로 돌아서며 물었다. "대체 왜 그런 말을 해요?" 나도 사도 바울 쪽으로 고개를 돌려 똑같이 그 당혹스러운 질문을 했던 것 같다.

그렇다, 로라는 몇 시까지 집에 들어와야 하는지 분별하기에는 믿음이 너무 어리다. 하지만 이상적인 그리스도인의 삶은 '규칙과 규정'에 매이는 삶이 아니라, 하나님이 우리에게 명하시는 모든 것을 행할 수 있는, 거부할 수 없고, 성령의 형상을 닮은, 새 창조 세계의 자유를 누리는 삶이다. 구원에 애굽과 약속의 땅이라는 두 가지 측면이 있는 것처럼 이 새로운 유형의 자유에도 두 가지 측면이 있다. 바로 '……으로부터의 자유'와 '……을(를) 할 수 있는 자유'다. 이번에도 두 가지 모두 중요하며, 그래서 두 가지를 각각 살펴보아야 한다.

……으로부터의 새로운 자유

예속 상태에 있는 사람만이 해방을 원한다. 이는 우리가 바울의 입에서 나온 **자유**라는 놀라운 단어에 이끌려, 우리가 (우리 나름의 애굽에서) 포로**였다는** 사실을 깨닫는다는 뜻이다. 우리가 포로였다면, 지금 무엇으로부터 자유로운지를 알아야 한다.

사회적 경계로부터의 새로운 자유

로마 그리스도인들은 대등한 사람만 평등하고 대부분의 사람들은 불공정한 대우를 받는 로마식 신분과 계층 질서에 속박된 포로들이었다. 우리는 로마 세계에서의 자유에 관한 이 메시지에 귀를 기울여야 한다. 그 세계에서 바울은 돌연 교회 안의 모든 이가 이제 자유롭다고 알리고 있었는데, 이는 반역적이고 혁명적인 말로 들렸을 수도 있다. 한 로마 역사 학자가 한번은 내게 말하기를, 바울의 말은 "한마디로 명백히 무책임"했으며 "교회를 분란에 휩싸이게 만들 수밖에 없었다"고 했다. 바울은 로마인들이 어떻게 생각하든 염려할 마음이 없었고, 비교적 정결을 더 중시하는 일부 유대인들은 바울이 무모한 짓으로 분란을 일으킨다고 생각했지만, 이 또한 신경 쓰지 않았다. 바울은 성경에 뿌리를 두고 오랜 세월 존속해 온 유대인과 이방인 사이 장벽이 무너졌다고 공공연히 선언했으며, 어떤 성경 구절도 에베소서 2장 13-16절만큼 이 사실을 생생하게 그려 보여 주지 못한다.

> 이제는 전에 멀리 있던 너희가 그리스도 예수 안에서 그리스도의 피로 가까워졌느니라 그는 우리의 화평이신지라 둘로 하나를 만드사 원수 된 것 곧 중간에 막힌 담을 자기 육체로 허시고 법조문으로 된 계명의 율법을 폐하셨으니 이는 이 둘로 자기 안에서 한 새 사람을 지어 화평하게 하시고 또 십자가로 이 둘을 한 몸으로 하나님과 화목하게 하려 하심이라 원수 된 것을 십자가로 소멸하시고.

간략히 말해, 그리스도 안에서 (전에 '멀리 있던') 이방인과 유대인이 우리의 '화평'이신 그리스도와 어우러진다. 좀 더 극적으로 표현하자면, 과거에 유대인과 이방인을 나누던 성전의 분리 벽이 무너져 내렸다. 강경한 친토라 집단은 이방인으로서 예수님을 믿는 이들이 이왕 그 길에 들어섰으니 할례까지 받아서 완전히 회심했음을 증명하기를 바랐다. 정직하게 성경을 읽는 사람이라면 강경한 친토라 집단에게 할례가 얼마나 중요한지 알 것이며, 따라서 이들의 염려는 이해할 만했다. 하지만 약속의 땅에서 누리는 자유를 아는 바울은 "**안 됩니다! 안 돼요! 안 돼!** 우리는 다 **믿음**으로 의롭다 여김을 받습니다. 이방인들이 완전히 회심하기 위해 믿음에 토라를 더할 필요는 없어요"라고 선언했다. 바울이 이를 어떻게 표현했는지 보라. "할례나 무할례가 아무것도 아니로되 오직 **새로 지으심**을 받는 것만이 중요하니라"(갈 6:15). 이 사내는 꽤 강심장이었다.

바울이 여기서 하는 말은 그가 노예와 자유민, 남자와 여자에 관해 하는 말로 쉽게 확장될 수 있다. 즉, 노예와 자유민, 남자와 여자 사이의 경계도 무너졌다. 그리스도 안에서 우리는 하나다. 하지만 교회는 모든 사회적 경계를 무너뜨리고 서로 다른 사람들로 이루어진 평등한 교제 공동체를 만들어 내라고 우리에게 말한다는 점에서 훨씬 급진적이다. 반복해서 말하지만, 서글프게도 오늘날의 교회는 예수님의 십자가가 무너뜨린 그 벽을 다시 쌓아 올렸다. 하지만 우리는 계속 나아가야 한다. 또한 우리에게 다음과 같은 자유가 있다는 사실을 알아야 한다.

죄와 죽음의 족쇄로부터의 새로운 자유
서로 다른 이들로 이루어진 교제 공동체 사람들에게 과거의 삶은 대체로 몹시 혼란스러운 것이었다. 이에 관해 몇 가지 단어를 종합하고자 하니, 다음 본문들을 인내심을 갖고 함께 읽어 보자. 바울은 로마서 6장 18절에서 "죄[의 감옥]으로부터 해방……되었느니라"라고 말했다.

바울은 8장에서 다음과 같이 그 감옥을 설명한다. "이는 그리스도 예수 안에 있는 생명의 성령의 법이 죄와 **사망**의 법에서 너를 해방하였음이라"(8:2). 죄가 사망으로 이어지는 것은, 죄가 **고소**를 낳기 때문이다.

죄, 사망, 고소, 이 세 단어에서 죄인을 빤히 바라보며 고발하는 재판관의 눈길이 느껴진다. 하지만 에베소서 3장 12절에서 바울은 이렇게 말한다. "우리가 그(그리스도) 안에서 그를 믿음으로 말미암아 **담대함**(freedom)과 확신을 가지고 하나님께 나아감을 얻느니라." 골로새서 1장 22절에서도 바울은 "책망할 것이 없는" 상태에 대해 말한다. 그리스도를 믿기 전에 우리는 죄와 죽음과 하나님의 책망에 속박된 상태였다. 하지만 이제 그리스도 안에서 우리는 그 모든 것에서 자유롭다. 그것이 신학이며, 신학은 앞의 과정이 작동하는 것을 확인하는 데 도움이 된다. 그러기 위해서 이러한 혼란과 그 너머에 있는 그리스도의 자유를 보여 주는 것으로 내가 좋아하는 한 목사님의 최근 사연보다 나은 이야기는 떠오르지 않는다.

새로운 자유를 발견하다_ 그렉 보이드와 그의 몸

그렉 보이드(Greg Boyd)는 정직하기로 잘 알려져 있다. 다른 많은 지도자와 달리 그는 배가 흔들리는 것을 걱정하지 않는다. 오히려 보이드는 배가 흔들리는 것을 좋아하는 것 같다. 믿음을 위해 우리가 그 흔들림에 더 익숙해질 수 있는지 확인할 수 있으니 말이다. 보이드는 음란물 중독을 포함해 혼란스러운 과거를 뒤로하고 믿음에 이르렀으며, 자신의 저서 「의심의 유익」(Benefit of the Doubt)에서 그 이야기를 들려준다.[1] 그는 은사주의적인 오순절파 교회를 통해 회심했는데, 이 교회에서 그는 가족을 발견하기도 했고 신학적으로 혼란을 느끼기도 했다. 당시 자신의 답변 능력을 벗어나는 지적 도전을 마주한 후 보이드의 믿음은 산산조각 나기 시작했고, 그는 믿음과 멀어졌다. 어느 주일 밤 예배 후, 보이드는 친구 브렛에게 자신의 두려움과 천박함, 죄 된 습관을 바로잡을 수 없는 무능력, 하나님을 믿기 싫어하는 태도 등을 털어 놓았다.

이는 하나님, 자기 자신, 교회, 그리고 누구든 자기 길을 가로막는 이에게 분출하는 속된 분노에 다름 아니었다. 보이드는 음란물, 지적 의심과 싸웠으며, 성경이나 교회 지도자, 친구나 교회 그 무엇도 그가 갈망하는 깊은 확신을 제공해 주지 못했다. 한밤중 그가 격하게 쏟아 놓은 이야기는 이런 것들이었다.

> 당신[하나님]은 날 사랑한다고 하죠. 하지만 그건 망할 놈의 거짓말입니다. 당신도 그걸 압니다! **당신도 그걸 알고 있다고요!**
>
> 당신은 **날** 사랑하지 않아요! 사실 **누구도** 사랑하지 않죠! 당신이 사랑하는 건 그 빌어먹을 당신의 법칙뿐입니다! 그거 알아요? 나는 그 망할 놈의 법칙을 지킬 수 있었던 적이 한 번도 없어요!……
>
> 나는 단 한 번도 기회가 없었어요! 내 몸을, 감당할 수 없을 정도의 호르몬으로 가득 채운 사람은 내가 아닙니다. …… 음란물을 숨 쉬는 것만큼이나 아무렇지도 않게 여기는 아버지 밑에서 태어난 건 내 선택이 아니었다고요!……
>
> 그래서 당신이 천국의 기쁨을 누리는 동안 나는 지옥으로 갈 겁니다.

그리고 그는 하나님을 향해 욕설을 섞어 마지막으로 절박하게 외쳤다.

난 노력했어요. **정말 ×나게 노력했다고요! 내가 ×나게 노력한 거 당신도 알잖아요!** 하지만 난 이제 그냥 끝장이에요.

하지만 그때, 하나님의 계시라고밖에 할 수 없는 어떤 일이 일어났다. 친구 브렛이 보이드에게 이야기를 시작했고, 두 사람은 음란물에 중독되어 자유와 거룩함을 찾지 못하는 와중에 자신들이 잃어버리고 있는 것이 무엇인지 곰곰이 생각했다. 보이드는 성경책을 펼쳐 읽기 시작하면서 자신의 문제에 응답해 주지 못하는 성경과 하나님의 무능력을 조롱했다. 그러던 그는 다음 구절에 이르렀다. "그러므로 이제 그리스도 예수 안에 있는 자에게는 결코 정죄함이 없나니." 긴 이야기를 짧게 하자면, 그 구절은 보이드의 영혼에 하나님의 계시라는 탐조등 불빛을 비춰 주었다. 보이드는 자신이 무엇을 어떻게 하든 결코 충분할 수 없으며, 충분히 하는 것은 하나님이 원하시는 것조차 아니라는 사실을 깨달았다고 감탄과 경이로 고백한다. 하나님이 보이드에게 원하신 것은 하나님의 은혜와 사랑을 알게 되는 것이었다. 로마서의 그 구절에서 보이드는 바로 그 은혜와 사랑을 보았고, 이렇게 화답했다.

"믿을 수 없어!" 나는 큰 소리로 외쳤다. "브렛, 너는 이해가 돼? **이해가 되냐고?**" 나는 소리 내어 웃으며 계속 말했다. "전능하신 하나님이 우리를 의롭다 하시고 정죄에서 자유롭게 해주신다면, 누구도 하나님과 논쟁할 수 없지!" …… 왜 전에는 이 구절을 못 봤을까? …… 아름다웠다! 믿을 수 없을 만큼 환상적이었다! 상상 가능한 최고의 소식이었다!

보이드가 발견한 것은 값없는 은혜였고, 그 값없는 은혜가 음란물에 대한 욕구에 사로잡히게 했던 죄에서 보이드를 해방시켰다. 보이드는 이렇게 고백했다.

> 로마서 8장을 읽고 있을 때 하나님은 내가 무조건적으로 사랑받는다고, 내게는 절대적 가치가 있다고, 내가 하나님의 사랑 안에서 절대적으로 안전하다고 계시해 주심으로 나의 감정 폭발에 응답하셨다. 다른 모든 사람과 마찬가지로 이것이 바로 내가 평생 간절히 갈망해 오던 것이었다.

보이드의 몸은 죄에서 자유로워져서 하나님의 거룩한 뜻 가운데로 들어갔다.

> 하나님의 사랑이 …… 내 삶에 견고히 자리 잡고 있던 음란물의 요새를 영구적으로 무너뜨리기 시작했다. 이날 밤 이후 내가 이 죄에 100퍼센트 승리했다는 말은 아니다. 하지만 이날 밤의 경험이 족쇄를 깨뜨려 주었고, 그래서 나는 완전한 자유 쪽으로 움직여 갈 수 있게 되었다.

그렉 보이드는 죄의 노예로 있다가 죄에서 해방되어 영광스럽고 새로운 유형의 자유로 들어가게 된 이야기를 들려주는데, 자신이 개척한 모든 교회에서 바울이 가르친 내용이 바로 이것이다.

······을(를) 할 수 있는 새로운 자유

새 창조가 도래하여 수많은 방향에서 자유를 창조하고 있다. 이 자유에는 다음과 같은 것들이 있다.

하나님의 새 백성이 될 수 있는 새로운 자유

우리는 자유를 개인적 관점에서만 볼 때가 아주 많지만(로저 윌리엄스나 헨리 데이비드 소로의 목소리가 들리는가?), 바울에게 '자유'는 교회 차원의 단어였다. 하나님의 새로운 백성으로 자유로워졌기에 우리에게는 새로운 확대 가족이 생긴다. 하나님의 이 새 백성이 **바로 새 창조의 핵심**이다.

하나님의 이 장대한 사회적 실험은 고대 세계에서 유례 없는 일을 하고 있다. 그래서 바울은 예루살렘 지도자들이 자신과 자신의 사명을 향해 친교의 오른손을 내밀었을 때 특히 기뻤다. 그 지도자들의 손은 바울이 이방인들에게 복음을 전하여 하나님의 백성을 확장하는 일에 앞장서 나갈 수 있다는 뜻이었다(갈 2:9). 바울에게 이 사귐의 악수는 날마다 실제적인 면에서, **이방인들과 한 식탁에서 음식을 먹을 수 있는** 공간을 만들어 낸다는 뜻이었다. 어째서 그런가? 한 백성이 있다면, 한 식탁이 있기 때문이다! 그리스도인들은 하나님의 모든 자녀를 반갑게 맞아들일 수 있는 자유를 얻었다.

나에게 그런 자유가 있을진대, 우리의 식탁에는 누가 함께하고 있는가? 여러분의 식탁에서는 서로 다른 사람들과 나누는 이 사귐을 즐기고 있는가?

모두를 새롭게 사랑할 수 있는 새로운 자유

교회를 위한 하나님의 계획이 순조롭게 시작되려면 하나님의 이 새 백성에게 새로운 능력이 있어야 했다. 그 새로운 능력이란 **모두를 위한 새로운 사랑**이었다. 이 책 앞 부분에서 사랑이라는 주제를 다루었는데, 거기서 우리는 사랑이 바울에게 가장 중요한 것임을 알 수 있었다. **사랑**이라는 말의 토대에는 **이웃**이라는 말이 자리 잡고 있다. 모두를 사랑할 수 있는 새로운 자유와 이웃을 생각할 때면 웨인 고든(Wayne Gordon) 목사가 떠오른다. 시카고에서 가장 멋진 목사로 손꼽히는 론데일의 고든은 하나님을 사랑하며 이웃과 자기 동네를 사랑할 줄 아는 목사다. 시카고의 론데일에 갔을 때 나는 성령에게 호응하는 목회자와 지도자와 회중에게 성령께서 놀라운 일을 일으키시는 것을 보았다. 오래된 건물이든, 새로 지은 교회 체육관이든, 최신식 레크리에이션 센터와 의료 시설이든, 어디에서 시작하든 이들은 이웃에게 어떻게 구체적으로 감응할지를 모색한다. 웨인은 마침내 「누가 내 이웃인가? 버려져서 죽게 된 사람에게서 얻는 교훈」(Who Is My Neighbor? Lessons from a Man Left for Dead)이라는 책을 썼다. 그는 짤막한 몇 개의 장에서, 애굽의 노예 생활에서 구출되어 교회 안에서 자유라는 약속의 땅으로 들어가는 한 이야기로 그 질문에 대답한다. "누가 내 이웃인가?" 웨인은 이렇게 묻는다. 그리고 다음과 같이 대답한다.

> 내 이웃은 상처받고 있는 사람, 도움이 필요한 사람, 자기 스스로는 어떻게 할 수 없는 사람, 내가 가는 길에 나타나는 사람, 강도당한 사람, 반쯤 죽은 사람, 벌거벗은 사람, 도움을 요청할 수 없는 사람, 인종이 다른

사람, 낯선 사람, 옷을 빼앗겨 발가벗은 사람, 이국땅을 떠도는 사람, 폭행당한 사람, 위험을 감수해 주기를 부탁하는 사람, 걷지 못하는 사람, 무섭게 생긴 사람, 종교가 다른 사람, 빈곤한 사람, 불의에 피해당한 사람, 무시당한 사람, 감사하다고 말할 줄 모르는 사람, 부상당한 사람, 누구도 도우려 하지 않는 사람, 외로운 사람, 내가 시간을 좀 들여야 할 사람, 존재감 없는 사람, 피해자, 권리를 침해당한 사람, 취약한 사람, 그저 인간인 사람, 굴욕감을 느끼는 사람, 무력감을 느끼는 사람, 가난한 사람, 도와주기가 두려운 사람, 돕는 데 위험이 따르는 사람, 낙심한 사람, 돈이 드는 사람, 다정하고 따뜻한 돌봄이 필요한 사람, 패배감을 느끼는 사람, 내가 도울 수 있는 사람이다.[2]

누가 **여러분의** 이웃인가? 그 질문을 던지고 진심을 다해 대답하고자 하는 교회들에서 내가 본 것은 다름 아니라 한 번도 본 적 없는 곳으로 가고, 한 번도 껴안아 본 적 없는 사람들을 반갑게 맞이하며, 서로 다른 사람들, 도무지 사귈 만하지 못한 죄인들 한 사람 한 사람과 도전적인 사귐을 이루어 잘 유지해 나가는 새 창조의 자유였다! **누가 내 이웃인가?** 이 질문에 대답함으로써 우리는 전적으로 새로운 유형의 공동체를 발견하게 될 것이다. 그리고 그 공동체에는 다음과 같은 특징이 있다.

사랑으로 새로이 속박되는 새로운 자유

자유가 바울의 가정 교회들 사이에 만연했고, 그런 만큼 바울은 이따금 제동을 걸어야 했다. 모두를 위한 자유와 사랑은 원하는 것이라면 무엇이든 할 수 있다는 의미가 아니었다. 자유는 도덕적 혼돈을 뜻하지 않으며, 다른 사람의 민족 정체성이나 문화유산을 무시한다는 의미도 아니다. "그 자유로 육체의 기회를 삼지 말[라]"고 바울은 갈라디아서 5장 13절에서 말한다. 이 말은 바울이 고린도 교인들과 격렬한 논쟁을 벌일 때 구체적 의미가 드러난다. "모든 것이 내게 가하[다]"고 한 어떤 사람의 말을 인용하면서 바울은 "다 유익한 것이 아니요"라고 대응한다. "모든 것이 내게 가하[다]"고 이들이 응수하자 바울은 "내가 무엇에든지 얽매이지 아니하리라"고 받아친다. 이들은 "음식은 배를 위하여 있고 배는 음식을 위하여 있으나 하나님은 이것저것을 다 폐하시리라"고 말한다. 다시 말해, **그래서 무슨 차이가 있느냐**는 것이다. 바울은 "몸은 음란을 위하여 있지 않고 오직 주를 위하여 있으며 주는 몸을 위하여 계시느니라"고 답한다(고전 6:12, 13). 확실히 우리는 자유롭다. 하지만 이는 우리가 하고 싶은 것을 다 할 수 있다는 뜻이 아니다. 자유는 방종이 아니다. **그렇다. 실제로 그리스도인의 자유는 사랑으로 속박된다.**

앞에서 나온 사랑의 의미에 대한 논의가 여기서 도움이 된다. 사랑은 우리를 안내하기도 하고, 속박하기도 한다. 우리가 전심을 다해 다른 사람들과 함께, 그리고 다른 사람들을 위해 있되 그리스도의 형상으로 자라기까지 그렇게 한다면, **형제자매의 믿음 성장을 망치는 식으로 살게 되지 않을 것이다.** 사랑은 우리를 자유롭게 하고, 그와 동시에 사랑 안에서 우리를 속박해서, 궁극적으로 다음과 같은 미래를 우리 앞에 펼쳐 놓는다.

새 창조의 부활 생명을 위한 새로운 자유

우리는 새 창조의 영생을 얻을 수 있기까지 자유로워졌다. 아마도 여기에 모든 사람을 위한 가장 좋은 소식이 있을 것이다. 부활 생명이 지금 여기에 전해졌고, 그 새로운 창조 생명은 하나님 나라에서의 완전한 구속을 향해 우리를 안내한다. 이것이 교회 안에서 다른 사람들과 함께 살아가는 법을 배울 수 있는 비결이다. 주변에서 우리는 도무지 사랑하기 어려운 사람들을 본다. 또 어떤 이들은 우리를 보면서 사랑하기 어렵다고 생각한다. 성품이 계발되지 않은 사람도 있고, 성품 형성이 엉망인 형제와 자매도 있다. 바울이 그랬듯 우리도 성적인 면에서 하나님의 의도에 이르지 못하는 삶을 사는 남자와 여자 들을 본다. 하지만 바로 이 지점이 교회라는 정황에서 그리스도인다운 삶을 사는 법에 관한 한 우리가 한 가지 가장 중요한 결정을 내릴 수 있는 지점이다. 우리는 불결한 것은 늘 문밖으로 밀어내고 싶어 하지만, 바울의 광대한 이상에는 다른 사람들을 우리의 사귐에서 배제하고 싶은 마음을 가로막는 무언가가 있다. 하나님 나라가 완전히 임할 때 구속이 완성된다면, 우리가 사람들을 사랑하는 것은 지금 그들의 모습 때문이 아니라 **하나님이 그 나라에서 빚으실 그들의 모습 때문**이라는 것을 우리는 알게 될 것이다.

이 사실은 로마서 8장 18-39절에서 볼 수 있는데, 우리의 완전한 자유는 아직 오지 않았음을 보여 주는 구절만 인용해 보겠다.

> 그뿐 아니라 또한 우리 곧 성령의 처음 익은 열매를 받은 우리까지도 속으로 탄식하여 **양자 될 것 곧 우리 몸의 속량을 기다리느니라**(롬 8:23).

교회에서 우리 주변에는 하나님이 그 안에서 일하시며 구속의 큰 역사를 행하시는 사람들이 있는데, 그런 사람들도 원하는 만큼 자유롭지는 않다. 바울의 가정 교회에서 주인에게 학대당하며 노예로 사는 사람들을 생각해 보든, 앞에서 인용한 이야기의 주인공 그렉 보이드를 생각해 보든, 우리 주변에는 하나님의 자유가 틈입하여 장차 다가올 완전한 자유를 엿볼 수 있게 해주는 징후가 곳곳에 가득하다.

15장
새로운 충성

"WWJD"(What would Jesus do?, 예수님이라면 어떻게 하셨을까?)라는 글씨가 새겨진 팔찌를 어떻게 생각해야 할까? 미국에서 "어떤 일정한 상황에서 예수님이라면 어떻게 하셨을까?"라는 이 도덕적 질문이 생겨난 것은 작가 찰스 셸던(Charles Sheldon) 덕분인데, 그의 삶은 19세기에서 20세기로 접어드는 전환기에 걸쳐 있었다.¹ 1857년 미국 동부에서 태어난 셸던은 가족과 함께 중서부 평원 지대로 이사한 뒤, 그곳에서 회중교회 목회자였던 아버지 스튜어트 셸던이 이끄는 헌신적인 그리스도인 가정에서 근면과 희생, 그리고 기독교 신앙으로 이루어지는 삶의 가치를 배웠다. 셸던은 학업을 위해 동부로 돌아와 많은 이가 선망하는 필립스 아카데미와 엔도버신학교에서 수학했고, 그곳에서 그 자신이 "비신학적 기독교"(untheological Christianity)라고 이름 붙인 신앙에 전념했다. 즉, 그는 기독교 신앙이 사랑, 정의, 긍휼, 평등을 실천하는 변화된 삶이라는 결과를 낳아야 한다는 깊은 확신에 이르렀다. 셸던은 평생 정통 신앙을 고수하는 신자로 살았지만, 그의 관심은 신학적 기독교가 아니라 그리스도인다운 삶을 살고 다른 사람들도 그렇게 살도록 권면하는 데 초점이 맞춰져 있었다. 머릿속에 무슨 지식이 들었든 그것이 손과 발을 움직이게 만들지 않는다면 셸던에게는 관심사가 아니었다.

캔자스주 토페카에 있는 센트럴 회중교회의 젊은 목회자로서 셸던은 일주일 동안 각 성도의 가정과 낮 시간을 함께 보내는 등 회중의 신앙 부흥을 위한 여러 새로운 전략들을 시도했다. 그는 노숙자와 실직자가 직면한 현실을 이해하기 위해 일주일간 노숙자로 생활해 보면서 첫 번째 돌파구를 찾았다. 이 경험의 결과로 그는 그리스도인다운 삶이란 예수님을 신실하게 따르는 문제라고 판단했다. 두 번째 돌파구가 마련된 것은, 그리스도인다운 삶에 관해 소설을 쓰고 그 소설을 낭독하여 주일 저녁 예배를 활성화시키고자 했을 때였다. 그때부터 30년 동안 그의 교회 주일 저녁 예배는 늘 성도로 가득했다.

셸던의 작품 중 가장 잘 알려진 「예수님이라면 어떻게 하셨을까」(In His Steps)는 기독교 고전이 되어 2천만 부 이상 판매되었다. 이 책은 어떤 사람이 "예수님이라면 어떻게 하셨을까?"(What would Jesus do?)라는 한 가지 단순한 질문을 하는 이야기를 들려준다. WWJD는 여기서 각 단어의 첫 글자를 따서 만든 말이다. 이 소설에서 무릎을 치게 하는 대사 중 하나는 "실로, 원수를 사랑하는 것보다 웨스트민스터 신앙 고백에 동의하는 것이 더 쉽다"는 것이다.

찰스 셸던의 삶에서 가장 감동적인 것은 그가 쓴 유명한 소설이나 그가 던진 단순한 질문이 아닐 것이다. 그것은 셸던이 평생 행위와 신조(信條)가 일치하는 삶을 살았다는 점이다. 설교단에 선 사람, 가정에서 가족과 함께한 사람, 신문을 편집하면서 앞의 질문을 신문 산업에 적용하고자 한 사람, 토페카의 테네시 마을 정착지에서 고통스럽게 사는 해방 노예들을 위해 일한 사람, 신앙에 도덕이 단단히 닻을 내리지 않는 한 사회는 변화되지 않는다고 믿고 자신의 교회에 유치원을 세운 사람, 금주법을 위해 지칠 줄 모르고 싸운 사람, 일주일에 한 번 교인들에게 일흔일곱 통에서 백여 통에 이르는 편지를 직접 써 보낸 사람, 민족, 경제, 인종 간 장벽을 무너뜨리는 교회를 만들려고 쉼 없이 애쓴 사람, 밤낮없이 10년, 또 10년 그렇게 산 사람이 바로 찰스 셸던이었다. 가엾은(존재감 없는) 한 흑인 그리스도인이 한번은 셸던에게 말했다. "셸던 형제, 당신의 얼굴은 흰색일지 모르지만 마음은 나처럼 검은색이군요!"

셸던의 충성스러운 삶은 그리스도인의 삶에서 새 창조에 따른 충성이 어떤 모습인지 잘 보여 준다.

충성이란 무엇인가

단어 자체를 보라. '충성'(faithfulness)이란 '믿음'(faith)의 한 종류다. 실제로 성경에서 영어 단어 'faithfulness'는 그리스어로 '믿음'이다. 전문가들은 이 단어를 번역할 때 각 경우의 문맥을 보고 이 단어가 '믿음'을 뜻하는지 아니면 '충성'을 뜻하는지 분별한다. 예를 들어 갈라디아서 5장 22절에서 바울은 성령의 열매 중 하나가 '믿음'(faith)이라고 말한다. 그런데 혹시 이는 '충성'이 아닐까?(개역개정에는 '충성'으로 번역됨_옮긴이) 확실히 단언할 수 없을 때도 있다. 그래서 우리가 출발점으로 삼는 것은 충성이 믿음의 한 종류라는 것이다.

이제 이 단어를 다시 살펴보자. 믿음이란 '신뢰'한다는 뜻이므로, 충성은 **시간의 경과에 따른 신뢰** 혹은 **시간의 경과에 따른 믿음**을 뜻한다. 그리고 충성이라는 말이 시간 흐름에 따른 신뢰를 가리키므로, 충성은 믿음의 아침에 측정될 수 없고, 오직 인생의 저녁에만 가늠될 수 있다. 바울이 아마도 마지막으로 썼을 편지에서 우리는 다음과 같은 말을 볼 수 있다. "나는 선한 싸움을 싸우고 나의 달려갈 길을 마치고 믿음을 지켰으니"(딤후 4:7). 바울의 삶은 '싸움으로 충만한'(fight-fulness) 삶이자 '마침으로 충만한'(finish-fulness) 삶, 그리고 '믿음으로 충만한'(faith-fulness) 삶이었다.

교회에 필요한 사람은 충성스러운 사람이지 영웅이 아니다

교회에 가장 필요한 사람은 믿음의 영웅들이 아니라 충성스럽게 예수님을 따르는 사람들이다. 교회를 위한 하나님의 계획, 즉 온갖 부류의 사람들을 식탁으로, 서로의 삶의 영역으로 데리고 들어오는 그 장대한 사회적 실험을 구현하기 위해 지역 교회가 필요로 하는 사람은 위대한 그리스도인이 아니라 충성스러운 그리스도인이다.

애빌린크리스천대학교(Abilene Christian University)의 섬기는 교수(servant professor) 랜디 해리스(Randy Harris)를 생각해 보자.[2] 랜디는 예수님 따르는 법을 배워야 하는 청년들을 훈련시키는 일에 몰두하고 있다. 충성스러운 청년 그리스도인들이 산상설교에서 '예수님이 말씀하시는 것을 행하기'에 전념했으면, 그리고 실제로 그렇게 서약했으면 하는 것이 랜디의 꿈이다. 먼저 그 말씀을 읽고, 읽은 말씀을 기억에 새기고, 그다음에는 '예수님을 삶으로 살아 내는' 것이다. 랜디는 예수님을 따르는 이 청년들 무리를 '알레론회'(Allelon Community)라고 부른다('알레론'은 '서로'[one another]를 뜻하는 그리스어에서 온 말이다). 알레론회는 함께 예수님을 따르는 데 전념하는 사람들의 모임이다. 내 말의 요점은 이렇다. 여러분은 아마 랜디를 모를 테지만, 주변 사람들은 분명 랜디를 안다(나는 랜디를 알게 된 것을 영광으로 생각한다). 우리는 충성스럽게 살고자 하는 랜디의 소원과 분투를 안다. 교회에는 우리가 이름을 떠올릴 수 있는 수많은 영웅이 아니라 랜디 해리스 같은 사람이 더 많이 필요하다.

어떻게 해야 충성스러운 사람이 될까? 우리가 할 수 있는 일이 무엇일까? 바울 자신도 이 질문에 직면했고, 인생의 황혼에 이르러 충성스러움에 따르는 기쁨을 표현했다. 하지만 바울은 자신이 개척한 교회들에서 종종 이 쟁점이 등장하는 것을 보았다. 이와 관련해 우리가 생각해 보아야 할 주제가 적어도 네 가지인데, 바울이 늘 시작점으로 삼는 것으로 시작해 보자. 그것은 바로 하나님의 은혜가 우리 안에서 일한다는 것이다.

충성하게 하시는 하나님의 새 창조의 능력이 우리에게 있다

하나님의 은혜는 우리를 '그리스도 안에' 있게 하며, 우리를 계속 그리스도 안에 머물게 할 만큼 강력하지만, 이 새 창조의 은혜는 충성을 만들어 내기도 한다. 충성이 우리 안에서 이루어지는 하나님의 은혜로운 역사의 능력에 의해 생겨난다는 바울의 확신은 단 한 번도 흔들리지 않았다.

> 그러므로 형제들아 **굳건하게 서서**(=충성) 말로나 우리의 편지로 가르침을 받은 전통을 **지키라**(=충성)
> 우리 주 예수 그리스도와 우리를 사랑하시고 영원한 위로와 좋은 소망을 은혜로 주신 하나님 우리 아버지께서 너희 마음을 위로하시고(=은혜) **모든 선한 일과 말에**(=충성) **굳건하게 하시기**(=은혜)를 원하노라(살후 2:15-17).

충성이란 우리의 결단이나 훈련이나 담력으로 강해진 우리의 능력이 아니다. 또한 하나님의 능력과 어우러진 우리의 능력도 아니다. 충성은 우리가 하나님을 바라고 하나님에게 기대며 하나님을 사랑할 때 우리 안에서 자유롭게 발현되는 하나님의 능력이다.

그러므로 오늘, 충성과 관련해 낙심해 있다면, 충성하는 데 필요한 자질이 내게 있는지 의심이 든다면, 교회 안에서 만나는 그 이상하게 생긴 그리스도인들과 더불어 몸부림치는 게 과연 가치 있는 일일까 하는 생각이 든다면, 그 몸부림을 계속해 나갈 수 있을까 의구심이 든다면, 일찌감치 손 털고 떠나간 사람들처럼 될까 봐 걱정이라면, "**그래서는 안 된다!**"는 것이 바울의 메시지다. 그리고 그럴 필요도 없다. "**할 수 있다!**"는 것 또한 바울의 메시지다. 아니, "당신은 할 수 있다"보다는 "**하나님**은 하실 수 있다, 그리고 **하나님**은 하실 것이다!"

내 친구 더윈 그레이(Derwin Gray) 목사가 자기 경험으로 가득한 「한계 없는 인생」(Limitless Life)이라는 책을 썼는데, "하나님이 내 미래를 잡고 계시면 나는 과거보다 나은 사람"이라는 이 책의 부제가 모든 것을 말해 준다.[3] 이 책의 주제는, 하나님의 권능이 우리 안에서 새로 창조된 충성으로 발현된다는 것이다.

우리는 충성에 전념해야 한다

앞에서 데살로니가후서 2장 15절을 언급했는데, 여기서 바울은 "굳건하게 서서 …… 지키라"고 편지 수신인들에게 명한다. 하지만 바울이 충성을 명할 수 있음은 평생 헌신으로서 일상의 헌신, 즉 근본적 헌신에 관해 알고 있기 때문이다. "이는 내게 사는 것이 그리스도니 죽는 것도 유익함이라"(빌 1:21). 헌신의 기도 없이 바울의 하루가 시작되는 것을 나는 상상할 수 없다.

아침 경건 시간에 드리는 헌신의 기도가 지혜로운 것은 무엇이 가장 중요한 일인지 우리 스스로에게 일깨울 기회가 주어지기 때문이다. 나는 여러 해 동안 거의 날마다 다음과 같은 기도문으로 기도해 왔다 (「공동 기도서」에 나오는 기도문이다).

> 주 하나님, 전능하시고 영원하신 아버지시여
> 주님이 이 새로운 날로 저를 안전하게 인도하셨습니다. 주님의 강한 능력으로 저를 보호하사, 죄에 빠지게 마시고 역경에 짓눌리게도 마소서.

또한 제가 행하는 모든 일에서 주님의 목적이 이루어지는 방향으로 저를 인도하소서.
예수 그리스도 나의 주님을 의지해 기도합니다, 아멘.

「켈트 기도서」(The Celtic Book of Prayer)의 아침 기도문도 우리의 관심과 삶을 그리스도께 대한 헌신으로 인도한다.

찬가
빛이신 그리스도께서
나를 비추시고 인도하시네.
방패이신 그리스도께서
나를 덮으시네.
내 아래 계신 그리스도
내 위에 계신 그리스도
내 옆에
내 왼쪽과 오른쪽에 계신 그리스도
이날 내 안과 밖에 계시네.
겸손하고 온유하시되 전능하신 주님,
내 이야기 듣는 각 사람 마음에
내게 말하는 각 사람 입에 계시옵소서.
이날 내 안과 밖에 계시네.
겸손하고 온유하시되 전능하신 주님,
빛이신 그리스도

방패이신 그리스도

내 옆에

내 왼쪽과 오른쪽에 계신 그리스도.

기도문 암송을 질색하는 이들도 있다. 어쩌면 여러분도 그럴지 모른다. 나는 헌신의 기도문, 즉 예수 신경으로 하루를 시작한 지 10년이 넘었다. "이스라엘아 들으라 주 곧 우리 하나님은 유일한 주시라 네 마음을 다하고 목숨을 다하고 뜻을 다하고 힘을 다하여 주 너의 하나님을 사랑하라 하신 것이요 둘째는 이것이니 네 이웃을 네 자신과 같이 사랑하라 하신 것이라 이보다 더 큰 계명이 없느니라"(막 12:29-31). 이 헌신의 기도문은 그날 내가 이행해야 할 두 가지 주요 의무가 하나님 사랑과 이웃 사랑이라는 것을 일깨워 준다. 나는 이 기도문을 날마다 암송하며, 하루 내내 여러 번 암송할 때도 많다(그럴 필요가 있으니까).

이 헌신의 기도문 읽기는 아마 그리스도를 날마다 마주하듯 대면하라고 힘을 북돋워 줄 것이다. 충성은 가지 말아야 할 때에 가지 말아야 할 곳에 가서 유행성 독감에 걸리는 것과도 다르고, 어쩌다가 적시 적소에서 복권이 당첨되는 것과도 다르다. 충성은 평생에 걸친 헌신의 결과이며, 유진 피터슨은 이를 가리켜 "같은 방향으로 오래 순종하기"라고 한다.[4] 찰스 셸던 식으로 말하자면 평생 "예수님이라면 어떻게 하실까?"라고 단순하게 물으면서, 셸던 자신이 그랬듯 지역 교회 안에서 다른 그리스도인들과 서로 감응함으로써 이 질문에 날마다 답변하는 것이다.

우리는 충성하면서 평범할 수 있다

내가 어릴 때, 우리 반의 평균적인 아이들은 학업 성적으로 보통 C를 받았다. 대부분의 학생이 C를 많이 받았다. C란 바로 그런 의미였다. 평균. 따지고 보면 사람들은 대체로 다 평균이다. 어떤 이가 말하기를, 최근 고등학교 졸업생들을 상대로 연구했더니 학생들의 90퍼센트가 스스로를 평균 이상으로 생각한고 했다. 적어도 이들은 큰 자신감을 갖고 있다. 성적 인플레이션은 청년들의 자존감을 키워 주고자 하는 마음에서 비롯되었는데, 이는 곧 평균 수준의 학생은 이제 B를 받는다는 의미다. 오늘날, '우수'(A)와 '평균 이상'(B)은 '양호', (거의) '양호'를 뜻하게 되었다. 그러나 사실을 말하자면, 우리 대부분은 평균 수준이다. 그것이 숫자가 작동하는 방식이기 때문이다. 하지만 그리스도 안에서 우리는 새로운 유형의 충성에 대해 배운다. 평범해도 괜찮다.

우리는 대체로 평범한 그리스도인이며, 평범한 그리스도인이어도 아무 문제가 없다. 사도 바울은 평범한 그리스도인들이 평범한 그리스도인의 삶이 작동하는 방식에 따라 평범한 일을 하기를 바랐다. 바울은 데살로니가 그리스도인들을 향해 다음과 같은 삶을 살라고 말했다.

> 형제들아 권하노니 더욱 그렇게 행하고[하나님의 온 가족을 사랑하고 또 너희에게 명한 것같이 조용히 자기 일을 하고 너희 손으로 일하기를 힘쓰라 이는 외인에 대하여 단정히 행하고 또한 아무 궁핍함이 없게 하려 함이라(살전 4:10-12).

데살로니가에서 예수님을 따르는 평범한 사람들은 아침에 일어나 기도를 하고, 아마도 아침 식사를 한 뒤 일터로 가서(이들은 집이나 집 근처에서 농사를 지었을 것이다), 각자 성실하게 일하고, 더위가 심한 한낮에는 시원한 곳에서 두어 시간 쉬다가 다시 일을 조금 더한 뒤 집으로 돌아와, 교회라고 하는 유대인과 이방인의 사귐 공동체를 배경으로 가족들과 함께 주님이 주시는 즐거움으로 삶을 찬양했다.

인생의 시기와 상관없이 충성은 지금 시작될 수 있다

이반(Ivan)은 푸에르토리코의 산타 이사벨에서 태어났다. 아버지와 어머니가 이혼하기 전, 이반의 가족은 시카고로 이사했다. 거기서 어머니는 재정적 지원 없이 남자 아이 넷을 키우느라 많은 고생을 했다. 집 주변은 온통 불량배와 마약 천지였고, 집에 강도가 든 것도 여러 번이었다. 이반의 말에 따르면, 어머니는 "그리스도를 따르는 사람이라고는 할 수 없었지만", 그래도 이반이 여러 교회에서 다양한 청년 모임에 참석하는 것을 허락해 주셨다.

몇 십 년이 지난 어느 해 9월 11일, 은퇴가 얼마 남지 않은 이반은 자녀들을 데리고 아내와 함께 시카고 오헤어 공항에 있었다. 하지만 예약한 비행기가 취소되었고, 그래서 이들 가족은 자동차로 조지아주 포트 베닝으로 향했다. 아들이 기본 훈련을 마치고 졸업하는 것을 축하하기 위해서였다. 이반은 9/11 사건에 대해 이렇게 말했다. "그 비극은 내 삶에 두려움이라는 의식을 심어 놓았다. 나는 교회에 나간 적이 거의 없었는데, 갑자기 내 삶에 영적 결핍이 느껴졌다. 나는 성경을 읽기 시작했고 규칙적으로 기도하기 시작했다. 하나님에 관해, 구원에 관해 더 많이 알고 싶다는 갈급함이 생겨났다. …… 나는 그저 이름만 그리스도인이었다."

하나님과 하나님의 은혜를 알고 싶고, 자신을 키우고 다스려 온 왕 예수님의 권능 아래로 들어가고 싶은 갈급함을 해결할 방법을 모색하던 이반은 아내와 함께 '성경 기반의 교회'를 찾아다녔고, 마침내 그런 교회를 찾아냈다. "그 후 곧 나는 예수 그리스도를 나의 인격적 구주로 받아들였다"고 이반은 말했다. 이반은 노던신학교의 신학생으로, 이제 (평범한) 여생 동안 예수님을 섬길 준비를 하고 있었다. 이반은 이렇게 말한다. "그리스도인으로 산다는 것은 하루 24시간, 일주일 내내 그리스도께 헌신하는 것이다. 주님을 섬긴다는 것은 성소의 사방 벽 안에만 있는 것이 아니라, 밖으로 나가 실제 세상으로 들어가는 것이다."

영웅이 되는 것을 규범으로 생각하는 그리스도인이 매우 많다. 바울과 베드로 같은 사도들은 영웅적인 그리스도인의 삶을 살았지만, 99.99퍼센트의 그리스도인은 그런 삶을 살지 않았고 지금도 살지 않는다. 우리는 평범한 삶을 살고 있으며, 충성이란 평범해도 괜찮다는 것을 배우는 문제다. 평범한 그리스도인의 평범한 그리스도인다운 삶은 충성이다. 어떻게 그렇게 될까? 하나님의 은혜다. 다시 바울의 말을 들어보자. 이번에는 빌립보서 4장 13절이다.

내게 능력 주시는 자 안에서 내가 모든 것을 할 수 있느니라.

삶의 황혼에 들어섰을 때, 나는 하나님이 나에 대해 이렇게 말씀해 주시기를 원한다. 평생 동안 하나님의 특별한 은혜로 능력을 받아 평범한 그리스도인의 삶을 산 평범한 그리스도인이었다고 말이다. 마치 찰스 셸던과 이반처럼. 여러분은 어떤가?

16장
새로운 길잡이

우리 집에서 나는 비교적 즉흥적이고 아내는 비교적 루틴(routine)에 따라 움직인다. 예를 들어 나는 아침에 아내에게 "오늘 저녁에 시카고 컵스 팀 경기 보러 갑시다"라고 하는 경우가 드물지 않다. 그러면 아내는 아마 "여보, 오늘 밤 교회에서 성경 공부가 있잖아요"라고 할 것이다. 루틴에 따라 움직이는 사람들은 일정을 아는 반면, 즉흥적인 사람들은 일정을 자주 잊는다. 나 자신도 예상치 못한 일이지만, 세월이 흐르면서 나는 루틴을 가치 있게 여기게 되었다. 또한 일정을 지킬 때의 좋은 점을 일단 알게 되면 좀 더 평온하고 생산적으로 살 수 있다는 것도 깨달았다.

그런데 한번은 아내가 퇴근하고 돌아와 이렇게 말했다. "내일 레이크 제네바(Lake Geneva: 위스콘신주의 도시_ 옮긴이)에 가요." 그 순간 내가 뭐라고 한 마디 하지 않아도 아내는 내 머릿속에 무슨 생각이 스쳐 갈지 다 알고 있었다.

"이런! 어떻게 그런 멋진 생각을 하게 된 거요?"

내 말에 아내는 이렇게 답했다. "나 정말 즉흥적이지 않나요?!" 우리는 즉흥성이 루틴에 양념을 좀 쳐 줄 수 있다는 것을, 그리고 루틴에는 건강한 삶을 위한 즉흥성이 내포될 수 있다는 것을 깨우쳐 왔다.

교회에도 두 종류가 있다. 솔직히 말해, 은사주의자와 오순절파는 즉흥성을 사랑하고, 사랑하고, 또 사랑한다(여러분도 분명 알아챘을 것이다). 은사주의자 중에는 주일 아침 예배 순서지조차 인쇄하지 않는 이들도 있고, 어떤 이들은 순서지를 한 장만, 그것도 연필로 써서 만든다. 이들의 좌우명은 이렇다. "우리는 이 방향을 향해서 가지만, 성령께서 우리를 불러 다른 방향으로 가게 하실 수도 있다."

한 친구가 어느 날 한 은사주의 교회에 설교를 하러 갔다. 그런데 그 교회 사람들이 시간 가는 줄 모르고 다른 순서들을 진행했고, 결국 30분짜리 설교를 준비해 간 친구에게 주어진 시간은 겨우 10분뿐이었다. "신경 쓰지 마세요." 회중석 맨 앞줄에 앉아 있던 예배 인도자가 친구에게 귀띔했다. "예배를 마치는 시간도 정해져 있지 않아요. 성령께서 인도하시는 대로 따르세요." 귀가 시간과 관련해서 내가 딸 로라에게 주려는 조언이 바로 이것이었다!

이 스펙트럼의 반대편 끝에는 성공회 교회가 있다. 이들은 끝없이 「공동 기도서」를 활용한다(이는 16세기에 기원을 둔 16세기 기도문으로, 더할 나위 없이 장엄한 16세기 영어로 쓰였다). "1549년 통일령"인가 하는 것으로 정부에서 인준한 예배 매뉴얼은 루틴을 안정적으로 진행시킨다. 성공회 예배는 예측 가능하다. 어떤 때는 1분의 오차도 없이.

이 즉흥적인 교수이자 책 쓰는 이가 어쩌다 보니 성공회 예배를 좋아하게 되었다. 성공회의 기도는 이들이 늘 드리는 동일한 기도로, 해마다 주기에 따라 반복해서 드린다. 예배도 해마다 동일한 순서로 진행되며, 달라지는 것은 광고와 성경 봉독, 강론뿐이다. 강론도 은사주의 교회에서 '설교' 혹은 '가르침 시간'이라고 하는 것의 짤막한 변형이다. 그 강론은 대체로 설교자가 고르는 본문이 아니라 성서정과(lectionary) 본문을 바탕으로 한다. 성령의 인도는 예배가 11시 30분 정각에 끝나야 한다고, 어쩌면 조금 더 일찍 끝날 수 있지만 더 늦어져서는 안 된다고 이미 암시한다. 여기서 내가 말하는 교회는 우리 교회, 즉 우리 목사님 제이 그리너와 어맨다 홈 로젠그렌이 이끄는 리디머교회다.

은사주의적 성공회교도는 우리 모두를 혼란스럽게 한다. 나는 바울이 은사주의적 성공회교도였다고 말하고 싶다. 바울은 루틴과 즉흥성을 다 가진 사람으로, 그의 루틴은 즉흥성을 자극했고, 즉흥성은 루틴을 자극했다. 온갖 유형의 교회에 온 것을 환영한다. 서로서로 결정 내리기를 배우는 것, 다시 말해 서로 지침을 얻는 것은 교회 됨의 핵심에 이르게 한다. 이 점에서도 바울이 우리에게 길을 가리켜 준다.

바울과 그의 계획

여러분이 지금 고린도에 있다고 상상해 보라. 그리고 포르투나투스의 가정 교회에 모여 교제하는 성공회 유형의 교인이라고 상상해 보라. 이때 누군가가 바울이 이 교회에 보내는 첫 번째 편지를 전하러 온다. 그 사람은 사람들 앞에 서서 편지를 처음부터 끝까지 읽는다. 온갖 유형의 문제가 다뤄지고, 바울이 그렇게 말하는 데에는 다 이유가 있다. 기나긴 저녁 시간이 펼쳐질 테고, 그 시간이 지난 후에야 모두들 집으로 돌아갈 수 있을 것이다. 편지가 마침내 마지막 장에 이르고(편지 원본에는 장이 나뉘어 있지 않지만), 바울은 '주님의 백성을 위한 연보'에 관해 이야기하기 시작한다.

> 내가 이를 때에 너희가 인정한 사람에게 편지를 주어 너희의 은혜를 예루살렘으로 가지고 가게 하리니 **만일 나도 가는 것이 합당하면** 그들이 나와 함께 가리라
> 내가 마게도냐를 지날 터이니 마게도냐를 지난 후에 너희에게 가서 혹 **너희와 함께 머물며 겨울을 지낼 듯도 하니** 이는 너희가 나를 **내가 갈 곳으로** 보내어 주게 하려 함이라 이제는 **지나는 길에 너희 보기를** 원하지 아니하노니 이는 **만일 주께서 허락하시면 얼마 동안 너희와 함께 머물기를 바람이라** 내가 오순절까지 에베소에 머물려 함은 내게 광대하고 유효한 문이 열렸으나 대적하는 자가 많음이라(고전 16:3-9).

고린도 교회에 문제가 생겼고(시카고의 정치 같은 그런 문제), 이에 바울은 두 번째 편지를 써 보냈다. 두 번째 편지의 첫 장을 보면 고린도 교인들이 바울을 믿을 수 없는 사람, 매우 즉흥적이고 매우 은사주의적으로 살며 성공회 교인의 모습을 충분히 보이지 않는 사람이라고 생각하고 있다는 것을 알 수 있다.

> 내가 이 확신을 가지고 너희로 두 번 은혜를 얻게 하기 위하여 **먼저 너**

희에게 이르렀다가 너희를 지나 마게도냐로 갔다가 다시 마게도냐에서 너희에게 가서 너희의 도움으로 유대로 가기를 계획하였으니 이렇게 계획할 때에 어찌 경솔히 하였으리요 혹 계획하기를 육체를 따라 계획하여 예 예 하면서 아니라 아니라 하는 일이 내게 있겠느냐(고후 1:15-17).

바울이 말한 계획은 잘 풀리지 않은 게 분명했다. 그래서 바울은 자신이 그 말대로 할 수 있기를 "바랐다"(wanted: 개역개정에는 "계획하였다"라고 번역됨_옮긴이)고 말했다. 고린도 교인들은 바울이 '경솔하다'고, '육체를 따라' 계획을 세웠다고 말한 것이 틀림없다. 즉, 바울이 어떤 사람에게 "예"라고 말했는데 아닌 것으로 드러났거나, 아니라고 말했는데 "예"인 것으로 드러나곤 했다는 것이다. 이에 바울은 수많은 그리스도인이 하는 행동을 했다. 즉, 자신이 계획을 변경한 이유를 하나님에게 돌린다.

내가 내 목숨을 걸고 하나님을 불러 증언하시게 하노니 내가 다시 고린도에 가지 아니한 것은 너희를 아끼려 함이라(고후 1:23).

지금까지 고린도 성공회 편을 들었지만, 이제 바울이 왜, 그리고 어떻게 '바울' 또는 '은사주의 성공회'라고 할 만한 현상을 만들었는지 설명할 차례다. 바울의 생애와 사명에는 이를 인도하는 세 가지 불빛이 있었으며, 이 불빛은 오늘날에도 여전히 지역 교회들을 인도할 수 있다.

우리 교회, 즉 리디머교회에서 우리는 온갖 일에 관해 의사 결정을 한다. 하지만 어떤 문제에 관해 모든 교인이 동일한 이해에 이르려면 먼저 온갖 부류의 사람들이 하는 말에 귀를 기울여야 한다. 신학적으로 우리 교회에는 개혁파도 있고, 철저한 성공회교도도 있고, 재세례파와 은사주의자도 있으며, 신학적 견해가 그렇게 선명하지 않은 사람도 있다. 또한 우리 교회에는 아프리카계 미국인, 한국인, 전형적인 미국 백인이 있다. 또한 남자와 여자가 있고, 젊은이와 노인도 있으며, 결혼한 사람도 있고 비혼인 사람도 꽤 많다. 남편과 아내, 그리고 찬양할 때 재미있는 소리를 내는 어린아이도 많다. 전문 직업인, 학생, 예술가, 영업인, 관리직, 음향 시스템 분석가, 목회자도 있다. 더 많은 예를 들 수 있지만, 이 정도만 해도 우리 교회의 의사 결정 과정에 다양한 이해관계와 방향성이 작동한다는 것을 알 수 있을 것이다. 다양한 유형의 사람들이 섞여 있는 교회는 어떻게 하나님의 뜻을 (세심하고 분명하게) 분별하는가? 바울은 새 창조 세계의 길잡이에 대한 몇 가지 원칙을 제시하는데, 이는 우리 각 개인에게 적용되지만 여기서는 바울과 그의 교회, 그리고 그 교회들이 어떻게 길잡이를 필요로 했는지를 주로 생각해 보겠다.

교회는 성경의 인도를 받아야 한다

바울의 삶에는 그의 길을 인도하는 몇 가지 불빛이 있었다. 가장 중요한 것은 하나님이 이스라엘과 맺으신 언약 및 바울을 위한 하나님의 새 사명에 충성하는 것이었다. 이는 곧 바울이 하나님과 하나님 백성의 이야기로 안내받았다는 말이며, 우리 식으로 표현하자면 성경의 안내를 받았다는 것이다. 사실 하나님이 자기 백성을 로마 제국으로 확장하기 시작했을 때 사도 바울이 하나님의 음성을 들을 수 있었던 것은 그 이야기에 흠뻑 빠져 있었기 때문이다.

길 안내는 성경으로 시작한다. 그렇지 않으면 길을 잃고 헤매게 될 것이다. 어째서 그런가? 어떤 사람은 내면의 충동이나 평안한 기분 같은 것, 혹은 예언의 말이나 친구의 조언을 통해 하나님의 음성을 듣는다고 주장한다. 하지만 이런 사람들이 듣는 말은 이따금 하나님 말씀의 분명한 원칙과 상충하기도 하는데, 이는 이들이 듣는 말이 하나님이 들려주시는 이 장대한 이야기가 아니라는 의미다. 그러므로 모든 안내의 말은 성경에 바탕을 두고 있어야 한다는 사실에 신속히 주목해야 한다. 이것이 우리의 출발점이지만, 이는 "그냥 성경을 믿으면 된다"는 말만큼 단순하지 않다.

목회자이자 교수인 내 친구 데이비드 피치는 자기 교회가 어떻게 성경을 기반으로 갈 길을 분별하여 안내를 받는지에 관해 한 이야기를 들려준다.

어느 날 밤 우리 교회의 한 남자 신자가 목사들과의 대화를 요청했다. 그는 교회가 여성 목회자를 인정하는 방향으로 나아가는 것에 관해 목회자들에게 우려를 전하고자 한다고 했다. 그 사람 스티브는 교회에서 지금까지 진행되어 온 일 때문에 고민하고 있다고 했다. 2년 전, 우리 교회는 여성들을 목회 사역으로 부르시는 것과 관련하여 하나님이 우리를 어떻게 인도하고 계시는지 분별하기 위해 아홉 달에 걸쳐 성경을 함께 읽으면서, 이 문제의 모든 측면에 귀를 기울이고, 서로의 은사에 복종하는 시간을 가졌다. 우리는 두 달 동안 성도 대표 회의를 열어 이 문제를 결정짓는 것으로 그 시간을 마무리했다. …… 스티브는 여전히 그 결정에 만족하지 못했다. 스티브가 보기에 성경은 이 문제에 관해 명확히 말하고 있었고, 그래서 그대로 따라야 했다. 하나님의 영의 안내를 받아 하나님의 백성과 더불어 하나님 나라를 분별하기는 스티브가 원하는 게 아니었다. 그는 그저 성경의 '권위'만을 원했다. 그것을 찾을 수 없자, 스티브는 교회를 떠났다.[1]

이런 문제에 부딪치면 전문가를 찾거나 이런 일을 본업으로 하는 사람을 의지하고픈 마음이 든다. 공교롭게도 그 사람은 대체로 그 교회의 'CEO 목사'다. 하지만 어떻게 하는 게 옳은지 (적어도 그 교회의 다수에게) 명확하지 않은 문제를 만날 때 지역 교회들은 대체로 그 문제를 기도의 제목으로 삼는다.

교회는 성령의 인도를 받아야 한다

예루살렘으로 가는 길에 바울은 에베소에 잠깐 들러 회당에서 신학 논쟁을 좀 벌였다. 어떤 이들은 토론을 계속 이어 가 주기를 바랐지만, 바울은 "너희에게 돌아오리라"고 말했다. 단호한 대답이었다. 하지만 바울의 계획에는 조건이 붙었다. "만일 하나님의 뜻이면"(행 18:21). 바울은 고린도 교인들에게도 같은 말을 했다. "내가 너희에게 속히 나아가서." 이번에도 단호했다. 하지만 이번에도 조건이 따랐다. "주께서 허락하시면"(고전 4:19). 바울은 계획을 세웠지만, 주님에게 다른 계획이 있을 경우 바울의 계획은 수정될 수 있었다.

사도행전 16장 6-10절을 생각해 보라. 바울은 마치 안경점에서 안경테를 고르는 사람 같다. 그는 여러 안경테 중에서 먼저 이 안경을 써 보고, 이어서 저 안경을 또 써 본다.

[1] 바울 일행은 브루기아와 갈라디아 지역을 두루 다녔는데, **성령께서** 아시아 지방에서는 말씀 전하는 것을 막으셨다.
[2] 무시아 변경에 이르렀을 때 이들은 비두니아로 들어가려고 했지만, **예수님의 영**이 이를 허락하지 않으셨다.
[3] 밤중에 바울은 한 마게도냐 사람이 서서 "마게도냐로 건너와서 우리를 도우라"고 자신에게 간청하는 환상을 보았다. 바울이 이 환상을 본 후 이들 일행은 하나님이 마게도냐 사람들에게 복음을 전하라고 부르신다고 결론 내리고 즉시 마게도냐로 떠날 채비를 했다.

성령께서 자신들을 막으신다는 것을 도대체 어떻게 알았는지를 비롯해 여러 진실을 더 많이 알고 싶지만, 두 가지는 확실하다. 바울의 선교 사역은 성령에 의해, 그리고 영적 환상을 통해 길 안내를 받았다는 것이다. 처음 두 절에서 바울의 훌륭한 계획이 성령에 의해 가로막힌 것은 성령께 다른 계획이 있었기 때문이다. '마게도냐 사람'이 영적 환상을 통해 바울에게 나타나, 하나님이 바울에게 다른 장소에서 다른 계획을 갖고 계심을 알려 준 것이다. 이는 성령의 인도를 받는 사명이다.

하나님 말씀을 분명하게 들은 것 같은 이런 유형의 인도에 대처하는 몇 가지 방식이 있다. 그냥 이상한 일로 여기고, 이성적이고 실용적인 태도로 의사를 결정하는 방법이 있다(은사주의자들은 그리스도인이 의사 결정에 관한 최신 연구 결과에서 길 안내를 받는다고 하면 화를 낸다). 또는 바울을, 하나님이 아직 사람들에게 큰 소리로 말씀하시던 지난 시대의 사도로 여기는 방법이 있다. 혹은 하나님은 늘 이런 방식으로 우리를 인도하신다고 말할 수도 있다. 하나님이 교회에 허락하신 새로운 자유에 관한 한 우리가 해야 할 일을 하는 방법도 있다. **하나님이 이런 방식으로 우리를 인도하시고자 한다면 그렇게 하시도록 하는 것이다.**

물론 규칙적 일상을 지향하는 성공회교도들은 무질서해 보이는 바울의 태도에 짜증이 나겠지만, 즉흥적인 부류는 바울이 성령의 인도를 받는 방식에 전율을 느낄 것이다. 하지만 이런 문제를 개인의 성격 유형에 맡기기 전에, 정말로 하나님이 여전히 말씀하신다고 믿을 경우 어쩔 수 없이 하게 되는 네 가지 질문을 먼저 해 보겠다.

성령은 지금도 여전히 일하시는가? 그렇다/아니다
우리는 성령께 귀를 기울이고 있는가? 그렇다/아니다
성령께서 뭐라고 말씀하시는가? 솔직하게 말해 보라.
성령의 인도하심이 두려운가?(나는 이 질문에서 시작할 수 있을 듯하다)

그렇다, 오늘날에는 이중으로 불안해하는 그리스도인들이 있다. 이들은 하나님이 자기에게 말씀하셨다고 하는 사람들을, 즉 이들이 들었다는 말과 그 결과로 이 사람들이 하는 행동을 염려한다. 또한 이들은 하나님이 자신에게는 그렇게 말씀하시지 않기 때문에 불안해한다.

하나님이 지금도 우리에게 말씀하신다고 하는 문제에서 달라스 윌라드(Dallas Willard)만큼 솔직한 사람은 없었다.[2] 모든 이야기는 여기서 시작한다. 즉, 하나님은 존재하시며, 자기를 위하여 우리를 창조하셨다는 것이다. 하나님은 성경을 통해 우리에게 말씀하시며, 이는 하나님은 말씀하시는 하나님이라는 뜻이다. 성경을 읽는 사람이라면 바울이 사명을 일단 다 마치자 하나님이 갑자기 침묵하셨다고 절대 생각할 수 없다. 또한 하나님은 우리를 부르셔서 기도와 묵상으로 자신에게 이야기하게 하신다. 그러면 이제 이런 질문이 나온다. 하나님이 우리에게 말씀하신다고, 또한 우리에게 기도로 화답하기를 요구하신다고 믿으면서 다른 한편으로 하나님이 응답하시지 않는다고 생각할 수 있을까? 달라스 윌라드는 하나님과 우리가 '상호 작용하는' 관계를 맺는다고 말하는데, 이는 우리의 관계를 정확히 포착하는 표현이다. 의심이 든다면 머리가 쭈뼛해지는 다음 이야기를 읽어 보라.

하나님은 여전히 말씀하신다

이집트 카이로에서 예수님을 따르는 하산(Hassan)이라는 사람이 겪은 일이다.[3] 하산이 정신을 차려 보니 "거친 손이 자신의 입을 꽉 틀어막은" 상태에서 총구가 관자놀이를 누르고 있었다. "아무 말 하지 말고…… 일어나요, 같이 가야겠소." 납치범인 이맘(imam: 이슬람의 종교 지도자_ 옮긴이)에게 어깨를 떠밀려 카이로 구시가지를 지나면서 하산은 생각했다. '조용히 복음을 전하려고 최선을 다하며 한 번에 한 사람씩 회심시켰는데도, 카이로 종교 당국이 결국 알아차렸군.' 자신이 이맘에게 잡혀가고 있다는 것을 누군가가 알아본다 해도 저 놈은 죽어 마땅하다고 생각하리라는 것을 하산은 알고 있었다. 얼마 후 이맘이 하산에게 말했다. "계단으로 올라가시오." 계단을 올라 5층에 이르자 이맘은 옆 건물 지붕으로 뛰어내리라고 했다. 하산이 보니 옆 건물은 굉장히 멀리 떨어져 있었다. 못 하겠다고 하자 이맘은 "도움닫기를 하면 된다"고 했다. 하산은 죽음을 피할 수 없을 듯했다. 총알에 죽든지, 15미터 높이에서 떨어져 죽든지 둘 중 하나였다. 하산은 결국 옆 건물로 뛰어내렸고, 다행히 지붕 위로 떨어졌다. 곧바로 이맘도 하산 옆으로 뛰어내렸다.

"습격자는 다시 하산의 오른팔을 움켜잡고 그 버려진 창고의 뚜껑 달린 출입문 쪽으로 밀어붙였다." 하산은 마지막이 가까웠다는 것을 알고 예수님에게 자신을 맡겼다. 이맘이 밀치는 대로 그는 촛불이 밝혀진 어느 방으로 들어섰다. 방 안에는 무슬림 열 명이 대기하고 있었다. 납치범이 말했다. "우리는 이맘이오, 모두 알 아즈하르 대학교[이맘을 배출하는 명성 있는 학교]에서 공부했지요." 그때 하산의 예측과 달리 놀라운 반전이 벌어졌다. "대학 시절, 우리는 저마다 예수에 대해 꿈을 꾸었소. 그리고 각자 은밀히 그리스도를 따르는 사람이 되었지요…… 우리는 저마다 예수님에게 도와달라고 기도했소…… 시간이 흐르자 예수님이 우리를 함께 모이게 해주셨소…… 지금 우리는 일주일에 세 번씩 밤에 이곳에 모여서 가족과 우리 모스크 사람들도 예수님을 알게 해주시기를 기도한다오. 당신도 그리스도를 따른다는 것을 알고 있소. 그분이 우리를 당신에게로 인도하셨다오."

이어서 그들은 말했다. "우리에게 성경을 가르쳐 주겠소?"(이 말에 나는 등골이 오싹했다)

　하나님은 여전히 인도하신다. 때로는 아주 놀라운 방식으로. 하산과 바울, 카이로의 이맘들과 마게도냐에서 온 그 사람의 예처럼. 예수님에 대한 이와 같은, 혹은 이와 다른 환상은 무슬림 회심자들 사이에서 드물지 않다. 톰 도일(Tom Doyle)은 이런 현상을 다음과 같이 요약한다. "그런 환상을 본 사람들은 힘 있으면서도 온유한 어떤 분이 자신을 제압하되, 무슬림 지도자들의 경우처럼 견딜 수 없는 수치심이 아니라 내면 깊은 곳까지 닿는 순전한 사랑으로 제압하신다고 저마다 이야기했다." 이 극적인 사연들을 읽어 나가면서 인상적인 점은, 바울이 마게도냐 사람을 만난 경험과 다르지 않게 예수님과의 만남은 하나의 사명을 동반하는 경우가 많다는 것이었다. 바울에게 인도하심이란 성령의 이끌림을 받는 것이었다. 비록 그것이 갑작스러운 계획 변경을 뜻했을지라도 말이다.

교회는 사명의 인도를 받아야 한다

그렇다, 고린도 교인들은 바울에게 화가 났다. 하지만 바울은 성령께서 자신을 인도하신다는 담대한 주장으로 이에 응수할 터였다. 또한 바울은 자신의 모든 결정은 하나님의 백성을 로마 제국으로 확장시키려는 하나님의 교회의 사명에 따른 것이라고도 주장할 터였다. 성경, 자기 영을 통해 일하시는 하나님, 그리고 사명, 이 세 가지가 바울의 길잡이 원리였으며, 교회가 의사 결정을 할 때는 이 세 가지 원리를 최우선으로 고려해야 한다.

사명을 바탕으로 한 바울의 지침은 고린도전서 9장 19-23절에 잘 나타나 있다. 강조 부분은 바울의 결정이 사명 중심이었다는 점을 보여 준다.

> 내가 모든 사람에게서 자유로우나 스스로 모든 사람에게 종이 된 것은 **더 많은 사람을 얻고자 함이라**
>
> 유대인들에게 내가 유대인과 같이 된 것은 **유대인들을 얻고자 함이요**
>
> 율법 아래에 있는 자들에게는 내가 율법 아래에 있지 아니하나 율법 아래에 있는 자같이 된 것은 **율법 아래에 있는 자들을 얻고자 함이요**
>
> 율법 없는 자에게는 내가 하나님께는 율법 없는 자가 아니요 도리어 그리스도의 율법 아래에 있는 자이나 율법 없는 자와 같이 된 것은 **율법 없는 자들을 얻고자 함이라**
>
> 약한 자들에게 내가 약한 자와 같이 된 것은 **약한 자들을 얻고자 함이요.**

그런 다음 바울은 이 세부 사항을 놀랍고 자유로운 형태의 새 창조 세계 지침(new-creation guidance)이라는 대원칙으로 바꿔서 보여 준다.

> 내가 여러 사람에게 여러 모습이 된 것은 아무쪼록 몇 사람이라도 구원하고자 함이니 내가 복음을 위하여 모든 것을 행함은 복음에 참여하고자 함이라.

어떤 이들은 여기서 바울이 변덕쟁이였다는 증거를 본다. 그러나 사실은 그 반대였다! 바울의 모든 행동은 사명에 따른 것이었다. 여러분이 유대인이라고 가정해 보자. 그것도 토라를 따르면서 예수님을 메시아로 믿는 유대인(messianic Jew)이라고 해 보자. "율법 없는 자에게 내가 …… 율법 없는 자와 같이 되었다"는 바울의 말을 어떻게 생각할 텐가? "바울, 이방인들과는 돼지고기를 먹고 유대인들과는 정결한 음식을 먹는다는 말은 하지 말아요"("그런 생각 안 한다는 말은 하지 말아요"). 이 말에 바울은 이렇게 답할 것이다. "내가 어떤 행동을 하든 그것은 사람들을 그리스도께로 데려가기 위해서입니다." 날마다 첫 호흡부터 마지막 숨에 이르기까지 바울은 성경이 구체화하고 성령께서 지도하시는 사명이라는 공기를 호흡했다. 바울의 사명은, 서로 다른 문화가 교차하고, 여러 인종이 모이며, 신분도 다르고, 남녀가 섞여 있는 그리스도의 몸이라는 장대한 실험을 통해 교회 안의 이방인들을 유대인 신자들과 한 식탁에 앉히는 것이었다. 바울에게 중요한 일은 바로 그것이었으며, 이 일에는 은사주의자들을 넉넉히 행복하게 할 만한 열정이 있었고, 성공회 신자들을 기쁘게 만들 만큼 절제된 질서가 있었다.

언젠가 어느 교회에서 말씀을 전하기로 하고 예배 전에 그 교회 목사를 비롯한 교역자들과 저녁 식사를 함께했다. 목사는 사명을 중심으로 할 때 교회 안에 얼마나 긴장이 조성되는지에 관해 이야기하기 시작했다. 이 교회는 오래된 교인들이 1940년대와 1950년대에 예배당을 건축했고, 내내 충성스럽게 사랑과 지지를 보내 주었다고 했다. 교회에는 아무 문제가 없었다. 다만 세월이 교회의 풍경을 바꿔 놓았을 뿐이었다. 교인들은 이제 시내에 거주하지 않았다. 시내에 사는 사람들은, 목사의 표현을 따르자면 이들과 "다른 사람들"이었다. 그래서 이제 시내에 있는 교회 문을 닫고, 다수의 교인이 거주하는 교외 지역에 새 예배당을 지을 것인지, 아니면 바울이 했던 대로 **교회가 사명의 인도를 받게 할 것인지** 결정해야 하는 과제가 주어졌다. 이들은 후자를 택했고, 그 여파로 한 무리의 교인들이 교회를 떠났다……. 세월은 바울식의 지침이 단지 사도들만을 위한 것이 아님을 보여 주었다.

그렇다, 오늘날의 교회는 맨 앞줄에 앉은 숙녀와 할로윈 복장을 한(그러나 그 교회 스타일은 아닌) 커플을 포함해서 서로 다른 사람들이 모여서 교제하는 공동체다. 말씀을 전한 후 차에 올라 공항으로 향하면서, 나는 서로 다른 사람들 간의 사귐이라는 난제를 마주한 바울의 가정 교회 중 한 곳으로 돌아와 있다는 생각이 들었다. 사명이 우리의 길잡이가 될 때, 주일에 어떤 사람이 교회에 나올지 아무도 모른다!

교회는 일상의 인도를 받아야 한다

우리의 길잡이가 되어야 할 또 한 가지 요소에 관심을 가져 볼 만하다. 이 모든 일을 통해 우리는 바울이 일상적인 방식으로 계획을 세웠다는 점에 주목해야 한다. 앞에서 살펴보았다시피, 바울의 일상적 방식이 가로막힌 것은 그가 사명 중심으로 행동 경로를 정할 때 성령의 음성에 귀를 기울였기 때문이다. 그래도 어쨌든 바울은 우리와 비슷한 방식으로 계획을 세웠다. 처음부터 끝까지 즉흥적으로만 움직인다면 뿌리가 없어 불안정하다. 처음부터 끝까지 루틴에 따라서만 움직이면 뿌리가 과하게 깊이 박힌다. 우리는 뿌리를 심고, 그 뒤에는 하나님이 원하시는 곳에서 키우실 수 있게 해야 한다. 그러므로 우리는 그저 신비한 세상 언저리에서 살고 있을 뿐이라고 생각하지 않도록, 바울의 좀 더 일상적인 계획들을 늘 상기하도록 하자.

사도행전 15장 2절을 보면 바울은 안디옥 교회의 위임을 받아 예루살렘으로 향하는 파견대의 일원이었다. 예루살렘에서는 이방인 회심자들이 할례를 받아야 하는지 여부를 결정하는 유명한 회의가 열릴 예정이었다. 바울의 사명 전체가 이 회의의 결정에 달려 있었다. 이는 합리적이고 실용적이고 일상적인 계획이었다. 예루살렘 회의에서 이방인은 이방인이어야 하고 유대인은 유대인이어야 한다고 결정하여 공표한 후, 그리고 일단 선교 현장으로 돌아온 후, 바울은 디모데의 신분이 유대인인지 이방인인지 불확실하다는 것을 깨달았다. 디모데는 어머니가 유대인임에도 할례를 받지 않았기 때문이다. 그래서 일상적이지만 영리한 조치로 바울은 이렇게 결정했다. "이 사내의 신분을 정리하자. 칼을 가져와라"(행 16:1-3). 이 결정으로 디모데가 바울과 함께하는 것은 더 이상 문제가 되지 않았다. 나중에 바울은 목적지로 가는 방향을 바꿔, 해로(海路)가 아니라 그리스 북쪽에서 출발해 육로를 통해 예루살렘으로 가기로 했다. 하지만 바울이 이런 결정을 내린 것은 **박해를 피하기** 위해서였다(행 20:3). 또한 바울은 그들에게 가기를 "바랐다"고 편지 수신인들에게 여러 번 말한다(빌 2:19, 23; 딤전 3:14; 몬 22절). 이는 아주 일상적인 계획이자 결정이다.

이렇게 해서 지금 여기에 우리가 있다. 바울의 삶에서 우리는 새로운 종류의 지침에 대해 알게 된다. 즉, 우리는 하나님이 주신, 성경이 속속들이 밴 사명에 비추어 계획을 세우되, 성령의 간섭에 열린 자세를 가져야 한다는 것이다. 그 지침에 반드시 있어야 할 네 가지 단어는 성경, 성령, 사명, 계획이다. 이제 이 네 가지를 예시할 뿐만 아니라 교회로 구체화된 새로운 삶이 어떤 모습인지 삶으로 보여 주는 한 남자의 이야기를 해 보겠다.

타스

팔레스타인 사람 타스 사다(Tass Saada)는 가자 지구 천막에 사는 가난한 부모에게서 태어났다.[4] 1967년 6일 전쟁이 수많은 팔레스타인 사람을 쫓아냈을 때 타스의 가족은 사우디아라비아로 이주했다. 그곳에서 타스의 아버지는 성공한 사업가가 되었고, 타스(본명은 타이시르 아바드 사다)는 파란 많은 삶을 살기 시작했다. 분노로 가득 차 있던 이 청년은 마침내 요르단에 있는 야사르 아라파트의 군사 연합인 파타(Fatah)에 들어갔다. 타스는 아라파트의 이름으로 사람들을 죽이는 저격병이 되었으며, 그의 사명은 '이스라엘을 궤멸시키는 것'이었다. 요르단에서 사람 목숨을 해치는 삶을 살다가 가족이 이주한 카타르로 돌아왔을 때, 아버지는 타스가 아라파트의 군대로 복귀하는 것을 제지했지만 미국으로 가는 것은 허락했다.

미국에서 영주권을 받기 위해 아내를 구하고, 가족을 먹여 살리려고 열심히 일하고, 간음을 저지르고, FBI의 심문을 받는 등 갖가지 사연 끝에 타스는 로프 끝에 매달린 신세가 되었다. 그때 타스는 찰리라는 그리스도인을 만났다. 꿈으로 가득한 비현실적이고 극적인 만남과 회심을 경험한 끝에, 한때 사람을 죽이는 게 일이던 이 사람은 예수 그리스도의 복음을 통해 유대인과 아랍인의 화해를 추구하는 사람으로 변모했다(타스는 어떤 면에서 사도 바울의 사명을 반영한다).

타스 이야기를 읽으면서 감명 깊었던 것은 타스 나름의 '다메섹 도상 체험' 때 그에게 일어난 일이었다. 그리스도와의 극적인 만남 후 다음 날 아침, 아내 카렌이 주방에 있는 동안 타스는 기도하려고 무릎을 꿇고 앉았다. 하지만 그는 하나님이 주시는 사명이 기도 속에 기적적으로 들끓어 오르는 소리를 듣게 된다.

> 그때 나는 나로서는 정말 얼토당토않은 기도를 하고 있는 내 목소리를 들었다. "하나님, 하나님의 백성 이스라엘에 복을 주십시오. 주님, 그 백성을 다시 약속의 땅으로 인도해 주십시오. 그 백성이 주님을 자기들의 하나님으로 보게 해주십시오." 이게 뭐지?!
> 나는 손으로 내 입을 쳤다. 나는 평생 유대인에게 단 한 가지라도 좋은 일이 있기를 바란 적이 없다. 그런데 왜 내가 지금 유대인의 이익을 구하는 기도를 하고 있단 말인가? 유대인에게 복이 있기를 구하려는 내적 충동을 나는 도무지 설명할 길이 없었다. 정말 말도 안 되는 일이었다.

하나님은 유대인과 아랍인에게 '예스'라고 은혜로 말씀하시며, 그 은혜는 하나님이 사랑하시는 사람들을 우리도 사랑하게 만든다. 이는 우리가 원수를 사랑하고 원수를 위해 기도하며, 교회에서 예수님과 함께하는 식탁에(혹은 샐러드 접시에) 이들도 참여하기를 소망하는 법을 배운다는 뜻이다.

타스 사다는 식당 사업을 하던 중 한 부동산 중개업자를 만났는데, 알고 보니 그 사람은 유대인이었다. 나는 타스의 솔직함이 마음에 든다. 회심하기 전이었다면 "저 놈이 뒤통수치기 전에 내가 먼저 한탕 해야지"라고 생각했겠지만, 이제 타스는 이렇게 털어 놓는다. "내 안에 이제 더는 싸울 의지가 없다는 것을 깨달았다. 나는 그 사람을 속여서 이득을 얻고 싶은 마음이 전혀 없었다." 이어서 그는 놀라운 사실을 깨달았다. "유대인 예수 그리스도가 다른 모든 유대인에 대한 내 오랜 증오심을 바닥냈다." 이어서 타스의 깨달음은 신학적 의미를 갖게 된다. "나는 우리가 메시아 예수에게 다가갈수록 서로 더 깊이 화해할 수 있다는 것을 알아 가기 시작했다." 타스는 하나님이 자기 백성을 위해 구상하신 교회를 체험했다.

타스는 미국에서 순회 사역자가 되었지만, 결국은 가자 지구에서 구제하고 교육하며 복음을 전하는 사역에 참여하게 되었다. 나중에 아라파트와 개인적으로 만났을 때, 타스는 그리스도의 주장을 역설했다. 이어서 요르단 강 서안으로 간 그는 어느 날 자신의 새 사역 위치가 1968년 3월 유명한 알 카라메흐 전투에서 유대인들에 대한 증오를 표출했던 바로 그 장소라는 것을 깨달았다. "여기가 그곳이었다. 아주 오래전, 내가 싸우고 목숨을 빼앗던 곳. 이제 하나님이 나를 되돌리셔서 선을 행하고 생명을 주게 하셨다."

이제 다시 앞 장을 펼쳐, 우리 갈 길의 길잡이가 되는 네 가지 단어에 비추어 타스 이야기를 다시 읽어 보라. 타스 이야기에는 그 네 가지가 모두 있다. 하나님이 여전히 말씀하고 계시기 때문이다.

17장
새로운 정치

지금까지 내가 한 모든 말은 한 가지 장대한 사실로 종합된다. 즉, 이 세상에서 하나님의 사명은 하나님의 모든 백성에 의해 하나님의 뜻이 구현되는 교회를 창조하는 일이라는 것이다. 하나님의 새 창조의 은혜와 사랑은 그리스도인의 사귐의 식탁에서 체험되고, 로마 제국이 멸시했거나 공동체 안에서 한 번도 구현한 적 없는 거룩함을 특징으로 하는 새 백성, 새 공동체, 새로운 삶의 방식을 창조한다. 이런 표현이 어떤 이들에게는 귀에 거슬리겠지만, 교회에서 하나님의 사명은 일종의 하나님의 정치다. 하지만 하나님의 정치는 세상의 정치, 특히 로마의 정치가 아니다. 바울을 논할 때는 다름 아니라 새 창조, 하나님 나라, 혹은 교회 정치라는 주제를 동반해야 한다.

바울은 로마인이었고, 또한 유대인이었다. 로마인인 동시에 유대인이었기 때문에 바울은 두 통치자의 요구에 응했다. 바울이 살던 세상의 가장 꼭대기에는 로마 황제 글라우디오와 네로가 있었고, 거룩한 땅에는 헤롯 아그립바 1세와 벨릭스와 베스도처럼 로마에서 지명한 지도자가 있었다. 성경을 읽는 사람이라면 사도행전에서 이런 이름들을 만날 수 있다. 이 지도자들과 바울 사이에는 황제에게 권력을 위임받은 일단의 하급 지도자들이 있었다. 바울은 이들을 어떻게 생각했는가? 생각을 하기는 했을까? 분명 생각했을 것이다! 그렇다면 바울은 이들에 대해 뭐라고 말했는가? 바울은 **아주** 정치적이었고, 그래서 우리도 정치적**이어야 한다.** 하지만 바울이 **어떻게** 정치적이었고 우리 또한 **어떻게** 정치적일지에 대해서는 새롭게 생각해 보아야 한다.

교회 모양을 한 그리스도인의 삶에 관한 한, 우리에게 정치보다 중요하거나 복잡한 영역은 없다. 우리는 날마다 국가와 관계를 맺으며, 그래서 모든 결정을 내리기 전 늘 성령께 귀를 기울이고 하나님의 사명을 지키면서 어떻게 해야 그 일을 가장 잘할 수 있는지 분별해야 한다. 신약 성경은 뭐라고 가르치는가 하는 관점에서 이제 이 주제를 과감히 탐구해 볼 텐데, 그 전에 먼저 2012년 여름에 한 덴마크 그리스도인과 나눈 대화를 짧게 이야기하고 싶다. 그 사람은 미국에서 총체적으로 간과되고 있는 한 가지 현실을 내게 일깨워 주었다.

"정치학자로서 내가 오바마 대통령과 롬니 후보 사이에 어떤 차이가 있다고 보는지 이야기해도 될까요?" 그 청년이 점심 식사 중에 내게 말했다.

"선생의 관점은 어떤지 들어보고 싶군요." 그가 용기를 낼 수 있게 거들어 주었다.

"아무 차이도 없습니다. 두 사람은 이념과 정치 이론이 아주 유사해서, 여기 우리가 생각하기로는 누구를 고르든 똑같은 대통령이 될 거라고 봅니다."

이 젊은 덴마크인 친구는 정치 이론에 관한 한 정확한 시각을 가진 것이 확실하지만, 선거철에 그리스도인을 포함해 미국인들 사이에 과장되게 오가는 말이나 감정을 가라앉히는 데는 도움이 되지 않을 것 같았다(게다가 미국은 늘 선거철인 것 같다!). 한 걸음 더 나아가기 전에, 우리 자신에게 상기시켜야 할 기독교의 궁극적 진리가 있다. 즉, 최종적 통치는 신정(神政)이라는 것이다. 하나님이 왕 예수님을 통해 온 세상을 다스리실 것이다. 모든 정치 논쟁 때마다, 선거철마다 그 중요한 사실을 떠올리면서 우리는 묻는다. "**그때까지 우리는 어떻게 살 것인가?**" 미국인들이 이 질문에 답변하려는 가장 오래된 시도가 무엇인지부터 살펴보겠다. 좋든 싫든 그 시도가 우리의 전체 역사를 형성했기 때문이다.

미국의 건국 시조들

16세기 말과 17세기 초 잉글랜드 국교회는 자기 정체를 발견하려고 분투했다. 가톨릭으로 가야 할까? 개신교로 가야 할까? 가톨릭 방향으로 파고(波高)가 일면 성공회교도들이 좌절했고, 성공회 방향으로 파고가 일면 가톨릭교도들이 좌절했다. 이때 잉글랜드에서는 오늘날 우리가 청교도라고 부르는 일단의 헌신적 그리스도인들이 생겨났다. 어릴 때 우리는 청교도라고 하면 흥을 깨는 사람들이나 위선자 무리로 생각하며 자랐다. 「주홍글씨」에 나오는 악명 높은 위선자 아서 딤스데일을 앞에 두고 청교도에 대해 처음 배웠기 때문이다. 유명한 미국 작가 H. L.

멘켄(Mencken)이 한번은 말하기를, 오늘날 많은 이의 생각 속에서 청교도는 "누군가가 어딘가에서 행복할지도 모른다는 두려움에 사로잡힌" 사람들이라고 했다.[1]

청교도에게 위선과 집착이 없었다고 말하는 사람은 아무도 없다. 하지만 고정관념은 정확하지도 않고 공정하지도 않다. 청교도들은 종교적으로나 정치적으로 미국이라는 나라를 세웠고, 미국인으로서 청교도는 오늘날까지 여전히 우리와 함께, 우리의 일부로 남아 있다. 잉글랜드 청교도들이 가장 간절히 바란 것은 경건한 개신교 국가였다. 그래서 청교도들은 밑바닥에서 시작하여, 배에 가득 올라타 식민지로 모여들었다. 그중에는 망각에 묻힌 미국 건국 시조(始祖) 중 한 사람인 존 윈스로프(John Winthrop)도 있었는데,[2] 그는 보스턴이라는 도시가 탄생할 때 그 중심에 있던 사람이다.

우리가 윈스로프에게서 보는 것은 헌신적인(거룩한) 그리스도인 남성의 모습으로, 그는 순수한 성공회 교회뿐만 아니라 경건한 사회와 도시를 이루는 일에도 전념했다. 윈스로프는 자신들이 새로 정착한 곳을 가리켜 "언덕 위의 도성"이라고 했는데, 이는 순결한 교회와 도시, 혹은 윈스로프 자신의 표현을 빌리자면 "경건한 공동체"(godly commonwealth)를 뜻했다. 이해할 만하다. 그리스도인은 하나님의 뜻을 원하며, 시민권은 모든 미국인에게 권한을 주고, 투표는 강력한 정치 행위이며, 가장 기독교적인 선택안에 표를 던지는 것은 자연스러운 일이다. 윈스로프의 정치적 이상(理想)은 그리스도인이 한 나라 안에 하나님의 뜻 실현을 추구하는 것이었다(천국에서처럼). 과연 누가 이런 이상을 흠잡을 수 있겠는가?

하지만 그 청교도적 실험은 미국의 **과거**다. 미국 역사에서 기독교와 국가의 관계가 오늘날보다 대립적이거나 고통스러운 적은 없었다. 교회는 인종으로 나뉘고, 성별로 나뉘고, 경제적 형편으로 나뉘고, 이제 정치로도 나뉜다. 교회가 사라지길 바라는 이가 많고, 지난 세기 교회의 증언을 부끄러워하는 이도 많다. 성경을 읽기 위해 어쩌면 우리는 성경 구절을 개정해야 할지도 모른다. 우리가 다 그리스도 안에서 하나이므로 유대인도 이방인도 없고, 노예도 자유인도 없고, 남자도 여자도 없으며, **공화당도 민주당도 없다**고 말이다! 어떤 이들에게 이 강조체 문장은 서로 다른 사람들로 이루어진 교제 공동체 안에서 가장 소화하기 어려운 항목일 수 있다.

그러므로 다시 성경으로 돌아가자. 바울은 어땠는가? 바울은 교회와 국가의 관계를 어떻게 보았는가? 바울이 오늘날 우리에게 도움을 줄 수 있을까? 그 어느 때보다 큰 도움을 줄 수 있다.

바울과 로마의 권력자들

베드로와 바울 같은 사도들이 이런 일들을 생각하기 시작했을 때, 이들은 건전한 기독교적 확신이라는 토대 위에서 실험을 하고 있었다. 이들은 1세기에 이미 교회와 국가라는 문제를 면밀히 탐구하고 있었기에, 신약 성경은 비록 완전한 이론을 제공하지 않더라도 여러 원칙과 첫걸음이 될 만한 의견을 전해 준다. 바울과 베드로의 경험과 근본적으로 다른 조건에 있는 오늘날의 그리스도인들은 사도들의 상상을 초월하는 방법으로 국가와 관계를 맺는 방식을 생각해 내야 할 것이다. 예를 들어 이들은 황제에게 표를 던지지 않았다. 황제는 다른 사람들을 죽이고 힘을 떨쳐 보이며 권력을 잡았다.

그런 배경에서 바울은 하나님에게 부름받아 로마의 이방인들을 구원하고, 구원받은 이방인들이 구원받은 유대인들과 교제하며 평화로이 살게 만드는 사역을 하게 되었다. 바울에게는 계획이 있었다. 한 걸음 한 걸음 내디딜 때마다 로마에 역습을 가하는 계획이었다. 바울이 세운 계획의 모든 요소는 바울의 가정 교회들에 소망과 함께 걱정 가득한 놀라움을 불러일으켰다. 하나님식의 정치는 다음과 같은 요소들로 시작한다.

1. 하나님은 한 분이다(로마의 여러 신에 반대되는 개념).
2. 하나님은 그 아들, 곧 왕 예수님 안에서 알려진 이스라엘의 하나님으로, 이 주님은 유대인과 이방인 둘 모두를 구원하신다(이는 황제의 자기 이미지와 고귀한 신분을 모독했다).
3. 하나님의 참 백성, 혹은 **에클레시아**(교회)는 예수님을 믿는 사람들과 예수님의 다스림 아래 사는 사람들로 이루어진다(이는 로마의 특권 의식을 부인한다).
4. 삶의 방식은 토라에서부터 예수님과 사도들의 가르침에 이르기까지 성경의 가르침을 따르는 것이다(이는 로마의 법체계와 문화의 근간을 무너뜨린다).

바울은 이제 왕 예수, 유대인과 이방인 모두의 주님인 분에게 다스림받는 이스라엘이 로마와 관계를 맺는 방식은 로마와 싸우는 것이라고 믿었을 수도 있다. 하지만 바울의 '정치 이론'은 복음이었기에 그는 무력의 길을 포기하고 십자가의 길을 택했다. 은혜를 확장하는 그 복음은 하나님의 급진적 사회 실험인 교회를 위한 대안적 삶의 방식을 만들어 냈고, 또한 그 복음은 교회를 로마 세계에서 하나님 나라가 작동하는 거점으로 만들었다. 그렇게 될 수 있었던 내적인 동력은 무엇인가? 나는 바울에게서 네 가지 원리를 배울 수 있다고 생각한다.

로마 제국에서 선한 그리스도인 백성이 되라

로마 시민이던 바울은 베스도 앞에서 재판받을 때 자신의 신분에 호소했다(행 25:11). 로마에 대해 말할 때 바울은 존중하는 태도로 말하며, 어떤 면에서는 하나님의 손이 로마까지도 제어하고 있다고 믿었다(롬 13:1-7). 바울의 메시지는 로마 권력자들의 의기양양한 주장에 도전을 던진 것이 분명하지만, 바울은 자신을 따르는 이들이 자기 자유를 제한하고(고전 7:17-24) 통치자를 위해 기도해야 한다고 믿었다(딤전 2:1-4). 그런데 바울이 이 말을 할 때 황제의 자리에 있던 사람은 다름 아닌 네로였다는 사실을 아마도 기억해야 할 것이다. 네로는 병적으로 자기중심적이고 흉포한 폭군으로, 포페아와 결혼하기 위해 아내 옥타비아를 살해했다(포페아는 유대교로 개종한 사람임이 분명했다). 게다가 네로는 인간 역사상 어느 누구보다 성적으로 방탕한 사람이었다. 이 정도의 악함만으로는 부족하기라도 한 듯, 베드로와 바울을 죽인 사람이 바로 네로였다고 볼 만한 이유들도 있다. 다시 말해 바울은 장차 자기를 죽일 사람을 위해 기도하고 있는 것이다!

오늘날 우리가 정치를 어떻게 생각하든, 우리 역시 지도자들을 위해 기도하라고 부름받는다. 언젠가 선거철에 한 교회에서 말씀을 전할 기회가 있었는데, 그때 바로 이 주제에 관해 이야기했다. 예배가 끝난 후 한 남성과 이야기를 나누었는데, 그 사람은 절대 빌 클린턴 대통령을 위해 기도하지 않겠다고 했다. 나는 베드로전서 2장 17절에서 베드로가 모든 그리스도인은 "왕을 존대"해야 한다고 말했다고 응수했다. 그러자 그 사람은 "절대 그럴 수 없습니다!"라고 했다. 그래서 베드로는 지금 네로 이야기를 하고 있는 거라고 그에게 일깨워 주었다. 나는 최선을 다해 그 사람을 진정시키면서 우리 지도자를 위해 기도해 보자고 설득했지만 소용없었다. 그는 오히려 더 흥분할 뿐이었다. 나는 방법을 바꿔 최근에 한 유명한 목사가 대통령과 나라를 위해 기도한 내용을 인용했다. 그랬더니 그 사람은 "그 목사는 멍청이입니다!"라고 쏘아붙였다(나는 가족 모임이나 교회에서는 정치 이야기를 하지 않는 것이 더 현명할 수 있겠다고 판단했다). 붉으락푸르락한 얼굴로 침까지 뱉는 그 남자의 분노를 바울이 과연 염두에 두었을지 나로서는 알 수 없다. 그다음 일을 생각하면 더욱 그렇다.

바울의 교회들이 국가와 어떤 관계여야 하는지를 가장 강력히 보여 주는 말씀 하나를 데살로니가전서 4장 10-12절에서 볼 수 있다.

> 너희가 온 마게도냐 모든 형제에 대하여 과연 이것을 행하도다 형제들아 권하노니 더욱 그렇게 행하고 **또 너희에게 명한 것같이 조용히 자기 일을 하고 너희 손으로 일하기를 힘쓰라 이는 외인에 대하여 단정히 행하고 또한 아무 궁핍함이 없게 하려 함이라.**

그러나 권력의 거친 혀와 날카로운 칼날을 경험한 1세대 그리스도인들에게 선량한 시민이 된다는 것은 가이사가 시키는 대로 한다는 뜻이 아니었다. 선량한 시민이 되는 것은 무엇보다 먼저 왕이신 예수님 아래서 시민으로 사는 사람의 자세다. 이는 그분의 나라를 위해 매진하는 자세지, 결코 가이사에게 전적으로 순종하거나 굴종하는 자세가 아니다.

국가를 일시적 선으로 인식하라

바울이 국가와 관계 맺는 방법에 관해 생각하기 시작한 것은 기독교회 초창기였다. 로마서 13장 1-7절에서 바울은 하나님의 섭리에 통치자와 국가도 포함된다고 단언한다. 데살로니가후서 2장 5-11절에서 바울은 세상에서 "막는 자"이신 하나님에 대해 말한다. 바울 서신의 이 두 단락은, 모든 국가 권력은 일시적이라는 결론으로 이어진다. 그러므로 정부는 고작해야 일시적 선(善)으로 설계된다. 국가는 하나님이 구상하신, 선하지만 일시적인 제도다.

하지만 이는 출발점일 뿐이라는 것을 우리는 대부분 안다. 아프가니스탄의 탈레반, 우간다의 이디 아민, 짐바브웨의 로버트 무가베, 혹은 캄보디아의 폴 포트를 만나면 어떤 일이 생기는가? 그 순간, 바울이 말하는 '선한 정부'는 속내를 드러내고 하나님의 구상을 더럽히는 악한 '정사와 권세'를 입증할 것이 틀림없다. 그래서 우리와 국가의 관계는 '양가적'(兩價的)이어야 한다. 그렇다, 국가는 하나님의 계획 안에 있다. 하지만 국가가 압제하면 그리스도인은 국가를 지지할 수 없다.

그러므로 우리는 교회의 근본적 중요성이 오늘날 많은 미국인이 흔히 생각하는 것처럼 국가를 섬기는 데 있지는 않다고 결론 내려야 한다. 하나님은 오히려 국가를 교회를 위한 것으로 계획하신다! 그렇다, 이 사실은 상황을 전복시키며, 바울은 상습적으로 상황을 전복시킨다. 교회 안에서 이루어지는 새로운 유형의 공동체라는, 하나님의 장대한 실험은 세상을 위한 하나님의 중심 계획이며, 국가는 하나님이 이 세상에서 하시는 일을 지지하는 한에서만 선하다.

복음으로 국가에 도전하라, 그것이 저항을 뜻할지라도
그리스도인은 선량한 시민일 수 있지만, 시민 됨과 애국심 혹은 국가주의에는 한계가 있다. 그리스도인은 국가를 선하게 볼 수 있지만, 국가는 일시적인 선이지 영원한 선이 아니다. 우리의 정치는 '예수님의 정치' 혹은 하나님의 정치다. 궁극적으로는 하나님이 왕 예수님을 통해 다스리시며, 왕 예수님의 시민들은 예수님의 다스림 아래 산다. 복음 메시지는 예수님의 주장보다 어떤 사람의 자격을 더 강하게 주장하는 다른 메시지를 모두 타파한다. 국가의 주장이 왕 예수님의 주장과 일치할수록 그리스도인은 선량한 시민이 된다. 국가가 예수님의 주장을 벗어나는 주장을 하는 순간, 그리스도인 시민은 예수님을 따르라는 부름을 받는다. 그것이 그 사람의 삶에 무엇을 의미하든 상관없이 말이다.

 바울은 가이사와 벨릭스 혹은 베스도의 사법 관할 아래 있었을 수 있고, 로마 시민권 덕분에 모종의 권리를 누리며 보호받았을지도 모른다. 하지만 로마에 들어가서 옥에 갇힌 순간, 바울은 황제와 황제의 임무가 아니라 성령과 자신의 복음 사명이 자신의 목숨에 대해 권리를 주장한다는 점을 분명히 했다. 누가는 바울이 투옥된 일에 대해 말하면서 이 역설적인 사실을 기록하는데, 이는 일종의 혁명적이고 평화로운 종속에 다름 아니다.

> 바울이 온 이태를 자기 셋집에 머물면서 자기에게 오는 사람을 다 영접하고 하나님의 나라를 전파하며 주 예수 그리스도에 관한 모든 것을 담대하게 거침없이 가르치더라(행 28:30, 31).

바울에게 가이사는 일시적인 선이었다. 그래서 가이사가 선을 넘는 순간, 왕 예수님의 다스림이 등장했다.

두드러진 사례

칼 바르트(Karl Barth)는 20세기의 가장 중요한 신학자였다.[3] 히틀러가 순수 인종 국가에 관한 화려한 수사(修辭)와 함께 등장하자 바르트는 시끄러운 일이 어렴풋이 시야에 들어오는 것을 보았다. 어렴풋한 그 가능성이 염려스러운 경로를 따라 달려오지 않기를 바라거나 상황이 경로를 바꿀 거라고 믿으면서 방관하는 이가 많았고, 어느 정도 단순 가담하는 이들도 있었다. 하지만 바르트는 그러지 않았다. 그의 말처럼 "나 자신은 조용히만 있을 수 없었다. 교회가 어떤 위험에 처해 있는지 꼭 필요한 경고를 하는 일에 뛰어들어야 했다." 가장 중요한 것은 바르트가 국가 사회주의를, 제1계명을 악마적으로 포기하는 것으로 보았다는 점이다. 그래서 제3제국의 지시에 반하여 칼 바르트 교수는 "**하일, 히틀러!**"라는 구호로 수업 시작하기를 거부했고, 1934년 11월 7일에는 충성 서약에 저항했다. "나는 공식 서약을 거부하지 않았다"고 그는 말했다. "다만 **복음을 믿는 그리스도인으로서 내 책임 안에서만 총통**에게 충성할 수 있다는 취지의 부가 조항을 요구했다."

어떤 일이 닥칠지 알고 있던 바르트는 11월 26일 수업에서 하나님의 선한 인도를 찬양하는 노래를 불렀고, 다음날 해임되었다. 재판에서 바르트는 제3제국이 "히틀러를 신의 화신(化身)으로 만들어 제1계명을 매우 심각하게 위반하고 있다"고 선언했다. 1935년 3월 1일, 바르트는 대중 강연을 전면 금지당했으나, 곧 스위스에서 교수 생활을 하면서 신학자로서 엄청난 이력을 쌓아 나갔다. 바르트가 국가 사회주의에 올곧게 저항한 행동은 자기 자유를 제한하는 모습의 반영 그 이상이었다. 이는 우상 숭배가 하나님의 영광을 훼손하는 광경을 본 사람의 태도였다. 바르트는 국가가 고작해야 일시적 선일 뿐이고, 그렇지 않을 때는 우리가 저항해야 할 악이라는 사실을 실례(實例)로 보여 주었다. 제3제국을 향한 바르트의 자세는 사도 바울의 가르침에서 비롯된 것이었다.

여기서 한 가지를 분명히 하자. 이는 단지 히틀러 문제가 아니다. 바울 문제다. 주후 14년, 로마인들은 (그리스의) 메세네라는 도시에 비문(碑文)을 하나 새겼다. 카이사르 아우구스투스(가이사 아구스도)의 죽음과 티베리우스(디베료)에게 무제한의 권력이 이양된 것에 대한 로마인들의 생각이 담긴 비문이었다.[4] 비문에는 이렇게 새겨져 있다. "신이신 아우구스투스 카이사르와 티베리우스 카이사르에게." 아우구스투스의 아내 리비아는 "여신"으로 불린다. 바울은 그런 용어에 동참하지 않는다. 바울은 한 분 하나님과 한 분 주님만 인정하기 때문이다. 카이사르의 주장은 우상 숭배와 신성 모독에 다름 아니다. 이런 행태에는 저항해야 한다.

정치적인 존재가 되는 최선의 길은 교회가 되는 것이다

예수님은 늘 그 **나라**(the kingdom)에 대해 말씀하시는데, **나라**라는 말은 100퍼센트 정치적인 단어다. 예수님 시대에 **나라**라는 말을 쓴다는 것은 시민과 땅과 법을 관장하는 왕에 대해 말하는 것이었다.[5] 예수님은 자신의 나라를 세우려고 오셨으며, 이는 왕이신 예수님 아래 살아가는 새 창조 백성을 통치하고 구하고 속량하며 구속하는 하나님의 새로운 사역을 뜻한다.

따라서 바울이 왕이신 예수님 아래 있는 사람들이 이루는 그 나라의 교제 공동체를 '교회'라고 부른 것은 우연이 아니다. **교회**라는 말은 그리스어 **에클레시아**(ekklesia)를 번역한 것으로, 에클레시아는 시민들의 **정치** 모임을 뜻하며, 이 정치 모임은 로마의 도시들에서 황제의 권력을 배분하고 권한을 행사하는 최상류층과 이해관계가 있었다. **교회**라는 단어로 자신의 공동체들에 초점을 맞추기로 했을 때, 바울은 나라가 예수님에게 어떤 의미였는지를 뜻하는 한 용어를 골랐다. 그 용어는 바로 "하나님의 새로운 사회"(God's new society)다.

이 새 창조 공동체, 즉 교회는 매우 정치적인 삶의 방식이지만, 이 정치는 새로운 유형의 정치다. 우리는 정치적인 존재여야 하되, 충심으로 **교회**가 됨으로써 정치적이어야 한다. 가장 바람직한 기독교회는 당대의 정치를 전복시키되, 죽음의 가증스러운 공격(예를 들어 낙태 같은)이 반대하는 방법만이 아니라 모든 사람에게 하나님의 생명을 안겨 주는 문화를 창조하는 방법으로 해야 한다. 샐러드 접시 교회, 즉 서로 다른 사람들로 이루어진 이 교제 공동체는 정치적인 존재가 되는 새로운 방식에 다름 아니다.

이 모든 것은 한 가지 사실로 수렴된다. 즉, 그리스도인과 국가의 일차적인 관계는 그리스도의 몸인 교회에서 왕이신 예수님 아래서 살되 세상에 증언하는 방식으로 그리스도의 형상을 구현하며 사는 것이다. 그런 삶의 방식이 하나님의 방식이고, 예수님의 방식이요, 성령의 방식으로, 모든 분열을 초월하는 구속받은 백성을 통해 이루어진다. 새 창조 사회에서 우리는 로마인들이 그리스인들과 잘 지내고 유대인들이 이방인들과 잘 지내며, 남자가 여자와 잘 지내고, 노예가 자유롭고 권세 있는 이들과 잘 지내고, 그렇다, 민주당원이 공화당원과 잘 지내는 광경을 본다. 바울의 정치 이론, 즉 하나님식의 정치는 사실 교회다. 새 창조 세상에서 정치적 존재가 되는 길은 교회가 되는 것이다! 역설 중의 역설이지만, 샐러드 접시 속에서의 삶보다 정치적인 것은 없다.

이는 세상에서 진행되는 하나님의 장대한 실험인 동시에 우리의 가장 큰 과제다. 세상의 소망은 지역 교회이고, 하나님의 계획의 핵심은 지역 교회에서 완전히 새로운 사회를 만드는 것에서 찾을 수 있다는 내 생각에 여러분도 동의해 주었으면 한다. 이렇게 되면 우리는 번영을 이룰 수 있으며, 번영은 교회로 구체화된 그리스도인의 삶을 이해하는 데 절대적으로 중요한 주제다.

6부

번영

A
Fellowship
of
Differents

18장
그 땅에 도착했지만, 우리는 여전히 그 땅을 원한다

하나님의 장대한 실험, 즉 교회에서 우리가 번영하는 데 필요한 것은 하나님의 영뿐이다. 우리에게 필요한 것은 하나님이 원하시는 것을 이루기 위한 하나님의 권능뿐이다. 그래서 제임스 던의 말을 한 번 더 인용하고자 한다.

> 하나님의 영은 인간의 능력을 초월하고 인간의 무능력을 변화시킨다.[1]

우리의 능력, 우리의 소망, 우리의 노력, 우리의 전략은 우리 모두를 한 몸으로 만들기에 불충분하다. '우리 됨'의 능력을 믿기 때문에, 어떤 이들은 분리하되 평등한 교회로 이끌리고 어떤 이들은 모든 것이 일치하여 획일적인 교회에 의지한다. 분리하되 평등한 교회에는 민족, 문화, 성별의 경계를 넘어서야 한다는 힘든 과제가 없고, 모든 것이 일치하여 획일적인 교회에서는 동의하든지 교회를 나가든지 둘 중 하나다. 어느 쪽이든 우리는 '우리가' 바라는 것을 얻는다. 2천 년에 걸친 음울한 분열 및 갈라진 교회라는 증거는 하나님이 원하시는 교회가 될 수 없는 우리의 원천적 무능력을 깨닫게 해줄 것이다. 이 책이 바라는 것은 하나님이 구상하신 교회, 즉 서로 다른 사람들이 하나의 샐러드 접시 안에서 교제하며 번영하는 교회가 되는 일에 새로이 헌신하여 그 역사가 반전되는 것이다.

그리고 여기 복음, 즉 부활과 새 창조의 소식이 있다. 성령은 우리의 능력을 취하여 그것을 **초월하실** 수 있으며, 우리의 무능력을 취하여 하나 됨의 은혜로운 능력으로 **변화시키실** 수 있다는 것이다. 그러므로 번영하기 위해 우리는 성령의 사람들이 되어야 한다. 하나님이 계획하신 교회가 될 수 있는 유일한 방법은 성령의 능력을 통하는 방법뿐이다. 성령만이 우리에게 능력을 주어 차이를 초월하고 우리의 기호(嗜好)를 변화시켜 서로를 사랑하게 하신다. 바울의 편지에는 성령에 관한 여러 가르침이 있는데, 여기서는 그 가르침을 여섯 가지로 정리해 보겠다.

예수님과 사도들에게 성령이 필요했다면 우리에게도 필요하다

어떤 이들은 성령에 관해 별로 생각하지 않기 때문에 성령에 관해 말하는 성경 구절을 만나면 깜짝 놀랄 수도 있다. 예수님과 관련해서 특히 그렇다. 예수님에게도 성령이 필요했는가? 그렇다. 왜 필요했을까? 예수님이 완전한 인간이셨기 때문이다. 베드로는 로마의 군대 지도자, 즉, 권력(power)에 대해 잘 아는 고넬료라는 이방인에게 예수님을 설명하면서 예수님을 최고의 능력(power)을 지닌 인간으로 묘사했다.

> 곧 요한이 그 세례를 반포한 후에 갈릴리에서 시작하여 온 유대에 두루 전파된 그것을 너희도 알거니와 하나님이 나사렛 예수에게 **성령과 능력**을 기름 붓듯 하셨으매 그가 두루 다니시며 선한 일을 행하시고 마귀에게 눌린 모든 사람을 고치셨으니 **이는 하나님이 [성령으로] 함께하셨음이라**(행 10:37, 38).

이 구절에서 베드로는 한 번도 아니고 두 번씩이나 예수님이 하나님의 영의 능력을 통해 자신의 사역을 완수하셨다고 선언한다. 이것이 예수님의 사역에 관해 무슨 의미를 지니는지 생각해 보라.

- 예수님이 나병 환자를 치유하신 것은 예수님에게 하나님의 영이 임하여 계셨기 때문이다.
- 예수님이 베드로를 회심시키신 것은 예수님에게 하나님의 영이 임하여 계셨기 때문이다.
- 예수님이 창녀와 세리를 교제의 식탁으로 초대하셔서 경계를 허무신 것은 예수님에게 하나님의 영이 임하여 계셨기 때문이다.
- 예수님이 사람들에게서 귀신과 악한 영을 쫓아내신 것은 예수님에게 하나님의 영이 임하여 계셨기 때문이다.

예수님이 이런 일을 하신 것은 단지 메시아이시기 때문이 아니라, 메시아 예수님 안에, 그리고 예수님을 통해 하나님의 영이 살아서 일하셨기 때문이다. 휘튼대학교의 가장 훌륭한 교수로 손꼽히는 제럴드 호손(Gerald Hawthorne)은 이 사실을 다음과 같이 표현했다.

> 성령은 예수님이 인간으로서의 한계를 극복하게 하고, 인간으로서의 약점을 벗어나게 하며, 인간의 필멸성을 이겨 내게 하는 신적 능력이었다.[2]

그러므로 우리는 그 동일한 성령이, 훨씬 더한 '인간'인 베드로와 바울을 비롯해 초기 교회의 다른 모든 사람에게 역사하시는 것을 보고 놀라서는 안 된다. 사도행전에서는 베드로가 "성령이 충만[했다]"고 말한다(행 4:8). 그 후, 베드로가 이방인들에게 설교하자 "할례받은 신자들[메시아를 믿는 유대인들]이 이방인들에게도 성령 부어 주심으로 말미암아 놀[랐다]"(10:45).

우리는 이것을 크게 한 모금씩 마셔야 한다. 예수님, 베드로, 바울, 그리고 우리 각 사람에게는 성령이 필요하다. 예수님 안에서, 그리고 예수님을 통해 일하시는 성령은 베드로, 바울, 초기 그리스도인들, 그리고 여러분과 내 안에서 일하시는 바로 그 성령이시다. 이 사실을 믿는다면, 그리고 하나님의 영이 내 능력을 초월하실 수 있고 내 무능력을 변화시키실 수 있다고 믿는다면, 그때 우리는 우리를 위한 하나님 나라의 이상을 교회 안에서 얼핏이나마 드러낼 만큼 한껏 번영할 수 있다. 하지만 이런 일은 성령으로만 일어날 수 있다.

성령이 열쇠다. 고등학생 시절, 한 학년 위 농구 선수였던 내 친구 마이크가 어느 날 내게 조용히 말하기를, 학교 건물 내부의 라커룸과

체육관 열쇠를 갖고 있다고 했다. 물론 그것은 불법이었지만, 우리는 무슨 못된 일을 꾸미는 것도 아니었고 또 무엇이 합법이고 불법인지에 관심도 없었다. 우리는 그저 놀 장소가 필요할 뿐이었다. 어떤 선생님은 그걸 알고도 신경 쓰시지 않았다. 다들 그런 시절이 있지 않은가, 친구. 마이크는 열쇠를 줄 테니 복사해서 하나 갖고 있으라고 했다. 하지만 시간이 한 시간밖에 없었다. 나는 학교 밖 동네 상점으로 가서 그 마법의 열쇠를 복사한 뒤 한 시간이 안 되어 돌아와 원본 열쇠를 마이크에게 돌려주었다. 나는 그 열쇠를 3년 동안 지니고 다녔다.

토요일이나 일요일 오후면 우리는 종종 학교 체육관에 모여 농구를 하며 놀았다. 모두 행동거지를 조심했기 때문에 유리창 하나 깨뜨리지 않았다. 이따금 농구를 소재로 한 영화 음악을 틀어 놓고 워밍업을 하면서 기술을 뽐내기도 했다. 한번은 누군가가 득점판 상자를 빼먹고 오는 바람에 우리가 번갈아 가며 점수를 기록하기도 했다. 우리는 그저 농구 실력을 키우고 싶었고, 누구든 함께하고 싶어 하면 다 환영이었다. 체육관 열쇠를 갖고 있는 덕에 우리 친구들 상당수가 훨씬 뛰어난 농구 선수가 될 수 있었다. 우리는 열심히 경기했고 열심히 기술을 연습했다. 마치 코치 선생님이 지켜보기라도 하는 듯 서로에게 도전했다. 그래서 팀에서 뛰는 많은 친구는 주머니 속 열쇠가 우리 실력의 열쇠라는 것을 알고 있었다. 학교를 졸업할 때 나는 체육관 열쇠를 선생님이자 코치이신 아버지에게 드렸다(선생님이자 코치로서 아마 살짝 안도하셨을 것이다).

그 열쇠는 우리 실력 향상의 열쇠였다. 우리 안에, 그리고 우리를 위해 계신 성령은 열쇠이시다. 이제 바울이 전하는 지혜에서 성령에 관한 두 번째 테마를 살펴볼 때 우리는 이 사실을 기억해야 한다.

성령이 차지하는 것을 성령이 변화시킨다

성령은 교회를 차지하기 위해 오신다. 그리고 그렇게 하실 때 모든 것이 새로워진다. 바울이 고린도 교인들에게 했던 유명한 말을 빌리자면, "누구든지 그리스도 안에 있으면 새로운 피조물이라 이전 것은 지나갔으니 보라 새것이 되었도다"(고후 5:17). 성령은 우리를 변화시키기 위해 오신다. 그러므로 성령께서 모든 것을 새롭게 하신다고 할 때 무슨 일이 일어나는 것인지 잠시 살펴보자.

우리를 향한 하나님의 은혜로운 사랑이란, 우리가 그 나라'까지' 들어갈 수 있도록 하나님이 우리와 함께, 그리고 우리를 위해 계신다는 것이다. 하나님은 성령 안에서 **더할 수 없이, 그리고 친히** '우리와 함께' 계시며, 이는 하나님이 우리를 '위해' 계신다는 증거다. 이제 피할 수 없는 사실이 등장한다. **하나님이 성령으로 우리 안에 임재하시면, 변화가 일어나야 한다.** 왜인가? 하나님이 임재하실수록 우리는 더 경건해지기 (혹은 하나님을 닮아 가기) 때문이다. 하나님의 임재는 변화시키는 임재다.

우리 각 사람에게는 성령과 은사가 있다

성령은 사도나 선지자에게만 주어지지 않았다. 성령은 대단한 성도나 엘리트 그리스도인에게만 주어지지 않았다. 그리스도인으로 존재한다는 것과 성령을 소유한다는 것은 하나의 동일한 현실이다. 우리 각 사람에게는 성령이 있고, 교회를 위한 은사가 있다(영적 은사에 대해서는 다음 장에서 살펴볼 텐데, 주로 성령과 지역 교회에 초점을 맞출 것이다).

초기 사도들은 성령이 주어지는 통로였으며, 오순절에 성령의 능력을 받아 모든 이에게 성령을 나눠 주기 시작했다. 베드로와 요한이 사마리아에서 갓 회심한 사람들에게 안수했을 때, 이 회심자들은 성령을 받았다(행 8:17). 사울이 부활하신 왕 예수님을 만난 후, 사울의 포악함을 들어 알고 있던 다메섹의 예수님 제자 아나니아는 바울에게 안수했고, 이에 바울은 성령을 받았다(9:17-19). "맞아요, 하지만 그건 사도 바울이니까 그런 거지요. 하나님은 바울을 위해 특별한 계획을 갖고 계셨고, 그래서 바울에게 특별한 기름 부음을 주신 겁니다"라고 말하고 싶을지 모르겠다. 하지만 베드로는 그 말에 동의하지 않을 것이다. 평범한 이방인과 그의 친구와 가족이 베드로의 복음 설교를 들었을 때, 이들도 모두 성령을 받았기 때문이다.

> 베드로가 이 말을 할 때에 성령이 말씀 듣는 모든 사람에게 내려오시니 베드로와 함께 온 할례받은 신자들이 **이방인들에게도** 성령 부어 주심으로 말미암아 놀라니 이는 방언을 말하며 하나님 높임을 들음이러라
> 이에 베드로가 이르되 이 사람들이 우리와 같이 성령을 받았으니 누가 능히 물로 세례 베풂을 금하리요 하고 명하여 예수 그리스도의 이름으로 세례를 베풀라 하니라 그들이 베드로에게 며칠 더 머물기를 청하니라(행 10:44-48).

내가 말을 시작할 때에 성령이 그들에게 임하시기를 처음 우리에게 하신 것과 같이 하는지라 내가 주의 말씀에 요한은 물로 세례를 베풀었으나 너희는 성령으로 세례를 받으리라 하신 것이 생각났노라(행 11:15, 16).

(앞 인용문에서 강조한 부분인) "이방인들에게도"라는 말을 볼 때마다 나는 쿡쿡 웃는다. 하나님이 이방인과 함께 거하시는 것이 마치 모든 기적 가운데 가장 큰 기적이기라도 한 양 거들먹거리는, 혹은 생색을 내는 말투이기 때문이다. 시카고 베어스 팬이 "그린베이 패커스 팬도 이 말이 무슨 뜻인지 알 거야!"라고 말하는 것과 조금 비슷하다(시카고 베어스와 그린베이 패커스는 미국의 미식 축구팀들로, 서로 숙적 관계다_ 편집자). 성령이 임하시면, 유대인 신자와 이방인 신자 모두 성령을 받는다. 남자와 여자가 신자가 되면 둘 다 성령을 받는다. 노예와 자유민이 예수님에게로 돌이키면 둘 다 성령을 받는다. 성령은 우리 각 사람에게 임하신다.

우리는 열쇠를 가졌으며, 우리가 가진 그 열쇠는 바로 성령이다. 이는 성령이 교회 안에서 우리가 번영할 수 있도록 능력 주시는 하나님의 직접적 임재이기 때문에 모든 것이 새로워진다는 뜻이다. 우리가 방금 살펴본 사실을 우리 자신에게 상기시키자. 예수님, 베드로, 오순절의 그리스도인, 바울, 그리고 유대인과 이방인 할 것 없이 모든 회심자는 성령을 받았다. 이들은 성령을 달라고 간청하지 않았다. 성령을 얻기 위해서는 그저 믿고 받으면 된다. 하나님은 구하는 사람 모두에게 성령을 보내 주신다.

우리는 성령 충만할 수 있다

누구든지 **성령 충만할 수 있다.** 우리 중에는 알코올이나 약물 중독을 경험해서 아는 사람이 있다. 의사가 처방한 약 때문에 저 세상 입구까지 가 본 경험자도 있다. 나도 수술을 두 번 하고 진정제의 위력을 경험했다. 바울은 중독이라는 이미지를 써서 모든 그리스도인에게 가능한 어떤 일을 설명한다. 바울의 소원은 포도주에 취하는 것이 아니라 성령에 취하고 중독되는 것이다. 바울의 말을 들어보자.

> 술 취하지 말라 이는 방탕한 것이니 오직 성령으로 충만함을 받으라(엡 5:18).

바울은 포도주에 취하는 것을 성령 충만한 것과 비교한다. 술은 인생을 '허비하는'('방탕'으로 번역되기도 한다) 결과로 이어지지만, 성령 충만은 사람과 사람이 온전한 의식으로 가장 고상한 형태의 의사소통을 할 수 있게 하여, "시와 찬송과 신령한 노래들로 서로 화답"하게 하고 "감사"하게 한다고 바울은 5장 19, 20절에서 계속해서 말한다. 자신의 선교 여정을 통해 바울은 술주정뱅이들이 어떻게 인사불성이 되어 노래하고 흥청거리는지 보아서 알고 있으며, 또한 성령이 임하시면 천박한 노래를 부르던 사람들이 변하여 하나님에 흠뻑 취해 영광스러운 찬양을 부르게 된다는 것도 알고 있다.

다시 말하지만, 이는 바울과 베드로처럼 뛰어난 성도에게만 있는 일이 아니다. 모든 사람이 이렇게 될 수 있다. 바울은 에베소의 평범한 그리스도인들에게 말한다. 성령으로 충만해야 한다고. 그런 일이 일어나면 이들은 모든 차이와 분열을 초월해 신령한 하나 됨을 이루어 성령께서 영감 주신 노래로 찬양할 것이다.

성령은 우리를 통해 악의 세력과 싸운다

그리스도인에게 성령이 필요한 것은 새날이 임하더라도, 변화가 일어나더라도, 그리고 새 창조가 죽음이라는 사탄의 깊은 동결 상태를 우주에서 다 녹여 버린다 해도, 싸움은 여전히 계속되기 때문이다. 성령 충만한 사도 바울은 에베소의 남녀 신들 및 영들과 대면하여 해방의 기적을 일으켰다(행 19:11, 12). 어떤 사기꾼들은 바울이 성령께서 주신 능력으로 행한 일들을 흉내 냈지만, 예수님의 능력이 심히 커서 찬양의 잔치가 벌어지고 "주 예수의 이름을 높이[는]"(19:17) 역효과가 났다. 주목할 만한 점은 에베소에서 바울이 성령 충만하여 행한 사역이 부흥으로 이어졌다는 것이다.

> 믿은 사람들이 많이 와서 자복하여 행한 일을 알리며 또 마술을 행하던 많은 사람이 그 책을 모아 가지고 와서 모든 사람 앞에서 불사르니 그 책 값을 계산한즉 은 오만이나 되더라(행 19:18, 19).

신자는 세상에 어떤 불길한 힘이 작용한다고 믿는 것처럼 행동하지 않기에 어떤 이들은 이런 구절을 그냥 무시해 버린다. 또 어떤 이들은 마귀와 정세와 권세를 풍유로 해석해서, 그저 조직적 불의에 지나지 않는 것으로 여긴다. 하지만 이는 영적 권세를 부인하도록 우리 의식을 길들이는 방식일 뿐이다. 현실의 이야기들을 접하면 바울의 싸움은 곧 우리의 싸움이라고 주장할 수밖에 없게 된다. 이 세상의 왕은 가능한 한 오래 통치하고 싶어 하지만, 하나님의 능력 있는 영은 어둠의 권세를 물리치기 위해 역사한다.

이제 성령에 관해 말하는 바울의 편지에서 마지막이자 매우 흥미로운 주제로 넘어가 보자.

그 땅에 도착했지만, 우리는 여전히 그 땅을 원한다

내가 늘 좋아하는 체험 한 가지는 성지 탐방이다. 한번은 고든칼리지의 훌륭한 교수 로저 그린(Roger Green)이 우리 팀을 인솔했다. 우리는 보스턴의 공항에 모여서 암스테르담행 비행기에 올랐다. 암스테르담에 도착하니 장시간 비행으로 머리가 띵했지만 쪽잠을 자는 것밖에 방법이 없었다. 얼마 후 우리는 비행기를 갈아타고 텔아비브로 향했다. 머리가 한층 더 띵한 상태로 텔아비브에 도착했는데, 드디어 그 땅에 들어왔다는 흥분 때문에 띵한 상태가 이제 더 복잡해졌다. 예약한 호텔로 갔으나 여행사 측에서 호텔을 다른 곳으로 변경해 놓은 것을 알게 된 우리는 하는 수 없이 다시 차에 올라 변경된 호텔로 갔다. 늦은 오후 태양 아래 손가방을 움켜쥐고 캐리어를 끌어서 방에 옮겨 놓은 뒤 우리는 식당에 모여 성지에서의 첫 저녁 식사를 했다.

시차가 매우 커서 얼이 빠지고 멍한 상태에서 잠을 좀 자 보려고 갖은 애를 썼지만 결국 나는 다음 날 아침 일찍 잠이 깨고 말았다. 안뜰로 향한 창을 열고 방에서 나온 나는 성지에서의 첫 아침 해를 맞았다. 가장 먼저 눈에 들어온 것은 앵무새들이 화려한 패턴을 그리며 위아래로 날아다니는 광경이었다. 하지만 우리는 현대식 호텔에 머물며 앵무새를 구경하려고 성지에 온 것이 아니었다. 우리는 예수님이 돌아다니시던 갈릴리 땅, 베드로가 살던 가버나움을 보려고 온 것이었다. 쿰란과 마사다, 모든 것의 중심인 예루살렘, 그리고 성전 산을 보려고 온 것이었다. 우리는 텔아비브에 도착했고, 바람 냄새를 맡을 수 있었고, 하늘을 볼 수 있었으며, 태양의 온기를 느낄 수 있었다. 하지만 우리는 그 이상을 원했다. 우리는 그 땅에 도착했지만, 그 땅을 샅샅이 찾아다니기를 원했다.

우리 안에 계신 성령은 우리가 그 나라에 도착했다는, 우리가 비록 이 땅의 망가진 현실을 겪고 있지만 저 모퉁이를 돌면 완전한 구속이라는 그 나라 땅이 있다는 하나님의 약속이다. 그리고 바울은 성령에 관해 주목할 만한 표현을 써서, 우리가 성령과 함께 도착했다는 사실을 세 차례에 걸쳐 말해 준다.

> 우리를 여러분과 함께 그리스도 안에 튼튼히 서게 하시고, 또 우리에게 사명을 맡기신 분은, 하나님이십니다. 하나님께서는 또한 우리를 자기의 것이라는 표로 인을 치시고, **그 보증으로** 우리 마음에 **성령을 주셨습니다**(고후 1:21, 22, 새번역).

고린도 교인들에게 편지를 보내고 오래 지나지 않아 로마 교인들에게 편지를 쓸 때 바울은 이 동일한 개념을 다른 비유로 설명한다.

> 그뿐 아니라 또한 우리 곧 성령의 **처음 익은 열매**를 받은 우리까지도 속으로 탄식하여 양자 될 것 곧 우리 몸의 속량을 기다리느니라(롬 8:23).

훨씬 후 바울이 성령에 관해 에베소 교인들에게 다음과 같이 말한 것에서는 약간의 차이만 볼 수 있다.

> 이는 우리 기업의 **보증**이 되사 그 얻으신 것을 속량하시고 그의 영광을 찬송하게 하려 하심이라(엡 1:14).

> 하나님의 성령을 근심하게 하지 말라 그 안에서 너희가 구원의 날까지 **인 치심**을 받았느니라(4:30).

바울의 말은 우리가 성령을 받았고, 우리 안에 계신 성령은 '소유권을 증명하는 인증'이며 우리가 그 나라에 참여할 수 있음을 보증하는 계약금이라는 것이다. 이는 몇 장 앞에서 살펴본 것처럼 구원이 평생에 걸친(그리고 그보다 긴) 과정임을 말해 주는 또 다른 방식이다.

번영하게 하시는 성령

지역 교회에서 하나님은 장차 임할 하나님 나라를 만들고 계신다(우리는 이를 믿어야 한다). 주위를 둘러보면 영광스러운 그 나라는 보이지 않고, 그 나라로 가는 중에 망가지고 다쳐서 엉망진창이 된 동료 그리스도인들의 모습만 보인다. 사실 우리는 서로에게서 긴장과 분열, 옥신각신하는 모습을 본다. 이것이 바로 하나님이 우리에게 성령을 보내신 이유다. 우리의 타고난 능력을 초월해서 서로 사랑하게 하고 우리의 무능력을 변화시켜 하나님의 장대한 실험인 교회를 증언하는 방식으로 서로 함께 거하게 하시려는 것이다.

19장
노출 챌린지

무엇을 읽을지, 무엇을 볼지에 철저히 주의하라. 〈뉴욕 타임즈〉(*New York Times*)를 읽으면, 〈뉴욕 타임즈〉처럼 왼쪽으로 기울기 시작한다. 〈내셔널 리뷰〉(*The National Review*)를 읽으면, 〈내셔널 리뷰〉처럼 우편향이 시작된다. 〈심슨 가족〉(*The Simpsons*)에 몰두하면, 자부심 강하고 영리한 체하는 사람이 될 것이다. 데이비드 레터맨이 진행하는 쇼와 같은 토크쇼를 즐겨 보면 세상에 냉소적이 된다. 어떤 사람은 늘 음악만 듣기 때문에 대화할 때 모든 것을 노래 가사와 연결시키고, 또 어떤 사람은 작가 세스 고딘(Seth Godin)의 작품을 읽기 때문에 자꾸 그 작가 이야기를 할 기회를 찾고, 또 어떤 사람은 자기 교회 목사가 마치 성경이기라도 한 양 목사의 말을 인용한다. 내 주변에는 무슨 이야기만 하면 호메로스, 플라톤, 아리스토텔레스를 인용하는 그리스 고전 학자들이 있다. 내 친구 한 사람은 걸핏하면 플래너리 오코너 이야기를 하는데, 덕분에 나도 오코너 작품을 읽게 되었다. 오코너를 알게 된 것은 내 인생에서 얼마나 대단한 발견인지. 내 친구들 중에는 랍비의 길에 들어선 유대인들도 있는데, 이들은 랍비들의 글을 마치 세 끼 밥 먹듯이 인용한다. 또 나는 해리 포터의 등장인물들을 직접 아는 것처럼 말하는 사람들도 만난 적이 있다.

디트리히 본회퍼의 책이라고는 한 권도 안 읽던 내 친구가 어느 날 에릭 메택시스(Eric Metaxas)의 「디트리히 본회퍼」(Pastor, Martyr, Prophet, Spy, 포이에마 역간)를 읽게 되었다. 그리고 나서 본회퍼가 직접 쓴 책 몇 권을 읽은 친구는 어느 날 내게 이렇게 말했다. "스캇, 본회퍼를 읽기 전에는 본회퍼가 자네의 생각에 얼마나 큰 영향을 끼쳤는지 전혀 몰랐네."

나는 큰 소리로 "엄청나게 큰 영향이지!"라고 대꾸했다.

언젠가 내 동료 한 사람이 본회퍼의 글에서 인용문 하나를 찾고 있다고 했다.

"유명한 인용문인가? '그리스도께서 어떤 사람에게 오라고 명하실 때는 와서 죽으라고 명하시는 것이다' 이거?"

"맞아, 그거."

"그건 R. H. 풀러의 유명한 번역문이야. 본회퍼가 원래 독일어로 쓴 문장보다 시적(詩的)이지." 나는 동료에게 독일어 원문을 알려 주었다. "Jeder Ruf Christ führt in den Tod." 그리고 나서 그 동료 데이비드 피치를 위해 이를 번역해 주었다. "'그리스도의 모든 부르심은 죽음으로 이어진다.' 유명한 영어 번역문만큼 시적이지는 않지!"[1] 그날의 대화로 나는 내가 본회퍼에게 얼마나 많이 노출되어 왔는지를 깨달았다.

노출로서의 씨뿌리기

어떤 단일한 영향력에 노출되면 우리는 그 영향력의 이미지로 변화되기 시작한다. 우리에게 가장 많이 작용하는 단일한 영향력이 성령이라면 어떻게 될까? 우리 얼굴을 꾸준히 성령의 빛 쪽으로 향하면 어떤 일이 일어날까? 성령 안에서 어떤 번영을 경험하게 될까?

바울은 세상에 두 부류의 사람이 있다고 말한다. 바로 육체에 꾸준히 노출되는 사람과 성령에 꾸준히 노출되는 사람이다. 갈라디아서 6장 8절에서 바울은 말한다. "자기의 육체를 위하여 심는 자는 육체로부터 썩어질 것을 거두고 성령을 위하여 심는 자는 성령으로부터 영생을 거두리라."

이 글을 쓸 때 나는 달라스 윌라드의 책을 막 읽은 참이었다. 달라스 윌라드는 자신의 글과 목회자로서의 지혜로 많은 이를 도운 사람으로, 이제는 주님 곁으로 갔다. 달라스를 생각할 때 나는 "RIP"("평안히 쉬소서")보다는 "VIM"이 떠오른다. 그리스도를 닮고자 하는 **이상**(Vision), 그 이상을 실현하려는 **의도**(Intent), 영적 훈련을 통해 하나님의 얼굴로 향하는 **방법**(Mean)으로 그 의도를 이룬다는 뜻이다. 생전에 달라스 윌라드가 중점을 둔 일은 '성령에 씨뿌리기'였다. '씨를 뿌린다'는 것은 하나님과 교제하기, 기도로 하나님과 이야기 나누기, 하나님을 신뢰하기, 하나님에게 요청하기, 하나님에게 의지하기, 하나님의 말씀 읽기, 하나님 앞에서 영적 훈련 실천하기, 하나님의 백성과 사귐을 나누기, 성찬으로 그리스도 기념하기, 사랑과 순종과 섬김으로 예배하고 헌신하기를 말한다. 다시 말해, 씨뿌리기는 노출에 관한 문제다. 은혜로 우리를 변화시키시는 하나님에게 꾸준히 우리를 노출하는 것이다. 그리고 성령께 우리를 꾸준히 노출하면, 성령이 구체화되는 삶을 살게 되고 샐러드 접시 안에서 다른 사람들과 잘 어울려 사는 사람이 될 수 있다.

이야, 대단해요!

이 모든 일은 이제 대학 등록금 대는 일도 끝나고, 성인이 된 우리 두 아이가 집을 떠나 취직하고 결혼했을 때 시작되었다. 아내와 나는 조금 더 저축하면서 집 수리 계획을 세울 수 있게 되었다. 우리는 먼저 카펫을 걷어 내는 일부터 시작했다. 낡은 카펫 아래 마루가 깔려 있다는 걸 알고 있던 우리는 전문가처럼 바닥 개조를 마쳤다. 물론 집이 2주 동안 먼지투성이에다 불쾌한 냄새가 코를 찌르는 난장판이 될 것이고 집 안 가구들을 뒷문 현관으로 다 옮긴 뒤 비닐을 덮어 두어야 한다는 것은 미처 생각하지 못했다. 마룻바닥으로 집 내부에 변화를 준 우리는 이제 벽돌 산책로를 포함해서 바깥 풍경을 좀 바꿔 보기로 했다. 그다음은 차고 수리였다. 그리고 그 후 2년 동안 저축한 돈으로는 낡은 창문을 다 교체하고 판자벽을 새로 설치했다. 그 뒤로도 돈을 조금 더 모아서 우리 친구이자 실력 좋은 하청업자인 T. K.에게 부탁해 주방을 고치고 칸막이식 현관을 사계절 내내 쓸 수 있는 방으로 개조했다. 이듬해 여름에는 욕실을 최신식으로 고쳤다.

    T. K.가 이 모든 작업을 하는 동안 우리는 마당에 심을 화초와 장식용 잔디에 더 신경을 썼고, 마당 가꾸기는 우리 부부의 취미가 되었

다. 이어서 T. K.는 1950년대 이후 몇 십 년 묵은 각 방의 문들을 다 교체했고, 우리는 2층 욕실을 수리했다. 목공 기술이 탁월한 T. K.는 거실 탁자와 사계절용 방에 놓을 작은 탁자를 만들어 주었다. T. K.는 테라스와 정자를 만들어 주는 것으로 우리 집 리모델링 공사를 마쳤는데, 이제 우리는 그곳에 그릴을 놓고 음식을 만들어 저녁식사를 주로 그곳에서 한다(겨울이 오기 전까지만).

우리는 동일한 집을 소유하고 있지만, 이 집은 더 이상 전과 같은 집이 아니다. 이 집은 옛 것을 새롭게 창조한 집이다. 집터는 동일하고, 벽도 동일하고, 구조도 동일하지만, 집의 내부와 외부는 완전히 새로운 현실이다. 낡은 집이 10년 사이 새 집이 되었다고 말할 수 있을 정도다. 최근 T. K.가 또 한 곳을 완전히 새롭게 만들어 준 후 딸 로라가 집에 왔는데, 집을 둘러보고는 "이야, 두 분 대단해요!"라고 했다. 사도 바울이 로마, 고린도, 혹은 에베소 가정 교회의 그리스도인들에게 바로 그렇게 말했을지 모른다. "**이야, 성령께 노출된 로마인 여러분 대단해요!**"라고.

우리가 성령께 노출되면 어떤 일이 벌어지는가? 그 일은 어떤 모습일까? 나는 성령께서 우리를 더 낫고, 더 크고, 더 담대하고, 더 명민하게 만들어 준다고 말하고 싶다. 그렇다면 이제 노출 챌린지를 시작해서 성령만이 하실 수 있는 일을 성령께서 하고 계신지 확인해 보자.

성령께 노출되면 우리는 더 나은 사람이 된다

성령께 노출된 사람은 성령으로 충만해져서 성령의 열매를 나타내 보인다. 성령의 열매는 다음과 같은데, 천천히 하나하나 더 면밀히 읽을 수 있도록 목록으로 정리해 보았다(건너뛰어 읽지는 말라).

> 오직 성령의 열매는
> 사랑과
> 희락과
> 화평과
> 오래 참음과
> 자비와
> 양선과
> 충성과
> 온유와
> 절제니.

성령께서 우리 삶에 뿌리내리면, 열매를 내신다. 즉, 성령께서는 우리를 도덕적으로 더 나은 사람으로 만드신다. 바울의 큰 이상은 성령께서 우리 안에 계시면서 우리가 더 그리스도를 닮게, 더 경건하게, 더 사랑이 많게, 더 지혜롭게 해주시는 것이다. 더 나아가, 첫 열매(사랑)가 첫 열매인 이유는 바울에게 사랑은 토라의 핵심이자 그리스도인의 중심 덕목이고, 교회에 평화를 안겨 주는 유일한 띠이기 때문이다. 유대인과 이방인, 노예와 자유민, 남자와 여자가 그리스도 안에서 하나이고, 그 하나 됨은 이들이 성령을 통해 서로 사랑할 때 유지된다.

이와 관련해 우리가 할 수 있는 일은 무엇인가? 아마도 우리는 존

스토트의 말을 마음에 새겨 실천할 수 있을 것이다.[2] 스토트는 「시대를 사는 그리스도인」(The Contemporary Christian, IVP 역간)에서 이렇게 말한다. "아마 20년 동안 나는 매일 아침 경건의 시간마다 [이 성령의 열매 목록을] 나 자신에게 인용하며 내 삶에서 이것이 실현되기를 기도한 것 같다. 가장 좋아하는 성경 본문이 무엇이냐는 질문을 받을 때 나는 대체로 이 구절을 제시한다." 하지만 성령의 열매에서 우리가 보아야 할 것은 그뿐만이 아니다. 성령께서 하실 일은 우리를 그리스도의 형상으로 변화시키는 일이다. 그러므로 성령의 열매가 날마다 필요하다는 사실에 대한 존 스토트의 묵상에서 한 가지를 더 살펴보자.

> 이따금 나는 질문을 받는다. …… 내 나이에도 무슨 야심이 남아 있느냐고. 그럴 때마다 나는 대답한다. "물론이지요. 나를 지배하는 야심은(죽는 날까지도 그러할 것이라고 믿는데) 그리스도를 조금씩 더 닮는 것입니다."[3]

성령의 열매로 번영하는 사람은 그리스도를 닮은 모습이며, 그리스도를 닮는다는 것은 더 나은 사람이 된다는 말의 또 다른 표현이다.

성령께 노출되면 우리는 더 큰 사람이 된다

성령은 어떻게 우리를 더 큰 사람으로 만들어 주는가? 하나님의 크고 우주적인 사명을 이룰 때 우리에게 은사를 나누어 주심으로 그렇게 하신다. 성령의 은사를 통해 우리는 하나님의 무대에 오르는 참여자이자 배우가 되고, 하나님의 은사를 받고 하나님의 교회에서 과제와 책임을 이행하는 백성이 된다. 또한 여기서 우리는 하나님의 은사가 우리를 더 궁핍하게 만들어 우리를 더 큰 사람으로 만드신다는 역설을 보아야 한다! 어떻게 그렇게 되는가? 하나님의 은사에서 우리가 알게 되는 것은 하나님이 우리에게 은사를 주시지만 다른 모든 사람에게도 은사를 주시며, 그래서 그리스도의 몸이 제대로 기능하려면 우리에게 서로가 필요하다는 사실이다.[4]

신약 성경에는 은사 목록이 네 가지 등장하는데, 가장 완전한 것은 고린도전서 12장 8-10, 27, 28절에 나오며,[5] 나는 이것을 다음과 같이 하나의 목록으로 정리해 보았다.

> 어떤 사람에게는 **성령**으로 말미암아 지혜의 말씀을,
> > 어떤 사람에게는 같은 **성령**을 따라 지식의 말씀을,
> > 다른 사람에게는 같은 **성령**으로 믿음을,
> > 어떤 사람에게는 한 **성령**으로 병 고치는 은사를,
> > 어떤 사람에게는 능력 행함을,
> > 어떤 사람에게는 예언함을,
> > 어떤 사람에게는 영들 분별함을,
> > 다른 사람에게는 각종 방언 말함을,
> > 어떤 사람에게는 방언들 통역함을 주시나니 ……
>
> 너희는 그리스도의 몸이요 지체의 각 부분이라 하나님이 교회 중에 몇을 세우셨으니
> > 첫째는 사도요

둘째는 선지자요

셋째는 교사요

그 다음은 능력을 행하는 자요

그 다음은 병 고치는 은사와

서로 돕는 것과

다스리는 것과

각종 방언을 말하는 것이라.

성령이 오시면 교회 안의 모든 사람에게 책임을 나누어 주시며, 그렇게 하는 것으로 우리를 이기심과 개인적인 삶에서 벗어나게 하시고 우리를 더 큰 사람으로 만들어 주신다. 그렇게 해서 우리는 이 세상에서 하나님의 큰 일 가운데 번영하게 된다.

영적 은사의 네 가지 목록은 조금씩 다른데, 덕분에 나는 **이 은사들이 성령께서 나누어 주시는 것들의 대표적인 예**라는 사실에 주목하게 되었다. 이 목록들을 비교 대조해서 약 스무 가지의 영적 은사 목록을 만들어 낸 분들의 의견을 존중한다. 또한 교회 안에서 자기가 '가진' 은사가 무엇인지 생각해 보게 만들려는 분들의 노력도 존중한다. 그리스도인이라면 하나님이 나누어 주신 것을 깊이 생각해 보아야 하기 때문이다. 하지만 이 목록에 몰두하다 보면 때로 본말이 뒤집히기도 한다는 것이 나는 염려스럽다. 은사 목록을 보면서 어떤 은사가 내게 해당하는지 따져 보기보다는 "성령께서 내게 은사를 주심은 이 교제 공동체 안에서 어떤 일을 하게 하시기 위해서인가?"를 묻는 것이 더 좋은 태도다. 그 질문에 대한 대답이 바로 자기 '은사'다.

여러분과 나에게는 할 일이 주어졌으며, 그 일로 우리의 크신 하나님이 이 세상에서 하고 계신 일 가운데서 우리의 위치가 정해진다. 그 일이 우리를 더 큰 사람으로 만들어 주지 않는다면 도대체 다른 어떤 일이 우리를 그렇게 만들어 주는지 나로서는 알지 못한다! 이런 식으로 '더 큰' 사람이 되는 데에는 일정한 방향이 있다. 우리의 은사는 **그리스도의 몸의 유익과 하나 됨을 위한[향하는]** 것이기 때문이다. 말년에 쓴 한 편지에서 바울은 이 사실을 아주 분명하게 말했다. 그래서 에베소서 4장 12, 13절을 인용해 볼 텐데, 하나님이 왜 우리에게 은사를 주시는지 좀 더 쉽게 알아볼 수 있도록 여러 부분으로 나누어서 살펴보겠다. 첫째, 은사는 하나님의 백성에게 하나의 임무로 주어진다.

> 이는 성도를 온전하게 하여[하는 방향으로] 봉사의 일을 하게 하며 ……

왜인가? 이 일이 교회라는 '우리'를 얼마나 지향하는지 주목하라.

> …… ['나'가 아니라] 그리스도의 몸을 세우려 하심이라 ……

그리고 이제 은사의 최종 목적이 등장한다.

> …… 우리가 다 하나님의 아들을 믿는 것과 아는 일에 하나가 되어 온전한 사람을 이루어 그리스도의 장성한 분량이 충만한 데까지 이르리니.

이것이 하나님의 큰 계획이다. 은사는 우리를 그 계획에 연결해서 우리를 더 큰 존재로 만들어 준다.

성령께 노출되면 우리는 더 담대한 사람이 된다

우리 안에서 성령이 역사를 시작하시면, 우리의 무능력이 초월되고 우리의 능력이 변화된다. 우리가 소심한 사람이든 담대한 사람이든, 성령께서는 우리가 하는 일을 담대하게 만드시거나 혹은 지나치게 담대한 사람의 기질을 누그러뜨려 적절하게 만드실 수 있다.

사도행전을 읽다 보면 사도들의 담대함이 두드러져 보인다. 다음에 참조 구절 목록을 제시할 텐데, 성경을 읽는 사람들이 이 담대함의 개념을 소홀히 하는 경우가 매우 많은 까닭에 성령께서 주시는 담대함의 사례 다섯 가지로 이 개념을 분명히 하고자 한다.

1. 오순절에 베드로가 이렇게 알렸다. "내가 조상 다윗에 대하여 **담대히** 말할 수 있노니 다윗이 죽어 장사되어"(행 2:29).
2. 다음으로, "그들[예루살렘의 지도자들]이 베드로와 요한이 **담대하게** 말함을 보고 그들을 본래 학문 없는 범인으로 알았다가 이상히 여기며 또 전에 예수와 함께 있던 줄도 알고"(4:13).
3. 베드로는 이렇게 기도한다. "주여 이제도 그들의 위협함을 굽어보시옵고 또 종들로 하여금 **담대히** 하나님의 말씀을 전하게 하여 주시오며"(4:29).
4. 베드로의 담대함이 촉매가 되어, "빌기를 다하매 모인 곳이 진

동하더니 무리가 **다** 성령이 충만하여 **담대히** 하나님의 말씀을 전[했다]"(4:31).

5. 바울이 로마에서 가택 연금 상태로 재판을 기다리는 동안 마지막으로 한 설교에 주목하라. "[바울이] 하나님의 나라를 전파하며 주 예수 그리스도에 관한 모든 것을 **담대하게** 거침없이 가르치더라"(28:31).

어떤 사람이 성령께 노출되면 소심함에서 벗어나 성령이 북돋아 주는 담대함을 갖게 된다. 아시아계 미국인인 니키 토야마(Nikki A. Toyama)⁶가 어느 날 이런 질문을 받았다. "자기 존재가 하나의 목소리라는 것을 언제 실감합니까?" 그때 니키에게는 적어도 두 가지 복합적인 상황이 떠올랐다. 첫째, 아시아계 미국인 여성으로서 니키는 **아시아 문화**가 기대하는 일련의 기준과 함께 성장했다. 아시아 여성은 얌전하고 조용해야 했고, 손님 대접 같은 행동을 통해서 목소리를 내야 했기 때문이다. 둘째, 니키는 자기 목소리를 가진 여성보다는 있는 듯 없는 듯 조용한 여성이 더 적절하다고 보는 **기독교 문화**에 속해 있었다. 그와 같은 상황에서, 자기 존재가 하나의 목소리인가를 묻는 질문을 받자 니키는 더욱 당혹스러웠다. 하나의 목소리가 된다는 것은 니키에게 새로운 방향성을 제시해 주었다. "목소리는 서양에서만 통용되는 개념이 아니기" 때문이었다. 니키는 이렇게 말했다. "목소리를 **영향력**으로 봄으로써 어쩌면 우리는 아시아인의 목소리, 특히 아시아 여성의 목소리가 어떻게 들리는지 발견하기 시작할 수 있다."

니키는 어디에서 도움을 발견했을까? 성경에 등장하는 여성들의 이야기에서 찾았다. "이 여성들은 경건한 목소리를 대표했다. 이들은 자기 존재, 영향력, 혹은 권한을 이용해 하나님의 나라를 진전시켰다"는 것을 니키는 깨달았다. 니키가 가장 동질감을 느끼는 여성은 이주민 여성인 에스더인데, 에스더의 목소리는 이스라엘의 목소리를 구했다! 그래서 니키는 이렇게 고백한다. "신구약 성경의 혁명적 문서에서 나는 내게 비춰진 내 목소리를 찾았다." 거리 모퉁이에서 들려오는 외향적 미국인의 목소리가 니키는 불편했다. 그래서 니키는 아시아식으로 '눈에 띄지 않는 자리'에서 '어려운 주제를 다루는 정중한 방식'을 익혀 갔다. 니키는 계속해서 말한다. 아시아 여성들은 "사람들에게 어려운 이야기도 할 수 있다. 작은 체구나 '귀여움' 때문에 우리의 메시지가 약해지더라도 …… 내게도 목소리가 있다는 것을 나는 깨달았다."

달리 말해, 사도들이 담대히 복음을 전했다는 것은 흥분하기 좋아하는 텔레비전 설교자들처럼 목소리를 높여 시비조로 논쟁했다는 뜻이 아니다. 성령이 주시는 담대함은 담담하고 합리적이며, 자그마한 체격에서 풍겨 나와 풍성히 발휘될 수 있다.

성령께 노출되면 우리는 더 명민해질 수 있다

성령의 합리적 담대함에 대해 방금 이야기했으므로, 성령께 오래 노출될 때 생기는 일과 관련해 가장 일반적인 주제 한 가지는 우리가 **신학적으로 더 지혜롭거나 더 명민해진다**는 것임을 잊지 않도록 하자. 실제로 성경은 성령께서 지혜와 지식을 주시고 길을 안내하신다고 말한다.

또한 성령께서 우리를 통해 예언적으로 말씀하시며, 그래서 우리가 '성령께 속한 일'을 알게 된다고 알려 준다. 나는 이 책에서 다루는 중요한 개념들이 성경에 닻을 내리기를 바란다. 그래서 평소보다 성경 구절을 많이 인용하고자 하는데, 이번에는 사도행전이다. 이 구절들은 초기 그리스도인들이 하나님의 계획에 대해 지혜와 통찰을 얻을 수 있었던 것은 하나님의 영이 이들을 깨우쳐 주셨기 때문임을 보여 준다.

성령께서는 때때로 신적 계획을 계시하신다. "성령이 빌립더러 이르시되 이 수레로 가까이 나아가라 하시거늘"(행 8:29). 베드로에게는 "두 사람이 너를 찾으니"라고 말씀하셨다(10:19). 성령은 아가보에게 영감을 주셔서 예언하게 하셨다(11:28). 성령은 안디옥 공동체를 향해 "내가 불러 시키는 일을 위하여 바나바와 사울을 따로 세우라"(13:2)고 말씀하셨고, 이렇게 해서 바울은 자신의 샐러드 접시 선교 사역을 출발시켰다. 우리는 성령의 지도를 받아 의사결정을 내리는 광경을 본다. "성령과 우리는 이 요긴한 것들 외에는 아무 짐도 너희에게 지우지 아니하는 것이 옳은 줄 알았노니"(15:28). 바울은 비슷한 결정을 또 한 번 내린다. "이제 나는 성령에 매여 예루살렘으로 가는데"(20:22). 일상적으로 자신을 성령께 노출하는 사람들은 성령께서 감동 주시는 것을 인식한다. 이것이 어떤 모습으로 나타나는지 보고 싶다면 고린도전서 2장 6-16절을 보라.

이는 사도 바울을 비롯하여 초기 그리스도인들이 진지하게 주장하는 내용이지만, 이들 주장의 바탕은 **성령께 노출되면 그 사람은 번영하고 영적으로 더 명민해진다**는 것이다. 성령에 푹 잠긴 사람에게는 신령한 지능(Spiritual Intelligence)이 있다. 성령으로 이 사람은 이해할 수 없는 일을 이해한다. 성령으로 이 사람은 전에는 포용하지 못하던 일을 포용한다. 성령으로 이 사람은 전에는 시야가 가려져 있던 자기 마음속 깊은 곳을 들여다본다. 때로 성령께서는 우리의 어떤 행동을 유발하거나 슬쩍 암시를 주시며, 그러면 우리는 그 지침에 따라 행동하고, 나중에서야 그것이 하나님의 섭리가 작동한 것임을 알게 된다. 때로 성령께서는 우리가 성령이 아니라면 하지 않았을 말을 하게 만드신다. 또한 그런 우리를 통해 다른 어떤 사람이 하나님이 주시는 말씀을 듣게 되기도 한다.

바울처럼 성령께서 주시는 명민함을 나타내 보이는 사람이 누가 있을까 생각해 보면 팀 켈러(Tim Keller)가 떠오른다. 팀 켈러의 태도는 목회자답고, 감수성 있으며, 똑똑하고, 문화적으로 깨어 있지만, 그러면서도 적절히 담대했다. 팀 켈러의 설교와 저서에서 드러나는 특징을 나는 신령한 지능이라고 부른다. 포스트모던하고 정치적으로 영향력 있으며 이재(理財)에 밝은 맨해튼 지역의 문화 지도자들을 목회하는 목회자로서 켈러는 자신의 자세를 다음과 같이 설명했다.

> 뉴욕시의 젊은 세속주의자들은 인공적인 느낌을 주는 것에 극도로 예민하다. 지나치게 세련되고, 지나치게 통제되고, 지나치게 가공된 것은 다 장삿속으로 본다. 설교자가 포괄적이지 않은 젠더 표현을 쓰거나, 다른 종교에 대해 냉소적인 말을 하거나, 강요로 느껴지거나 진정성 없어 보이는 어조로 말하거나, 복음주의 진영 내부자들끼리만 통하는 용어를 쓰면 이들은 고개를 돌릴 것이다. 특히, 설교자가 고성을 지르면 이들은 "두들겨 맞는다"고 느낄 것이다. 도시 한가운데의 빈민 지역에서는 열정

적으로 들리는 설교가 도시의 특정 소(小)문화권에서는 위험한 폭언으로 들릴 수 있다.[7]

이 인용문에 모아 놓은 금언들이 바로 오늘날 전 세계 목회자들이 팀 켈러라는 넓고 깊은 우물을 찾아 물을 마시는 이유다. 켈러는 하나님의 영에 노출되어 우리 시대를 위한 지혜자가 된 사람의 표본이다.

이제 우리에게는 한 가지 질문이 남는다. 어떻게 해야 성령께 노출되는가? 성령을 향해 마음을 돌리고, 얼굴을 돌리고, 생각을 돌리라.

20장
정비사 피트

지금 다니는 교회의 지도자들에 대해 생각해 보라. 설교 목사와 담임 목사와 행정 목사, 찬양대 담당 디렉터, 청년부 사역자, 장년부 사역자, 청소년부 사역자, 구제 담당 사역자, 교육 담당 사역자, 선교회 담당 디렉터가 있을 것이다. 그리고 최근에 나는 식탁 담당 목사도 봤는데, 교인들이 건강한 식생활을 하고 다른 그리스도인들과 더 자주 식사 교제를 할 수 있게 돕는 것이 이 목사가 하는 일이다.

이제 회중석에 앉아 있는 사람들과 이들이 날마다 하는 일을 생각해 보라. 어떤 사람은 학생을 가르치고, 어떤 사람은 조경(造景) 일을 하고, 어떤 사람은 옷 가게에서 옷을 팔고, 어떤 사람은 사업을 하면서 미국 500대 기업이 되는 길에 있고, 어떤 사람은 엄마와 아빠로 홈스쿨링을 하고, 어떤 사람은 보험 상품을 팔고, 어떤 사람은 주식 시장에서 주식을 팔고, 어떤 사람은 매주 여행을 가는 반면 어떤 사람은 몇 년째 동네를 벗어나지 못한다.

바울의 삶은 앞에서 말한 여느 목회자의 삶과는 달랐다. 이 책 앞부분에서 말했다시피, 바울은 한 교회에 고용되어 있지 않았기 때문이다. 그는 요즘 말로 **자비량**(tentmaker) 목회자였다. 실제로 영어 단어 'tentmaker'는 바울의 삶에서 나온 단어로, 그의 삶은 목회자로 섬기는 삶인 동시에 일터에서 고되게 일하는 삶이었다. 달리 말해 바울은 우리 시대의 많은 회중과 비슷하게 살았으며, 그러면서 목회자로 사역했다.

오늘날의 목회자와 달리 바울의 삶은 정비사 피트의 삶과 비슷했다. 피트는 20년 동안 우리 가족의 차, 그리고 요즘은 우리 아들 가족의 차까지 맡아 관리하고 있다. 우리가 피트를 신뢰하는 것은 그가 정직하고 믿을 만하기 때문이기도 하지만, 그보다 중요한 것은 그가 자동차를 정비하는 일로 사람들을 헌신적으로 섬길 뿐만 아니라 적극적이고 경건하며 선교 지향적인 그리스도인이기 때문이기도 하다. 바울과 마찬가지로 피트는 낮이면 정비소에서 일한다. 또한 역시 바울처럼 하나님의 사명이 피트의 사업장 전체에 깊이 스며들어 있다. 나는 피트가 운영하는 정비소에 갈 때마다 그에게 자동차 정비를 받는 것은 물론, 그리스도와 교회와 신앙에 대한 대화를 빼놓지 않는다. 지난번에 갔을 때 피트는 몇 년 후 은퇴를 계획하고 있으며 은퇴 후에는 소속 교회에서 그리스도의 일에 전념할 수 있을 거라고 말했다.

바울은 예루살렘에서 로마에 이르기까지, 어쩌면 그보다 먼 곳까지 다니며 복음을 전했고, 자신이 개척한 교회들에 훌륭한 편지들을 써 보냈으며, 하루 중 여러 번 일을 멈추고 기도했고, 이뿐 아니라 ……도 했고, 또한 ……도 했으며, 그리고 이 모든 것은 **다른 모든 면에서 평범하고 육체적으로 고되고 힘겨운 노동자의 삶을 살면서** 한 일이었다. 노동을 하다가 적당한 기회가 생길 때마다 바울은 사람들에게 예수님 이야기를 했을 것이고, 이미 신자가 된 사람들을 훈련했을 것이다. 그러나 이 사도는 원단이나 가죽을 구매하고,[1] 작업대에서 이를 재단하고 바느질하여 텐트와 차일과 기타 가죽 제품으로 만들어 장터에서 판매하는 일로 하루의 대부분을 보냈다.

바울은 로마 제국의 유명 도서관, 이를테면 에베소 도서관 같은 곳에서 시간을 보내지 않았고, 수도원에서 살거나 은거(隱居) 생활이라도 하는 양 다른 사람들의 노동으로 식사를 해결하면서 홀로 산에서 기도와 묵상을 하며 지내지도 않았다. 또한 책 읽고 설교 준비만 하며 지내지도 않았다. **바울은 낮에는 천막 만들기와 오후의 긴 낮잠으로 시간을 보냈고, 저녁이면 가정 교회에 어색하게 모여 앉아 있는 유대인과 이방인 신자들 사이에서 거룩함과 사랑을 위해 애썼다.** 바울은 천막 만드는 일은 물론 자신의 영적 은사를 발휘하는 일에서도 전업 노동자였다 (궁금해할까 봐 하는 말인데, 바울은 결혼하지 않았을 가능성이 높다).

우리는 생업에서 자유로워져서 은사를 개발하고 타인을 섬기는 일에만 시간을 쓸 수 있다면 하나님을 위해 훨씬 많은 일을 할 수 있을 거라고 생각하고 싶어 한다. 적어도 나 자신은 그렇다. 다시 말해 우리가 바라는 것은 예수님이나 바울이나 베드로에게는 일어나지 않은 일이다. 예수님의 마지막 3년여는 '전업' 사역 기간이었던 것이 확실하지만, 처음 30년은 일종의 기술공, 구체적으로 목수로 사셨다. 그리고 바울은 우리가 알다시피 자기 손으로 생계를 해결했다는 사실을 입버릇처럼 강조했다. 여기서 내 목표는 '진짜 직업'을 가지라고 사역자들을 설득하려는 것이 아니라, '진짜 직업'을 가진 사람들은 그 직업을 통해 자기 은사를 활짝 꽃피우라고 부름받았다는 사실을 이해시키려는 것이다.

우리는 하나님이 각자에게 주신 생업에 성실히 임하면서 또 한편으로 지역 교회 생활도 잘 해내야 하는 사람들로 계획되었다.

일터에서의 바울

일에 관한 바울의 철학을 구체적으로 설명하려면 시간이 좀 걸리겠지만, 그래도 일단 이 철학을 머릿속에 담아 두면 모든 상황이 납득되기 때문에 이를 대략적으로 그려 볼 필요가 있다. 유대 세계에서 랍비들은 동료 랍비들이 장사하는 것을 당연하게 생각했다.² 하지만 로마 세계에서 육체노동은 교사의 품위를 지킬 수 없는 일로 여겨졌다. 로마 세계에서 활동하는 교사로서 바울에게 주어진 첫 번째 선택지는 가르치고 설교하는 일에 대해 사례를 요구할 수 있었다는 것이다. 그렇게 했다면 가정 교회들은 로마 문화에서 사회단체로서 위상이 높아졌을 것이다. 로마인들은 자체적으로 교사를 고용할 만큼 여유 있는 사람들을 높이 평가했기 때문이다. 두 번째 선택지로, 바울은 명망 있고 부유한 사람에게 고용되어 그 집에 들어가 살 수도 있었다. 셋째로, 바울은 견유학파(Cynics)라고 하는 로마의 유명한 교사 집단처럼 거리 모퉁이에서 구걸하며 생계를 해결할 수도 있었다. 마지막 선택은 부업을 갖는 것인데, 부업은 로마 세계의 교사들이 가장 천하게 여기는 일로, 바울은 바로 이 네 번째를 택했다.

고린도 교인들은 자신들이 보기에 바울이 의도적으로 이렇게 육체노동자 겸 교사라는 낮은 신분을 선택한 것에 질색했다. 바울이 이들에게 재정을 지원받는다면(그리고 신세를 진다면) 이것을 기회로 이들은 자신들의 가정 교회를 평판 좋은 단체로 확실히 자리매김할 수 있었다.[3] 그러나 바울은 이들에게 신세를 지지 않는 쪽을 택했을 뿐만 아니라 육체노동까지 했다. "[기능공들은] 노예나 다름없이 천하고, 배우지 못했으며, 대부분 쓸모없는 존재라는 낙인이 찍혔고 …… 빈번히 욕설을 듣거나 학대당하고, 종종 괴롭힘당했으며, 저녁 식사에 초대받는 일도 드물고, 사회적 지위를 부여받지 못했으며, 심지어 스토아적 유토피아에서 배제되기까지 했다."[4] 고린도 교인들은 자신들의 사도가 좀 더 고상한 신분을 갖기를 바랐지만, 바울은 기능공 일이야말로 복음을 구현하는 것이라고 보았다. 실제로 바울은 십자가라는 어리석음을 포용하는 한 방식으로 기능공이 되기를 의도적으로 선택했다.

그렇다, 사도로서 바울은 자신이 요청하기만 하면 교인들이 생계를 해결해 주리라는 것을 알고 있었다. 그러나 복음 사역자로서 생계 유지에 필요한 것을 제공받을 '권리'가 있다는 것을 알면서도 바울은 자기 손으로 일하는 쪽을 택했다. 그래야 복음에 집중할 수 있었기 때문이다. 바울의 수사(修辭)가 거의 섬광처럼 반짝이는 최고의 사례 한 가지를 고린도전서 9장에서 볼 수 있는데, 여기서 처음으로 바울은 재정 지원에 대한 강력한 논증을 펼친다.

- 바울은 사도이며 하나님은 바울을 쓰셔서 고린도에 교회를 세우셨다.

- 그러므로 바울에게는 '먹고 마실' 권리와 아내를 데리고 다닐 권리가 있다.
- 다른 소명들도 동일한 내용을 가르친다.
- 토라 자체도 일하는 사람에게는 대가가 주어져야 한다고 말한다.
- 영적 사역은 물질로 대가를 지급받을 자격이 있다.
- 다른 그리스도인 사역자들은 이 권리를 주장한다.

이 같은 내용의 열한 구절에 뒤이어 바울은 다음과 같이 믿을 수 없는 발언을 한다. "다른 이들도 너희에게 이런 권리를 가졌거든 하물며 우리일까 보냐 그러나 우리가 이 권리를 쓰지 아니하고 범사에 참는 것은 그리스도의 복음에 아무 장애가 없게 하려 함이로다"(고전 9:12). 그러고 나서 바울은 이미 제시한 긴 목록에 더하여, 성전에서 일하는 종도 대가를 받으며 예수님도 "복음 전하는 자들이 복음으로 말미암아 살리라"(9:14)고 명하셨다고 말한다. 그리고 자신이 내린 결정으로 돌아와, "내가 이것을[이 권리들을] 하나도 쓰지 아니하였[다]"고 말한다 (9:15). 바울은 권리를 주장하기보다는 노동하는 편을 택했고, 권리를 주장하지 않는 쪽을 택하여 신분과 위신과 매력에 열중하는 세상에서 복음을 삶으로 구현하는 한 방식의 가장 탁월한 예를 제시한다. 우리 시대는 "무언가 중요한 일을 하라!"고 말하지만, 바울은 "하나님의 사랑을 위해 무언가 사소한 일을 하라!"고 응수한다.

생업을 통해 번영하기

오늘날 전문적 사역에 대한 우리의 견해와 달리 바울은 천막 만드는 일을 하면서 '사도직을 이행했다.' 바울은 일을 했다. 그것도 열심히 일했다. 그리고 바울은 사람들의 지원으로 생계를 해결하는 게 아니라 스스로 열심히 일해서 생계비를 버는 쪽을 택했고, **그런데도 번영했다.** 낮에는 틈틈이, 저녁부터 밤늦게까지, 주말에도, 멀리 길을 나설 때도 바울은 기회 있을 때마다 각계각층의 그리스도인들로 구성된 가정 교회를 만들고 유지했다. 천막 만드는 일을 통해 동료들에게 임금을 줄 수 있을 만큼 수익을 올렸다고 말하는 것으로 보아 바울은 노동을 소홀히 하지 않았다. 노동을 하는 한편, 바울은 자기 가게를 회당의 복도 삼아 사람들과 복음에 관한 대화를 나누었다. "회당에서는 **유대인과 경건한 사람들과** 또 장터[천막을 만드는 일터]에서는 날마다 만나는 사람들과 변론하니"(행 17:17). 다시 말해 바울은 일터를 두 가지 용도로 썼다. 즉, 바울은 노동하면서 복음을 전하고, 은사를 활용했다.

바울을 지켜보면서 얻게 되는 큰 교훈 한 가지는, 성령이 지시하시는 일을 지역 교회 안에서 이행하기 위해 반드시 '전업' 사역자가 될 필요는 없다는 것이다. 우리에게는 전업으로 하는 일이 있을 수 있고, 그 일은 시간과 관심을 100퍼센트 쏟아야 잘 해낼 수 있는 일일 수도 있다. 주일에는 예배하고 교제할 시간을 낼 수 있고 짬을 내어 아침 기도 모임이나 점심 성경 공부에 참여할 수도 있겠지만, 우리 대부분은 바울처럼 시간에 쫓기며 살 것이다. 바울의 일과에는 여유가 없었기 때문에, 천막을 만드는 중이든 저녁에 신자들과 함께 모이든 그의 사역은 일상에 스며들어 있었다. 반복해서 말하지만, **우리는 주어지지 않은 삶 가운데서가 아니라 주어진 삶 가운데서 번영하라고 부름받았다.** 그렇다면 하나님의 장대한 사회적 실험을 삶으로 구현하기를 힘쓰면서 번영하기 위해 우리가 할 수 있는 일은 무엇인가?

번영하는 사람들은 자기 자신을 안다

시간이 허용하지 않는데 뭔가를 더 많이 하려는 사람, 많은 시간을 죄책감으로 허비하는 사람, 자기 은사에 모든 힘을 다 쏟을 기회가 허용되는 이들을 보면서 화를 내거나 씁쓸해하는 사람이 많다. 그래서 이 이야기부터 해야겠다. 우리는 **자기 자신을 알아야 하고, 자기가 어떤 일로 부름받았는지, 그리고 시간의 한계 안에서 자기가 할 일이 무엇인지를 알아야 한다.**

내 아내 크리스는 심리학자로, 일리노이주 휘튼에 있는 메이어 클리닉에서 일한다. 아내는 하루 종일 일한다. 그런데 아내는 내향성이어서, 하루 일을 마치고 집에 오면 수많은 사람을 접하느라 지친 심신을 추스르고 재충전할 시간을 가져야 한다. 그리고 주말에도 아내에게는 재충전이 필요하다. 여기서 잠깐 우리 자신에게 일깨울 것, 혹은 아직 알지 못할 경우 깨우쳐야 할 것이 있다. 내향적인 사람들은 사회생활을 하면서 심신이 지치는 데 비해 외향적인(예를 들어 남편인 나 같은) 사람들은 사회에서 사람들과 접촉하면서 활력을 얻는다는 것이다. 나는 학생들을 가르치는 일을 하면서 매우 활력을 얻기 때문에, 저녁에 수업을 하면 잠들기가 힘들고 잠이 들어도 자주 깬다. 그래서 아내는 내가 저녁 시간 약속을 지나치게 많이 만들지 않도록 주의를 준다.

생각해 본 적이 없을지 모르지만, 많은 교회가 외향적인 사람들에 의해, 외향적인 사람들을 위해 만들어진다. 그리고 일부 내향적인 사람들에게 교회 예배는 정서적인 면에서 감당할 수 없을 만큼 힘들다. 이들은 좀 더 조용한 분위기를 좋아하고, 깊이 생각하기를 좋아하며, 좀 더 차분한 음악, 좀 더 부드러운 어조의 설교를 좋아하기 때문이다.[5] 그러므로 우리는 자기가 어떤 사람인지, 자기 은사가 무엇인지, 자기가 어떤 능력을 가졌는지, 그리고 사역에 대한 열망을 자기 생업 속에서 유지할 수 있는지 파악해야 한다. 지혜로운 사람들은 자기 역량 안에서 은사를 발휘한다.

어떤 이들은 평생 활력이 넘쳐서 하루 종일 일하고도 저녁에 친구들을 만나거나 무료 급식소에서 봉사하거나 성경 공부 모임에 나간다. 어떤 이들은 기력이 딸려서 그러지 못하고, 저녁과 주말 활동을 제한하고 혼자 영화를 보고 싶어 할 수도 있다. 또 어떤 사람들은 한동안 기운이 넘치다가 또 한동안은 침체되기도 한다. 나이가 든다는 것(더 좋게 표현해 성숙한다는 것)은 흔히 자기 자신을 전과는 다르게 알게 되고, 자기가 할 수 있는 섬김의 일도 전과 달라진다는 의미다. 젊을 때는 다양한 섬김의 일에 많은 시간과 활력을 쏟을 수 있겠지만, 시간이 갈수록 우리는 가족과 가족의 요구에 점점 더 신경을 쓰게 되고, 따라서 업무와 섬김의 일을 어느 정도 줄여야 할 수도 있다. 우리 부부의 친구들 중에는 어린 자녀를 키우는 이들이 있는데, 아이들 낮잠도 재워야 하고 아프면 병원에도 가야 하고 그밖에 자질구레한 일들로 바쁘기 때문에 주일 아침마다 꼬박꼬박 교회에 나간다는 것이 이들에게는 보통 일이 아니다. 정해진 시간에 아이들을 재워야 하기 때문에 저녁 성경 공부 모임에 나가는 것도 이들에게는 여의치 않다. 그러나 아이들이 자라면서 전보다 덜 피곤하고, 섬기는 일을 할 수 있는 시간 여유가 생길 수도 있다. 그러다가 나이가 들면 기력이 전만 못하다는 것을 깨달을 수도 있다. 지혜로운 교회라면 교인들 간의 사귐을 위해 이러한 인생의 패턴을 알고 인정할 것이다.

바울이 낮에는 하루 종일 소처럼 일만 하다가 일이 끝나면 밤늦게까지 사역을 하는 일상을 매년 매달 매주 매일 반복했다고 생각하기 쉽다. 그러나 신약 성경은 그렇게 말하지 않는다. 그리고 바울이 얼마나 여가를 누렸는지, 혹은 얼마나 여가를 필요로 했는지에 대해서는 명확한 증거가 없다. 달리 말하자면, 바울에게 일중독자라는 성격 유형을 덮어씌우지 말자는 것이다. 상상 속 바울의 삶에 부응하려고 애쓸 것이 아니라, 자기 자신을 알고 각자의 능력 안에서 은사를 발휘하자. 하나님은 우리에게 바울처럼 되기를 요구하지 않으신다. 하나님은 내가 그냥 나로 존재하기를 요구하시며, 나로 존재하는 것만으로 충분하다. 충분할 뿐만 아니라 그것이 옳다.

번영하는 사람들은 자기 위치에서 번영한다

우리는 '진짜 사역'은 '전업' 사역자들이 하는 것이고 '실제 직업'을 가진 사람은 '진짜 사역'을 하는 이들을 지원할 수 있을 뿐이라고 자꾸 생각한다. 설교와 가르침, 그리고 이야기에도 일부 문제가 있다. 우리는 (대부분 남성인) 영웅적인 복음 사역자의 삶을 모범적인 그리스도인의 삶으로 치켜세운다. 아우구스티누스, 칼뱅, 루터, 조너선 에드워즈, 빌리 그레이엄, 유명 선교사, 사회 활동가들이 그런 예다. 평범한 남녀가 생업에 종사하며 사는 삶의 중요성을 깎아내릴 의도는 없다 해도, 동네 이발사나 동네 학교 선생님, 혹은 동네 가게 점원의 예를 통해 그리스도인의 삶을 설명하는 경우가 거의 없기 때문에 우리는 사실 이들 삶의 가치를 깎아내리고 있다.

내 주장이 뭔가 하면, 바울은 **천막 만드는 사람으로서** 사도의 일을 하는 은사를 통해 번영했다는 것이다. 우리는 바울이 천막 만드는 일을 어떻게 했는지에 대해서 별로 아는 게 없지만, 그 지역 그리스도인들은 바울의 설교 못지않게 바울이 만드는 천막에 대해서도 잘 알고 있었으리라고 충분히 짐작할 수 있다. 그러므로 우리가 어떤 소명을 받았든 하나님은 우리가 그 소명을 통해 번영하도록 하셨다는 것을 기억하자. 자동차 정비사 피트나 잎사귀 그리는 화가 니글처럼 말이다.

내가 그린 '잎사귀'가 언젠가는 나무가 될 것이다

내가 가장 좋아하는 단편 소설은 J. R. R. 톨킨의 거의 자전적 이야기인 「니글이 그린 잎사귀」(*Leaf by Niggle*)다.[6] 독신인 니글은 잎사귀를 그리는 게 직업이다. 니글은 외딴곳에 있는 패리쉬 가족 옆집에 살았는데, 다리를 저는 패리쉬와 가난한 그의 아내는 이런저런 요구가 많고 고마워할 줄 모르는 이웃이었다. 니글은 잎사귀를 그리는 일에 열정을 쏟으며 살았는데, 인정 많은 심성 때문에 주변에서 의지하기 딱 좋은 사람이었다. 패리쉬를 비롯해 이웃 사람들은 니글에게 지붕을 고쳐 달라기도 하고 심부름을 시키기도 했는데, 그럴 때마다 선뜻 응하는 자기 자신이 썩 마음에 들지는 않았지만, 어쨌든 니글은 주변 사람들을 도왔다. 때로는 목소리를 낮춰 욕을 하면서도 말이다. 무엇보다 중요한 것은, 이런 일들 때문에 잎사귀를 그리다가 자주 붓을 내려놓아야 했다는 것이다.

톨킨이 스케치하는 니글의 일상적 열심, 즉 그의 잎사귀 그림은 우리가 자기 일을 어떤 시선으로 보아야 하는지에 대한 감동적 은유를 펼쳐 보인다. 톨킨은 니글이 "나무보다는 잎사귀를 더 잘 그리는 화가였다. 그는 잎사귀 하나를 그리는 데도 긴 시간을 쏟았다"고 말한다. 니글의 한 작품은 바람에 날리는 잎사귀 하나로 시작해서 "멋진 뿌리"를 가진 나무가 되었고, 뒤이어 그 나무 뒤로 한 나라가 발전하기 시작했고, 그곳에는 눈 덮인 숲과 산이 있었다.

톨킨은 니글에게 임박한 죽음을 하나의 여정으로 묘사한다. 그리고 그 여정을 위해 니글을 태우고 갈 사자가 도착한다. 톨킨이 전통적인 로마 가톨릭교도였기에 니글은 죽은 뒤 한동안 중간 지점(연옥)에서 일을 하다가 마침내 누군가가 그를 천국으로 데려간다.

바로 여기서 톨킨의 비범한 일 이론(theory of work)이 실현된다. 나는 이것을 진정한 기독교 일 이론이라고 하고 싶다. 니글은 자전거를 한 대 받아 "햇살 아래 내리막길을 달려"가다가 발 아래 잔디가 또 다른 "잔디밭"을 연상시킨다는 것을 깨닫는다. 그리고 나서 니글은 "나무, 그의 나무가 완성된" 것을 보게 된다. 이는 니글이 "그토록 자주 느끼거나 짐작했던, 그리고 그토록 번번이 포착하지 못했던" 나무다. 니글은 이 모든 것을 하나의 선물로 본다. 아, 잎사귀들, 단 한 번도 제대로 그려본 적 없는 잎사귀들도 니글이 상상한 대로 그 나무에 달려 있었다. 상상 속에서 이제 막 싹이 났을 뿐이던 잎사귀들도 있었다. 산(Mountains)뿐만 아니라 숲(Forest)도 거기 다 있었다(톨킨이 대문자를 쓴 것은 니글의 처음

수고가 얼마나 중요하고 진지했는지, 그리고 그 숲과 산이 이제 현실로, 그것도 아주 완벽한 현실로 거기 서 있었다는 것을 보여 준다). 니글은 천국의 이 작은 조각이 "니글의 그림"으로 불린다는 것을 알게 된다. 그리고 패리쉬도 그와 함께 있게 되는데, 패리쉬는 "패리쉬의 동산"에서 살게 된다.

톨킨의 이상에서 가장 장엄한 부분은 거기 담긴 일 신학(theology of work)이다. 즉, **우리가 지금 하는 일은 우리가 나중에 하게 될 일을 미리 엿보기라는 것이다.** 또한 우리가 지금 하는 일은 우리가 나중에 하게 될 일을 미리 준비시킨다. 우리가 지금 하는 일은 나중에 하게 될 일의 원재료가 될 것이다. 우리가 지금 하는 일이 아무리 불완전하고 아무리 우리 기준에 미치지 못할지라도 언젠가는 하나님에게 그대로 받아들여져서 구속(救贖)을 완성하게 될 것이며, 우리가 하는 일은 하나님의 영광으로 빛날 것이다. 우리가 지금 하는 일이 무엇이든, 그 일을 구성하는 풍성한 요소가 있는데, 그 일을 통해 우리는 하나님이 새 하늘과 새 땅에서 우리를 위해 염두에 두고 계신 완전한 소명을 긍정적으로 받아들이고 있는 중이다.

그러므로 자신의 소명을 받아들여서 지역 교회를 향해 가고, 그리하여 하나님 나라를 향해 가라.

21장
크고 멋진 모자를 쓴 선생님

평범한 1세기 (비그리스도인) 로마인이 보기에 그리스도인들이 '교회'라고 부르는 곳에 모이는 모습은 기이하고, 괴상하며, 이상하고, 심지어 신비로웠을 것이다. 이 그리스도인들은 십자가에 달려 죽은 어떤 사람을 "왕"이라고 부르면서, 섬김이 곧 다스림이라고 주장했다. 모두 로마의 영광은 다른 나라를 정복하는 데서 나온다고 알고 있는데 이들은 희생적 사랑을 영광으로 여겼다. 이들은 로마인들이 지혜라고 부르는 것에 반대하면서 오히려 '어리석음'을 선택했다. 그리고 교회라고 하는 이 기이한 카드 한 벌 한가운데서 이들은 어찌된 일인지 고난을 번영과 연결시켰다.

1세기 로마 교회에서의 삶은 고난을 논의의 전면으로 부각시켰다. 하지만 오늘날 우리는 이 논의를 다시 구석으로, 현관 밖으로, 문밖으로 밀어내고, 영원히 사라지기를 기대한다. 하지만 번영과 고난은 그리스도인들이 서로 연결시킨 것 가운데 가장 중요하다고 손꼽히는 것이 사실이다.

사도 바울이 어떻게 생겼는지 궁금했던 적이 있는가? 바울은 키가 크고 잘생긴 사람이었을까? 아니면 키가 작았을까? 초기 교회의 어떤 사람의 주장처럼 등이 구부정하고 다리가 휘었을까? 「바울과 테클라 행전」(The Acts of Paul and Thecla)이라는 자료에서는 바울에 대해 이렇게 말한다. "그리고 그[디도]는 바울이 다가오고 있는 것을 보았는데, 체구가 작고, 머리가 벗겨지고, 안짱다리에, [거동은] 당당하고, 양 눈썹 사이가 좁고, 약간 매부리코에, 더할 수 없이 점잖았다." 내가 강의 중에 이 본문을 큰 소리로 읽었더니 한 학생이 고함치듯 말했다. "그 친구 일자 눈썹이었군요!" 확실히 알 수는 없지만 나는 이 묘사가 정확하지 않나 생각한다. 하지만 바울의 외모에는 훨씬 중요하게 주목할 만한 점이 있다.

신체적 학대를 겪으며 산 뒤 바울의 외모가 어떠했을 거라고 생각하는가? 누가는 회심 직후 바울이 예루살렘으로 돌아와 잠시 머물며 온갖 사건을 겪은 뒤 "헬라파 유대인들"이 바울에게 얼마나 화가 났는지 "그를 죽이려" 했다고 말한다(행 9:29; 20:3; 21:31, 32; 23:12-15). 바울을 죽이려는 그런 시도들은 그의 몸에 마치 문신처럼 흔적을 남기기도 했을 것이다. 빌립보에서 바울은 옷이 벗겨진 채 두드려 맞았으며(성경은 바울이 "심하게 매질당했다"고 표현한다), 저들은 심하게 매질당한 이 사람을 옥에 가두고 차꼬를 채웠다. 저들이 바울을 씻겨 주었을 것이라 생각한다면 큰 착각이다(16:22-24). 그래서 바울은 심하게 상처 입고, 베이고, 멍들었을 것이며, 상처 부위에 감염도 있었을 것이고, 머리부터 발끝까지 흉터투성이였을 것이다. 고린도후서의 다음 구절은 이와 관련해 우리가 알고 싶은 내용을 말해 준다.

> 나는 더욱 그러하도다 내가 수고를 넘치도록 하고 옥에 갇히기도 더 많이 하고 매도 수없이 맞고 여러 번 죽을 뻔하였으니 유대인들에게 사십에서 하나 감한 매를 다섯 번 맞았으며 세 번 태장으로 맞고 한 번 돌로 맞고(고후 11:23-25).

바울의 이 구체적 설명은 그가 어떤 일을 겪었는지 내가 직접 작성한 목록과 나란히 두고 따져 볼 수 있다. 예를 들어 그는 언어적 반대와 학대를 일상적으로 겪었고(행 13:45; 14:2; 17:13; 18:6; 19:9), 합법적이든 아니든(18:12) 날조된 일로 그릇되이 고소당했고(21:27-29), 도성에서 물리적으로 추방당했고(13:50), 목숨을 위협받는 일들을 겪었으며(14:5, 6), 구타(21:32), 동료 그리스도인의 배신(딤후 1:15; 4:16) 등도 겪었다.

나는 이발할 때가 되면 종종 리버티빌 이발소에서 머리를 잘랐는데, 이 이발소는 그 자체로 하나의 문화였고, 지금도 여전히 그렇다(혹시 이 이발소에 가 보게 된다면, 가게 안으로 한 발 들여놓는 순간 내 말이 무슨 뜻인지 알 것이다. 브레드에게 물어보라). 당시 그 이발소 벽에는 잃어버린 개 한 마리 사진이 붙어 있었는데, 사진에는 대략 다음과 같은 설명이 적혀 있었다. "**잃어버린 개 찾음, 다리가 셋뿐임, 왼쪽 눈 실명에 오른쪽 귀 없음. 치질 앓고 있음. 럭키(Lucky)라는 이름에 반응함.**" 나는 바울이 자기 인생과 자기 몸을 이런 식으로 보았을 거라고 생각한다. 다만 바울은 "운 좋다"(Lucky)가 아니라 "복되다"(Blessed)라는 이름을 썼을 것이다.

매질당한 바울의 몸에 관해 우리가 지금까지 한 이야기와 더불어,

로드니 리브스(Rodney Reeves)가 바울이 겪은 일에 관해 하는 말을 들어 보라.

> 바울은 말을 잘하는 사람이 아니었다. 바울은 손으로 일해서 생계를 꾸려 나갔다. 그에게는 늘 나쁜 일이 일어났다. 그가 시작한 교회들은 문제투성이였다. 어느 동네를 가든 거의 늘 쫓겨났다. 로마인들은 그를 멸시했다. 동족들은 그를 학대했다. 다른 선교사들은 그를 조롱했다. 이런 상황을 감안할 때, 바울이 하나님에게 복을 받았다는 것은 바보나 하는 말일 것이다.[1]

로드니 리브스는 십자가를 닮은 바울의 삶을 이렇게 열거하고 이런 삶이야말로 참된 삶이라고 말한 뒤, 책을 내려놓고 커피를 한 모금 마시고 나서 우리 눈을 바라보고 목청을 가다듬더니 다음과 같이 단호하고 명료하게 말한다.

> 오늘날 문제는 우리가 그 일과 관련해 바울이 옳았다고 생각하지 않는다는 것이다. 사실 대부분 교회에서 우리는 정반대로 생각한다. 가장 훌륭하고 영리한 사람만 무대에 올라, 나머지 사람들에게 약점을 극복하는 법을 가르쳐야 한다고 생각하는 것이다. …… 여기 담긴 메시지는 부인할 수 없다. 건강하고 부유하고 지혜로운 사람은 할 말이 있고, 몸이 아프고 가난하고 어리석은 사람은 입 다물고 있어야 한다는 것이다.[2]

바울은 몸이 아픈 사람이었다. 가난한 사람이었다. 어리석은 사람이었다. 다시 우리 질문으로 돌아가 보자. 바울은 어떻게 생겼을까? 숨을 거둘 무렵, 바울의 그 몸은 온통 상처투성이였을 것이다. 두드려 맞고, 깨지고, 뼈가 부러지고, 피투성이였던 이 사람에 관해서는 무언가 소름 끼치게 매혹적인 것이 있다. 그리고 이 사람이 고통에 관해 깊이 숙고했다는 사실은 우리 각 사람이 그에게 빚을 지게 만든다.

바울은 역설적으로 고난을 번영과 연결시켰다. 우리의 위대한 사도는 부어오른 상처와 부러진 뼈를 보면서 이것을 은혜의 표, 복음의 표, 주님에 대한 자신의 충성의 표, 이방인과 유대인이 샐러드 접시에서 함께 어우러질 수 있도록 하기 위해 자신이 감당한 일들의 표, 하나님 나라의 표로 보지 않았을까 한다. 이유가 뭔가? 번영하는 그리스도인은 믿음의 눈을 통해 고난을 체험하기 때문이다. 바울이 고난을 설명하는 방식을 볼 때 이는 '고난에 대한 교훈'으로 볼 것이 아니라, **고난 가운데서 번영하는 그리스도인의 모습을 표현한 것**으로 보아야 하지 않을까 한다.

바울의 고난과 우리의 고통

박해에 따르는 고난, 즉 믿음에 따른 직접적 결과로서의 고난을 다른 유형의 고통과 다를 것이 없다고 보아야 할까? 빈곤이라는 불의, 병고에 시달리는 삶, 너무 젊은 나이에 걸린 암, 배우자의 때 이른 죽음, 성적 학대, 민족에 대한 편견, 나이 차별, 실직 등과 다름없는 고통으로? 이런 고통을 박해에 비교할 수 있는가?

대답은 '그렇다'이기도 하고 '아니다'이기도 하다. 먼저, 박해는 이런 고통에 비교할 수 없다. 우리가 겪는 이런 고통은 예수님을 따르는 삶 때문에 겪는 것이 아니기 때문이다. 우리가 겪는 고통은 무작위적인 인간 실존 체험이다. 하지만 어떤 종류든 물리적 고난은 그에 따른 아픔과 마주하게 하고, 이를 어떻게 견딜 것인지, 어떻게 참여할 것인지, 그리고 그 고난을 어떻게 뚫고 나가며 살아야 하는지 등의 문제를 마주하게 한다는 의미에서 '그렇다'이기도 하다. 그런 의미에서 모든 고통은 우리에게 하나님을 믿으라고, 정의와 하나님 나라를 소망하라고, 우리 각 사람이 고통을 마주할 때 복음을 신뢰하라고 도전을 던진다.

마거릿 김 피터슨(Margaret Kim Peterson)은 이스턴 대학교 교수이자 다수의 책을 펴낸 저자로, 그의 남편인 김형구는 인생 초반에 에이즈(AIDS)에 감염되었다. 마거릿은 남편과 함께한 삶, 그리고 남편의 죽음을 자신의 저서 『노래하며 천국으로 보내 주오』(Sing Me to Heaven)에서 아름답게 묘사했다. 마거릿은 그 후 드와이트 피터슨과 재혼했는데, 드와이트는 열여덟 살 때 횡단 척수염(transverse myelitis)에 걸린 뒤 줄곧 휠체어 생활을 하고 있는 사람이었다. 피터슨 부부에게는 아들이 하나 있다. 그리고 내가 이 글을 쓰고 있는 지금 드와이트는 '압박 궤양'(pressure ulcer)에 따른 감염으로 호스피스 병동에서 죽음을 앞두고 있다. 이성적이고, 사려 깊고, 충실하고, 강인하며, 희망을 잃지 않는 성정으로 이 파괴적인 죽음의 힘과 마주한 마거릿은 지금까지 고통을 겪어 왔고, 고통을 겪고 있으며, 앞으로도 고통을 겪을 것이다. 드와이트는 이스턴대학교 평의회에서 연설을 해달라는 요청을 받고 연설 주제로 "연약함"을 골랐는데, 이는 바울이 자신의 고난에 대해 말할 때 쓴 용어다.

드와이트의 연설에서 인상적인 것은[3] 그의 자세가 바울이 박해받을 때 보인 자세와 같다는 것이다. 드와이트는 위트를 잃지 않고, 자신의 고통과 고난을 낭만적으로 묘사하지도 않으면서 다음과 같이 큰 질문을 던졌다. "삶을 대하는 자세로 연약함을 택한다면 어떻게 될까요?" 그리고 그는 이렇게 대답한다. "우리는 예수님을 좀 더 많이 닮은 모습으로 드러날지 모릅니다." 드와이트는 거기서 그치지 않고 더 깊은 현실로 파고들어 간다.

> 그리스도인으로 산다는 것이 주로 남을 이기기, 지배하기, 부, 영향력, 정치 권력, 심지어 제국의 문제라고 생각한다면, 그 사람은 예수 그리스도의 복음을 따르는 게 아닙니다. 우리가 예수 그리스도 안에서 만나는 하나님은 연약함 가운데 자기 삶을 살아 내셨습니다.

드와이트는 우리가 예수님과 바울의 길, 즉 이분들이 정의하는 연약함의 길을 택한다면, 삶을 좀 더 품격 있고, 충성스럽게 받아들일 수 있을 거라고 계속해서 말한다. 바울처럼 **연약함**이라는 단어를 통해 고난을 보는 법을 배우면, 고난은 번영하는 삶으로 향하게 된다.

고통을 겪을 때 우리는 예수님의 고난에 참여한다

드와이트의 연설문을 읽으면서 나는 예수님과 십자가를 보았고, 그 십자가에서 바로 하나님의 마음을 보았다. 바울의 말에 따르면 복음은 다음 한 문장으로 요약할 수 있다. "다윗의 씨로 죽은 자 가운데서 다시 살아나신 예수 그리스도를 기억하라"(딤후 2:8). 바울은 "이것이 내가 전하는 복음"이라고 말하며, 그러고 나서 극적인 움직임을 보여 준다. 우리가 고통을 인내하는 것을 예수님 자신의 고난과 연결 짓는 것이다.

우리가 주와 함께 죽었으면
또한 함께 살 것이요
참으면
또한 함께 왕 노릇 할 것이요(딤후 2:11, 12).

사회적 배척과 언어적 학대에서부터 물리적 학대와 순교에 이르기까지 모든 것이 바울이 뜻하는 '참음'(인내)이다. 물론 이는 십자가를 지기 위해서는 학대도 인내해야 한다는 말이 결코 아니다. 전혀 그렇지 않다(그런 상황을 만나면 즉시 그 자리를 벗어나 도움을 구해야 한다). 하지만 어떤 형태의 고통에서든 우리는 복음을 직접적으로 경험하는데, 복음이란 고통이 죽음에 길을 내주고 죽음 너머에는 부활의 승리가 있다는 말이기 때문이다. 그리고 사랑으로 하나님은 모든 고난 체험에서 우리를 자신의 체험으로 이끄신다.

고난을 예수님과 연결시키면, 고난은 피해야 할 것이 아니라 우리 주님과 함께 나누는 어떤 것으로 변한다. 이것이 바로 바울이 소아시아의 그리스도인들에게 "우리가 하나님의 나라에 들어가려면 많은 환난을 겪어야 할 것이라"(행 14:22)고 말한 이유다. 바울의 말은 우리가 박해를 받는 사회적 상황을 만들어 내야 한다는 것이 아니라, 충성스럽고 번영하는 삶은 고통 체험으로 이어진다는 말이다. 여기서 조지 맥도널드가 남긴 유명한 말이 떠오를 수도 있다. 그는 예수님이 "죽기까지 고난당하신 것은 [우리가] 고난당하지 않도록 하기 위해서가 아니라 [우리의] 고난이 예수님의 고난과 같은 것이 되도록 하기 위해서"라고 했다.[4]

고통을 겪는 중에 우리의 성품이 형성된다

예수님을 따르며 번영하는 사람은 자기에게 일어나는 일을 고난을 통해서 파악한다. 바울의 유명한 발언을 분석해 봄으로써 이 점을 더 명확히 해 보겠다.

> 다만 이뿐 아니라 우리가 환난 중에도 즐거워하나니
> 이는 환난은 인내를,
> 인내는 연단을,
> 연단은 소망을 이루는 줄 앎이로다(롬 5:3, 4).

인내하는 그리스도인이 좀 더 성숙한 그리스도인이 되는 것은 바로 그 인내 덕분이다. 달리 말해 고통은 번영의 수단이 된다. 다음 이야기가 그 점을 잘 보여 준다.

크고 멋진 모자를 쓴 여인

미국에서 가장 영향력 있는 복음주의자들 뒤에는 한 여인이 있다. 이는 한 남자 뒤에는 어머니와 아내와 누이 들이 있다는 말이 아니다. 현재 세계 전역 교회들에서 쓰이는 교회학교 학습 커리큘럼 뒤에는 대부분 그리스도인 지도자들이 한 번도 이름을 들어본 적 없는 한 여성이 있다. 그 여성은 바로 헨리에타 미어스(Henrietta Mears)다.[5] 헨리에타가 미네소타의 한 공립학교 교사였을 때 스튜어트 맥레넌(Stewart MacLennan) 박사가 헨리에타가 다니는 교회의 특별 설교자로 왔다. 할리우드장로교회의 목사였던 맥레넌은 헨리에타와 여동생에게서 잠재적 능력을 봤다. 그래서 그는 자기를 한번 '찾아와' 달라고 두 자매를 초대했고, 이 방문은 (좋은 기후와 더불어) 한 인생이 되었다. 테가 둘린 크고 멋진 모자를 늘 쓰고 다닌 것으로 유명한 헨리에타는 400명을 대상으로 하는 작은 교회학교 프로그램을 6,000명을 대상으로 하는 프로그램으로 성장시켰다! 헨리에타의 교회학교는 커리큘럼과 출판사, 그리고 「성경의 모든 것」(What the Bible Is All About)이라는 책으로 시작해서 실제로 세계적인 사역이 되었다. 빌리 그레이엄 복음전도협회에서는 헨리에타의 교회학교 수업 노트 외에 '아무것도' 아니던 그 책을 그리스도를 믿는 믿음을 고백하러 나오는 사람에게 수년 동안 선물로 주었다. 그래서 이 책은 400만 부 이상 발행되었다고 추산된다. 헨리에타는 주변 지인 모두에게 "그 선생님"(The Teacher)이라고 불렸지만, 빌리 그레이엄이 헨리에타에 관해 남긴 말이 가장 잘 알려져 있다.

헨리에타 미어스 박사는 내가 아는 가장 훌륭한 그리스도인으로 손꼽힌다! 내 아내와 어머니를 제외하고 내 삶에 그렇게 뚜렷한 영향을 끼친 여인이 또 있을까 싶다. 박사의 우아한 태도, 경건한 삶, 단순한 복음에 대한 그 확고부동한 믿음, 성경 지식은 나에게 끊임없는 영감과 경이로움을 안겨 주었다.

어떻게 이렇게 말할 수 있었을까? 헨리에타의 성품이 고통 중에 형성되었기 때문이다. 비참하게 살지만 증거 자료가 없는, 아니 적어도 소수만 알고 있는 고통 속에 살아가는 그리스도인이 많다. C. S. 루이스가 가장 영향력 있던 시기에 10년 넘게 역기능 환경에서 살았던 것이 생각난다. 형 워니는 알코올 의존증에 빠져 있었고, 루이스가 신경 쓰며 보살피던 무어 부인은 치매를 앓고 있었다. 이런 고난은 루이스 자신의 고통으로 이어졌다. 조이 데이비드먼과의 결혼은 색다르다는 말만으로는 표현할 수 없는 특이한 결혼이었는데, 결혼한 지 얼마 지나지 않아 조이가 암에 걸리고 말았다. 루이스는 아내의 고통을 자신의 고통으로 받아들였다. 아내가 죽었을 때 그가 느낀 슬픔은 처음에 가명으로 출판된 「헤아려 본 슬픔」(*A Grief Observed*, 홍성사 역간)에 잘 나타나 있다. 루이스의 고통이 어느 정도였을지 누구도 짐작하지 못한다.

헨리에타 미어스의 경우도 마찬가지다. 헨리에타의 전기 작가인 마커스 브라더튼은 이 여성의 초년 시절을 다음과 같이 잘 요약한다.

깊은 영적 이해는 때로 상실의 시기나 사랑하는 사람의 죽음을 통해서 온다. [헨리에타가 어머니의 죽음을 알게 된] 기숙사 방의 그 어두운 밤은 헨리에타의 어린 시절을 종결하고 새로운 힘과 활력을 발견해서 성인(成人)의 삶과 사역으로 나아가게 하는 것 같았다. 헨리에타의 삶은 이미 기쁨과 슬픔, 호사스러움과 고통이 두드러졌다. 스무 살 무렵 헨리에타는 두 형제자매와 어머니를 잃었고, 아버지도 곧 이들의 뒤를 따를 터였다. 남자 형제 하나는 소리를 듣지 못하는 사람이었다. 헨리에타도 2년 동안 몸이 아프다가 나았다. 시력도 계속 근심거리였다.

실로, 눈도 좋지 않은 여성이 복음주의 기독교 세계 전체에 영향을 끼치는 책을 썼다. 헨리에타는 결혼한 적이 없고, 자매인 마거릿이 늘 동행이 되어 주었다. 사실 마거릿이 헨리에타의 생활과 집을 관리했다. 마거릿이 죽자 헨리에타에게 얼마나 타격이 심했는지, 헨리에타가 앞으로 계속 사역을 해 나갈 수 있을지 시험하는 계기가 되었다. 마거릿이 죽은 후 한 대학교의 수요 기도회에서 헨리에타는 바울과 흡사하게 고난이 자기 안에서 어떤 일을 이루었는지를 보여 주는 말로 강연의 문을 열었다.

오늘밤 이곳에 오지 않으려고 했습니다. 그러다가, 오지 않는다면 얼마나 멋진 기회를 놓치는 것인지 깨달았습니다. 저는 지난 25년 동안 대학생 여러분에게 가르쳐 왔습니다. 하나님은 하실 수 있다고, 하나님은 어떤 상황에서든 우리를 붙들어 주실 수 있다고 말입니다. 제가 오늘밤 이 자리에 선 것은, 내 하나님은 하실 수 있다는 것을, 하나님은 바로 이 순간 나의 충분함이시라는 것을 여러분에게 말씀드리기 위해서입니다.

헨리에타의 성품은 헨리에타가 겪은 모든 고난과 기쁨을 통해 형성된 것이 틀림없다.

고통 중에 우리는 사랑을 입증할 기회를 만든다

고통은 지역 교회 안에 다양한 형태로 존재한다. 그러나 우리가 여기서 주목해 볼 만한 한 가지 요소는 서로 다른 사람들이 모여서 교제하는 이 공동체에서 누군가가 고통을 겪기 시작할 때 우리에게는 그 사람과 함께 고통을 겪어 나갈 기회가 주어진다는 것이다. 우리는 신학적인 면에서 이 사실을 확인할 수 있다. 그리스도께서 **우리와 함께** 죽으신 것처럼, 우리도 **그리스도와 함께** 죽어야 한다. 하지만 거기서 끝이 아니다. 다른 사람들이 고통을 겪을 때 우리는 사랑의 행위로서 공감하는 자세로 그 고통으로 들어가며, 때로 우리의 그 공감 행위가 구속적으로 작용하여 고통 중에 있는 그 사람의 아픔을 덜어 주기도 한다. 내가 생각하기에 골로새서 1장 24절이라는, 가장 난해한 그 구절에서 바울이 말하려는 것이 바로 이것이기도 하다. "나는 이제 너희를 위하여 받는 괴로움을 기뻐하고 그리스도의 남은 고난을 그의 몸 된 교회를 위하여 내 육체에 채우노라." 나는 바울이 공감하는 마음으로 타인의 유익을 위해 고난을 겪고 있는 거라고 말하고 싶다.

 우리도 타인의 고통 속으로 들어갈 수 있다. 그리고 우리는 자신이 속한 교제 공동체의 공동 체험 가운데 그렇게 한다. 내 아내 크리스의 친한 친구 하나가 최근 암 발병 사실을 알게 되었다. 암에 걸렸다는 사실을 알게 되면 우리 존재의 가장 깊은 곳까지 멍해진다. 그리고 이어서 그 무서운 병이 우리에게 어떤 해를 끼칠지 염려하며 인터넷을 찾아보고 주변에 묻기도 한다. 친구는 그 외에도 크리스를 붙잡고 하소연을 했다. 아내는 친구와 긴 통화를 하고, 짤막한 메일을 연이어 보내고, 기도하고 있다는 사실을 친구에게 알려 주고, 포옹과 눈물을 통해 친구에 대한 사랑과 안타까움을 표현했다. 아내의 그런 모습을 지켜보면서 내가 말할 수 있는 것은, 아내가 친구의 아픔과 고통을 함께 짊어졌다는 것이다. 그리고 두 사람의 대화에서 알 수 있는 것은 그 친구가 내 아내의 공감 어린 사랑에서 안도감을 느낀다는 것이었다.

고통을 겪을 때 우리는
나 자신인가, 타인인가 하는 선택을 마주한다

고난에는 자기 자신에 대해 생각해 보게 만드는 하나의 방식이 있다. 사소한 아픔이든 혹은 무서운 질병에 걸린 건 아닌가 의심하게 만드는 심각한 병이든, 몸이 아프면 우리는 자기 자신에 대해 생각해 보고, 내면으로 파고들고, 삶과 죽음과 영원에 관해 곰곰이 생각해 보는 경향이 있다. 어쩌면 자기 자신에 대해 안쓰러움을 느끼기도 한다. 나는 바울도 그랬을 것으로 확신한다. 모든 일을 겪은 후 바울은 자신이 겪은 모든 고난을 쉽게 열거할 수 있었기 때문이다! 하지만 이 번영하는 사도가 고난에 관해 생각하는 모습에는 무언가 아주 주목할 만한 부분이 있는데, 이는 우리가 고통을 마주할 때 바울이 제공하는 또 하나의 도움이다. 다음은 고난에 관해 바울이 한 말 중 내가 아주 좋아하는 일련의 대사로, 주요 표현은 강조체로 표시했다. 이 구절은 바울이 자기 자신에 도취하려는 마음을 돌려 가정 교회들을 섬길 기회로 삼았음을 잘 보여 준다.

> 내가 전한 복음대로 다윗의 씨로 죽은 자 가운데서 다시 살아나신 예수 그리스도를 기억하라 복음으로 말미암아 내가 죄인과 같이 매이는 데까지 고난을 받았으나 하나님의 말씀은 매이지 아니하니라 **그러므로 내가 택함받은 자들을 위하여 모든 것을 참음은 그들도 그리스도 예수 안에 있는 구원을 영원한 영광과 함께 받게 하려 함이라**(딤후 2:8-10).

바울에게는 고난당하는 것도 마다하지 않는 '선교적' 지향이 있다. 이제 막 예수님을 따르는 사람이 된 이 모든 이방인과 함께 교회 한가운데 앉은 바울은 지금 고난받고 있다. 하지만 바울은 자기가 아니라 다른 사람들을 생각한다. 또한 바울은 사람들을 그리스도의 형상, 거룩함, 사랑, 화평으로 인도하기 위해 자신의 고난에 도전한다.

이뿐만이 아니다. 바울은 자신의 현재 고난이 복음 때문이고 그 고난이 성품을 형성시켰음을 알고 사람들에게 고난을 감내하라고 힘을 북돋는다. 온몸이 깨지고 멍든 바울이 옥에 갇혀 고통당하는 중에 뭐라고 말하는지 주목해 보라.

> 형제 중 다수가 나의 매임으로 말미암아 주 안에서 신뢰함으로 겁 없이 하나님의 말씀을 더욱 담대히 전하게 되었느니라(빌 1:14).

번영하는 예수님 따름이들에게 고난은 눈에 보이지 않으나 마음으로 아는 사실을 성취한다. 즉, 하나님이 일하고 계신다는 것, 하나님이 고난의 십자가를 새 창조의 부활로 바꾸신다는 것이다.

여기서 우리는 온갖 재료가 섞여 있는 샐러드 접시에 담긴 우리 모습을 본다. 사실 거기에는 우리가 한꺼번에 다 받아들이기에는 너무 많은 재료가 있다. 즉, 교회가 하나님이 원래 구상하신 모습일 때, 그 교회는 서로 다른 사람들이 모여 교제하는 공동체라는 것이다. 아시아계 미국인과 아프리카계 미국인, 라틴 사람들과 유럽 사람들, 남자와 여자, 젊은이와 노인, 육체노동자와 귀족 기질 부자, 지적인 유형과 실용적인 유형, MBTI의 모든 유형이 다 함께 있다. 교회는 원래 그런 곳이다.

하지만 그런 교회가 된다는 것은 힘든 과제다. 이런 유형의 교제 공동체를 위해 힘쓰는 데는 고통이 따른다고 말하고 싶다. 어떤 고통은 정서적인 고통일 것이고, 어떤 고통은 육체적인 고통일 것이다. 하지만 교회란 바로 그런 곳이기도 하다. 이 새로운 공동체 안에서 번영하는 것이 하나님이 우리에게 원하시는 것이다. 하나님의 일이 우리를 빚어 갈 때 우리는 모두의 기대를 넘어서는 어떤 것을 발견하게 될 것이다.

22장

아내와 함께한 어느 날의 산책길에

나무들이 노랗고 붉은 그늘을 드리우고 하늘은 눈이 시리도록 푸른 가을철 중서부 특유의 상쾌한 대기 속을 아내와 함께 걸었다. 그 가을날의 산책을 고요히 한 순간 한 순간 음미하다가 문득 나 자신에게 물었다. 번영하는 그리스도인의 삶에 대한 바울의 이상을 한마디로 요약할 수 있는 가장 적절한 단어는 무엇일까? 그때 머릿속에 떠오른 단 하나의 단어는 **기쁨**이었다.

바울은 번영이란 기쁨이 충만한 상태라고 말한다. 바울은 로마의 그리스도인들을 위해 이렇게 기도한다. "소망의 하나님이 모든 **기쁨**과 평강을 믿음 안에서 너희에게 충만하게 하사 성령의 능력으로 소망이 넘치게 하시기를 원하노라"(롬 15:13). 그리스도인의 삶에 관해 바울이 뭐라고 믿었는지 알고자 한다면, 이 구절이 바로 성경에서 찾아볼 수 있는 탁월한 구절이다. 이 구절은 성령을 통해 기쁨과 소망 가운데 번영하는 교회를 그려 보인다. 바로 거기, 모든 고난 한가운데서, 고린도 교인들과의 자잘한 싸움 와중에서, 그 어떤 종류의 사회적 교제도 누려 본 적 없는 사람들로 구성된 가정 교회 한가운데서, 바울은 기쁨이라는 단어 하나로 그 모든 부정적인 말과 행동을 삼켜 버린다. 바울은 공동체 전체가 하나님이 구체화하신 기쁨에 도취하기를 바라고 있다.

우리 문화에서 기쁨은 행복이라는 말과 쉽게 연관된다. 그래서 하나님에 대한 불신앙이 광범위하게 퍼져 있는 덴마크 같은 나라가 어떻게 세상에서 가장 행복한 나라일 수 있는지 우리는 의아스럽다. 아마 그 행복은 기본 소득 수준이나 교육 기회, 개인의 권리, 또는 모든 사람이 집과 땅을 소유하고 인터넷을 쓸 수 있는지를 뜻하는 행복일 것이다. 하지만 이런 행복은 요점을 놓치는 것이다. 이런 문화적 연구는 무엇이 한 사람을 '행복하게' 해주는지에 대한 암시일 수는 있다. 하지만 **행복하다**는 말과 **기쁨**이라는 말은 전혀 의미가 다르다. 먼저, 행복을 조금 더 연구해 보자. 그래야 기독교의 '기쁨' 개념으로 '행복'을 초월하는 법을 배울 수 있다.[1]

행복

아마존닷컴 검색창에 "행복"이라는 단어를 넣어 봤더니 이 키워드와 관련된 책 제목이 263,716가지나 즉각 검색되었다. 예수님과 관련된 제목은 259,497가지로, 행복과 경쟁한다. 행복은 하나의 산업이며, 우리가 성취할 수 있는 어떤 것임이 확실하다. 그래서 다음과 같은 제목들이 등장하는 것이다.

「행복해지는 방법: 원하는 인생을 얻는 과학적 접근법」

「더 행복하게: 매일의 행복과 지속적 충족감에 이르는 비결을 배우라」

「진정한 행복: 새로운 긍정 심리학을 활용해 지속적 충족감을 위한 잠재력을 깨달으라」

무엇이 행복인가? 영국의 가장 유명한 경제학자이자 불평등 문제에 관한 세계적 전문가인 리차드 레이야드(Richard Layard)는 거의 모든 사람이 이미 알고 있는 답변을 보여 준다. "행복이란 기분이 좋은 것이고 불행은 기분이 나쁜 것이다." 철학자 제니퍼 마이클 헥트(Jennifer Michael Hecht)도 "행복이란 기분이 좋은 것"이라고 말한다.[2] 행복을 연구하는 이들은 어떤 사람이 기분이 좋은지를 찾아내려고 한다. 이때 기분 좋음은 우리 인생에서 좋은 것들, 예를 들어 많은 돈, 집, 옷, 자동차, 용모 뛰어난 배우자, 축구 경기마다 이기고, 봄 방학 때 외국으로 휴가를 갔다가 행복한 얼굴과 보기 좋게 그을린 피부로 돌아오는 머리 좋은 자녀들 같은 것과 연관된다.

하지만 레이야드는 우리에게 이렇게 일깨운다. "서구 사회가 부유해질수록 사람들은 점점 덜 행복해졌다." 우리가 이룬 경제 성장에도 우리는 점점 덜 행복하며, 여기 그 이유가 있다. 즉, 행복은 자기 자신을 다른 사람과 비교하여 작용한다는 것이다. 이웃보다 많이 가지고 있는 한, 우리(서구인들)는 행복하다. 확실히, 빈곤하다가 생활이 좀 안락해지면 행복감이 커진다. 그러나 기본적 소유를 넘어서면 소유가 늘어나도 더 행복해지지 않는다. 왜인가? 이런 현상을 가리켜 "쾌락의 쳇바

퀴"(hedonic treadmill)라고 한다. 간단히 말해, 많이 가질수록 우리는 더 많이 원하고, 더 많이 원하는데 손에 쥐는 것이 적을수록 우리는 덜 행복하다. 쳇바퀴는 계속 돌아가고, 이는 우리를 지치게 만든다. 200만 명을 대상으로 연구한 결과, 우리는 행복의 한 패턴 속에서 살아간다는 것이 밝혀졌다. 40세 전에는 그다지 행복하지 않고, 40대에는 행복하며, 이보다 나이가 많은 사람들은 이들만큼 행복하지 않다. 44세 때 우리는 행복의 절정에 이른다. 이크, 나는 가장 행복한 시기를 지난 지가 15년도 넘었다!

그런데 이 행복 전문가들이 바울의 행복 등급에 관해서는 뭐라고 말할까? 바울은 이들의 연구에서 가장 아래 등급일 것이다. 하지만 사실 물어볼 필요는 없다. 바울은 '행복'이 아니라 '기쁨'을 지향했고, 행복과 기쁨 사이에는 극적인 차이가 있기 때문이다. 바울의 삶에서 기쁨에 관한 두 가지 핵심 사항은 다음과 같다.

기쁨은 교제 공동체에서 번영하는 제자들**만** 할 수 있는 체험이다.
기쁨은 삶의 상황과 관계없이 생겨난다.

우리는 여기에 세 번째 사항을 추가할 수 있다.

행복은 잊고 기쁨을 위해 달려가라.

기쁨을 다루는 이 장을 고난을 다룬 앞 장과 연결하여 생각해 보자. 앞 장에서 우리는 번영하는 그리스도인은 고난 한가운데서 복음을 체험하고, 성품이 형성되며, 남을 섬기려는 마음을 갖게 된다는 것을 확인했다. 바울이 말하는 '기쁨'은 복음에서 직접적으로 흘러나오며, 복음이란 십자가에서 고난받으시고, 장사되시고, 부활하셨으며, 그리고 이제 높아지신 분으로서 다스리고 계신 예수님에 관한 이야기다. 그래서 고난과 기쁨은 양립할 수 없는 것이 아니다. 고난을 제거하는 것이 행복 연구자들이 하는 일이지만, 그리스도인의 기쁨 개념은 그 모든 연구에 반한다. 바울이 생각하기에, 복음을 닮은 방식으로 고난을 체험하는 사람은 기쁨의 의미를 아는 사람이다. 그러므로 고난을 다루는 앞 장에 근거해서 우리는 사도 바울, 마거릿과 드와이트 피터슨 부부, 헨리에타 미어스는 기쁨을 아는 사람들이었다고 주장할 수 있다. 이 사람들이 오늘날 우리가 정의하는 의미에서 '행복했는지' 혹은 '행복한지'는 중요하지 않다. 나는 바울이 오늘날의 행복 연구에서는 '비참한' 사람으로 나올 수 있으며, 그러면서도 기쁨으로 가득할 것이라고 확신한다!(그리고 이 사실에 대해 아주 행복해할 것이라고 믿는다)

바울의 기쁨이 전시되다

바울은 그리스 북부 해안에 있는 로마 식민지 빌립보에 있다. 회당을 찾아다니는 바울은 (정결례 때 깊이 잠길 수 있는 물이 필요하므로) 강과 가까운 곳에 가면 회당이 있을 것으로 생각한다. 그리고 그곳에서 자기 삶과 자기 집을 예수님에게(그리고 바울에게) 바치는 루디아를 만나게 된다. 회당은 흔히 "기도하는 집"이라고 불리는데, 바울이 한번은 회당으로 가는 길에 귀신 들린 여자를 만나 귀신을 쫓아 준다. 여자가 귀신에게서 자유로워지면서 전처럼 점을 쳐 주고 돈을 받아 수익을 올리지 못하게 되자, 빌립보의 경제적, 종교적 균형을 엉망으로 만든 죄로 바울과 실라는 당국에 끌려간다. 당국은 이들의 옷을 벗기고 매로 친 다음 옥에 가두고 발에 차꼬를 채운다. 이제 기쁨이 등장하는 부분이다.

> 한밤중에 바울과 실라가 기도하고 하나님을 찬송하매 죄수들이 듣더라 (행 16:25).

여기서 (만약 바울에게 그런 것이 있었다면) 바울의 '기쁨 이론'이 전시된다. 자신의 사명 때문에 바울은 회당에서 출발해서 이방인을 포함하기까지 사명의 영역을 확장한다. 그 뒤 바울은 박해를 받게 되고, 이방인과 유대인을 포괄하는 복음을 선포한 죄로 빌립보의 옥에 갇혀 있는 동안 바울과 실라는 하나님을 찬양한다. 두 사람에게 아무 감정이 없기 때문이 아니다. 이들은 일종의 비폭력 항거로 이런 행동을 하는 것이 아니다. 그렇다, 이들이 기쁨으로 충만한 것은 자신들이 겪는 고난이 (우리가 앞 장에서 이미 알게 되었다시피) 복음에 참여하는 것임을 알기 때문이다.

여기서 끝이 아니다. 지진이 일어나 옥이 흔들리며 두 사람의 차꼬가 풀린다. 간수는 죄수들이 도망갈 경우 자기 목숨이 위태로워진다는 것을 알고 있다. 바울이 간수를 진정시키자, 그 간수는 어떻게 해야 구원받는지 말해 달라고 바울에게 간청한다. 간수는 바울과 실라가 기쁘게 찬양하는 소리를 듣고 구원에 관한 복음의 메시지를 알게 되었음이 틀림없다. 이에 바울은 "주 예수를 믿으라 그리하면 너와 네 집이 구원을 받으리라"(행 16:31)는 말로 예수님을 가리키면서 이 사람에게 '복음을 전한다.' 회심한 간수는 바울과 실라의 상처를 씻겨 주고 자기 집으로 데려가 음식을 먹인다. 그러고 나서 우리는 이 간수가 "하나님을 믿으므로 크게 기뻐하니라"(행 16:34)라고 기록되어 있는 것을 보게 된다.

바울의 기쁨 이론이란, 하나님이 우리에게 주신 은사를 발휘하는 것, 고난이 생길 때 그 고난 가운데 복음을 경험하는 것, 하나님이 여전히 일하고 계심을 아는 것, 교회의 교제를 통해 그 기쁨을 다른 사람들과 나누는 것이다.

무엇이 기쁨인가? 기쁨이란 하나님이 어떠한 분이며 하나님이 마침내 우리를 하나님 나라로 데려가시리라는 사실에 비추어 우리가 지금 처한 상황을 이해하게 되는 데서 오는 내적 만족이다.

기쁨을 목표로 하라

기쁨은 돈을 주고 사거나 만들어 낼 수 있는 것이 아니다. 기쁨은 성령의 열매 중 하나다. 이는 곧 기쁨이 성령의 내적 사역 덕분에, 번영하는 예수님 따름이들의 내면에 나타난다는 말이다(갈 5:22). 하지만 바울 사도에게 기쁨은 우연이 아니다. 바울의 인생 이력에서 뽑아 올린 다음 구절들은 기쁨의 중요성을 잘 보여 준다.

항상 **기뻐하라**(살전 5:16).

마지막으로 말하노니 형제들아 **기뻐하라**(고후 13:11).

주 안에서 항상 **기뻐하라** 내가 다시 말하노니 **기뻐하라**(빌 4:4).

이 구절들을 읽어 나가다 보면 바울이 왜 사람들에게 기뻐하라고 명령할 수 있다고 생각하는지 그 이유를 묻게 된다. 기뻐하라는 명령은 기쁨이 우리의 역량 안에서 선택할 수 있는 일임을 암시한다. 그러므로 기쁨은 번영하는 그리스도인이 바라는 한 가지 목표다. 그리고 바울 사역의 한 가지 목표는 그가 개척한 교회들이 기쁨으로 충만해지는 것이었다.

우리의 소망이나 **기쁨**이나 자랑의 면류관이 무엇이냐 그가 강림하실 때 우리 주 예수 앞에 너희가 아니냐 너희는 우리의 영광이요 **기쁨**이니라 (살전 2:19, 20).

내가 살 것과 너희 믿음의 진보와 **기쁨**을 위하여 너희 무리와 함께 거할 이것을 확실히 아노니(빌 1:25).

기쁨이 바울에게 얼마나 중요한가 하는 사실에 우리는 조금 놀랄 수도 있다. 그래서 어쩌면 잠시 뒤로 물러서서 깊이 생각해 볼 필요가 있다. 바울의 사명은 데살로니가 교인, 고린도 교인, 빌립보 교인 같은 사람들이 그리스도의 형상으로 성장하게 하는 것이었다. 그리고 이들이 그 방향으로 성장하는 모습은 **바울에게 기쁨을 안겨 주었다.**

기쁨을 나누라

린 코힉(Lynn Cohick)은 행복 연구 결과에서 우리가 읽은 내용을 거의 모두 반박하면서 "기쁨은 물건이 아니라 사람에게서 비롯된다. 기쁨은 환경이나 경험이 아니라 관계에서 비롯된다"고 말한다.[3] 그리스도인의 삶은 혼자 사는 삶이 아니다. 하나님이 이 삶을 우리 각 사람, 즉 서로 다른 각 사람이 샐러드 접시 속 구성 요소가 되는 공동체의 삶으로 계획하셨기 때문이다. 교제 공동체란 삶을 나누는 공동체다. "너희 모두에 대한 나의 기쁨이 너희 모두의 기쁨인 줄 확신함이로라"(고후 2:3)라고 말할 때 바울이 주목하는 것처럼, 우리는 서로의 기쁨을 나눌 수 있다. 바울은 인생의 부침(浮沈)을 겪고 있는 공동체를 보며 로마서 12장 15절에서 이 점을 더 분명히 한다. "즐거워하는 자들과 함께 즐거워하고 우는 자들과 함께 울라." 사람들에 대한 바울의 사랑이 사람들에게 기쁨을 안겨 준 것처럼, 바울에 대한 사람들의 사랑은 바울에게 기쁨을 안겨 주었다. "형제여 성도들의 마음이 너로 말미암아 평안함을 얻었으니 내가 너의 사랑으로 많은 기쁨과 위로를 받았노라"(몬 7절).

사도 바울에게 기쁨은 인생에서 자신의 지위나 꿈 실현, 재정 상황에 대한 안도감 문제가 아니었다. 바울에게 기쁨은 서로 다른 사람들이 모인 공동체에 참여하는 문제였다. 바울은 세상을 위한 하나님 계획의 한 부분이었기 때문이다. 직접적으로 표현하자면, 기쁨이란 교회 모양을 한 성향이다. 교회 안에 있는 사람들만이 바울이 뜻하는 기쁨을 체험할 수 있다.

나는 우리가 이런 유형의 기쁨을 의외로 자주 체험하지 않나 생각한다. J. R. R. 톨킨은 20세기의 가장 위대한 작가로 손꼽힌다. 사실 어떤 사람들은 톨킨을 **최고의** 작가로 여긴다. 그러나 톨킨은 자신의 모든 원고가 마음에 들지 않아 괴로워했다. 작품을 완성하려면 주변의 격려가 필요했다. 알리스터 맥그래스(Alister McGrath)는 C. S. 루이스 전기에서 루이스와 톨킨의 우정에 관해 많은 이야기를 들려주는데, 특히 값을 따질 수 없는 톨킨의 작품 「호빗」(The Hobbit)이 탄생할 때 루이스가 격려를 잃지 않는 산파 노릇을 했다는 점에 초점을 맞춘다. 책이 어떤 과정을 거쳐 출판되었는가 하는 이야기는 맥그래스가 기쁨과 설렘을 함께 나누는 두 사람의 모습을 다음과 같이 요약한 글에서 볼 수 있다.

> 톨킨은 「호빗」 원고를 자기가 가르치는 학생 일레인 그리피스(1909-1996)에게 빌려주었다. 그리피스는 전에 옥스퍼드 학생이었다가 지금은 런던의 출판사 조지 알렌 앤 언윈(George Allen & Unwin)에서 일하고 있는 수잔 더그널에게 원고를 보여 주며 관심을 갖게 만들었다. 출판할 수 있을지 평가받기 위해서였다. 원고 사본을 확보한 더그널은 이를 출판인 스탠리 언윈에게 넘겨주며 검토를 부탁했다. 언윈은 다시 열 살배기 아들 레이너에게 원고를 주며 읽어 보라고 했다. 레이너가 원고를 읽고 얼마나 열광적으로 호평했는지 언윈은 원고를 출판하기로 결정했다. 출판 계약을 하고 원고 제출 마감일이 정해지자 톨킨은 원고를 필히 완성해야겠다는 강한 동기를 부여받았다. 1936년 10월 3일, 집필은 완료되었다. ……
> 이 책에 예상치 못한 새로운 시장이 열릴 가능성을 깨달은 알렌 앤 언윈 출판사는 또 다른 "호빗 책"을 써 달라고 톨킨에게 졸랐다(그것도 신속히).

톨킨은 뭐가 되었든 자기 책의 후속편을 쓸 생각이 전혀 없었기에 출판사의 이 요구는 그에게 하나의 도전 비슷한 것이 되었다.[4]

톨킨은 할 일이 매우 많아서 또 다른 호빗 책을 쓸 시간을 낼 수 없었고, 그래서 기획 전체가 무산될 수도 있는 상황이었다. 하지만 맥그래스는 이렇게 말한다. "단 한 사람이 이 일에 관심이 있는 것 같았다. 바로 루이스였다." 루이스가 죽은 후 톨킨은 이렇게 말했다.

나는 [루이스에게] 갚을 길 없는 빚을 졌는데, 그 빚은 통상 알고 있는 것처럼 '영향력'이 아니다. …… 오직 루이스에게서만 나는 내 '글쓰기'가 개인적인 취미 이상이 될 수 있다는 개념을 얻을 수 있었다. 루이스가 관심을 보이면서 더 많이 쓰기를 계속 간절히 바라지 않았다면 나는 「반지의 제왕」을 끝맺을 수 없었을 것이다.

열 살배기 소년, 들뜬 출판사, 기뻐하며 적극적으로 격려해 주는 친구 C. S. 루이스가 있었기에 지금 우리에게는 위풍당당한 「반지의 제왕」이 있다. 기쁨이 한 사람에게서 또 한 사람에게로 전달되었다.

최근 나는 레슬리 필즈(Leslie Fields)라는 한 작가 덕분에 격려라는 주제를 깊이 생각하고 있었다. 이 작가는 내가 추억을 좋아한다는 것을 알고 나를 자기의 추억으로 데려갔다. 이 날은 노숙자를 위로하기 위해 돌봄 패키지를 제공한 학생들의 노력에 대해 우리 딸이 기쁨을 나누던 바로 그날이었고, 처제가 플로리다의 아파트에 새 가구가 도착했다는 편지를 보내온 바로 그날, 내가 수업 시간에 간결하게 추린 내용을 듣고 설교문의 줄거리를 잡았는데, 그 설교로 청중이 기뻐했다며 한 학생이 감사의 이메일을 보내온 바로 그날이었다.

기쁨이란 평범하고 일상적인 일에서부터 장엄하고 특별한 일에 이르기까지 우리 삶을 나누는 문제다. 기쁨은 복음이 빚어 낸 번영하는 그리스도인의 특징이다. 확실히 기쁨은 사도 바울의 특징이었다. 이 사람은 우리의 행복 척도에 도전한다. 로버트 루이스 스티븐슨의 말을 인용하자면, 나는 "기쁨이 거하는 곳을 찾아서, 노래 그 너머의 목소리를 주려고" 했다.[5] 복음의 기쁨은 그리스도 안에서, 그리고 그분이 창조하신 서로 다른 사람들의 공동체에서 찾게 된다고 나는 확신해 마지않는다.

부록
바울의 인생에 임한 은혜

목소리를 가질 수 있는 은혜

교회 전승에 따르면 바울 집안은 예수님의 사역 기지였던 가버나움에서 북서쪽으로 20킬로미터쯤 떨어진 갈릴리 마을 기샬라(Gischala) 출신이다.[1] 로마가 이 지역을 정복했을 때 바울의 아버지는 로마의 노예가 되어 다소로 이주하여 그곳에서 계속 토라를 준수하며 살다가 나중에 자유민이 되어 로마 시민권을 획득했을 가능성이 높다. 바울은 주후 1년경 다소 땅에서 태어났는데, 다소는 (길리기아에 있는) 튀르키예 한가운데 있는 주요 도시로, 현학적인 고전 교육 체계가 번성하고 있었다. 말하자면 다소는 로마 제국의 하버드대학이었다.

바울의 명민함을 알아챘기 때문이든지, 혹은 다소 땅이 아들에게 끼칠 영향이 걱정스러웠기 때문이든지, 토라를 준수하는 바울 집안은 바울이 어릴 때 예루살렘으로 이사했거나 혹은 아직 소년이던 바울을 예루살렘으로 보낸 것 같다. 바울은 그곳 예루살렘에 머물며 위대한 가말리엘 밑에서 토라를 교육받았고, 마침내 그 도시의 주도적 바리새인이 되었다. 토라와 경건을 중시하는 사람들 기준으로 바울은 명문 혈통이었다. 그리고 로마 시민이기 때문에 명문이기도 했다. 하나님의 은혜로 바울은 자기 목소리, 곧 토라 목소리, 열심으로 순종하는 목소리를 가질 수 있었다.

바울이 왕 예수, 이스라엘의 메시아를 따르기 전에 어떤 사람이었는지는 다음과 같이 설명할 수 있다.

- 로마 시민
- 그리스어, 히브리어, 그리고 히브리 방언인 아람어까지 세 가지 언어 구사 가능
- 예루살렘 출신
- 토라를 준수하는 사람
- 랍비 가말리엘의 학생
- 바리새인
- 토라와 바리새주의에 열성적
- 최고 형태의 유대주의를 위해 경쟁함
- 그리스어를 쓰는 예루살렘 회당에서 교육받음
- 예수님이 메시아라고 믿고 성전과 토라 일부에 비판적이었던 헬라파 유대인들을 박해함

여기 쓰인 표현들 가운데 나는 두 가지를 가장 중요하게 꼽고 싶

다. 바로 토라와 바리새인이다. 바울 집안은 토라를 준수했고, 바울도 토라를 준수했으며, 바울은 바리새인들이 그 당시 여러 유대인 집단 중 토라를 가장 엄격히 준수한다고 생각했다. 얼마나 엄격했던지 바울은 토라를 준수하지 않는 쪽을 선택한 이들을 적으로 여겼다.

다메섹으로 가는 길에서 예수님을 만나기 전, 바울은 바리새인들이 해석하는 대로 토라를 열심히, 격렬히 준수하는 사람으로 자기 목소리를 발견했다. 바울에게 하나님의 뜻을 행하는 것보다 중요한 일은 없었다.

새로운 삶과 사명의 은혜

토라를 따르고 하나님의 영광을 보호하려는 열심 때문에 바울은 그리스어를 쓰는 유대 그리스도인들의 초기 집단을 대적했다. 먼저 스데반이 순교하는 데 일조했고, 다음으로는 예루살렘에서부터 이들을 뒤쫓았으며, 이어서 예수님을 심문한 대제사장 가야바의 허락을 받고 다메섹까지 메시아주의자들을 추적하는 길에 나섰다(다메섹은 갈릴리 바다 북쪽 가버나움에서 2-3일 걸리는 곳이었다). 다메섹에서 멀지 않은 곳에서 주 예수님이 사울에게 나타나, 사울이 단순히 메시아주의자들을 대적하는 것이 아니라 사실은 예수님 자체를 대적하고 있다고 알려 주셨다. 사도행전 9장 1-6절에서 누가는 이 일을 다음과 같이 기록한다.

사울이 주의 제자들에 대하여 여전히 위협과 살기가 등등하여 대제사장에게 가서 다메섹 여러 회당에 가져갈 공문을 청하니 이는 만일 그 도를 따르는 사람을 만나면 남녀를 막론하고 결박하여 예루살렘으로 잡아오려 함이라 사울이 길을 가다가 다메섹에 가까이 이르더니 홀연히 하늘로부터 빛이 그를 둘러 비추는지라 땅에 엎드러져 들으매 소리가 있어 이르시되 사울아 사울아 네가 어찌하여 나를 박해하느냐 하시거늘 대답하되 주여 누구시니이까 이르시되 나는 네가 박해하는 예수라 너는 일어나 시내로 들어가라 네가 행할 것을 네게 이를 자가 있느니라 하시니.

바울은 완전히 다른 사람이 되었다. 그는 이 부르심을 완수하는데 온 삶을 쏟아 부었다. 즉, 바울은 이방인에게 복음을 전할 터였고, 메시아를 믿는 유대인과 이방인 신자들이 서로 사귐을 가지며 함께 예배드릴 수 있도록 격렬히 싸울 터였다. 바울에게 이렇게 새로운 삶과 새로운 소명이 주어진 것은 죄를 용서하시고 새롭게 하시고 능력을 주시는 하나님의 은혜 덕분이었다.

바울은 다메섹으로 가는 길에 **종교를 바꾼** 것이 아니었다. 다만 그리스도를 대적하는 바리새인에서 그리스도를 존귀히 여기는 바리새인으로 회심했을 뿐이다. 바울은 나중에 법정에서 자신은 여전히 바리새인이라고 말한다(행 23:6). 바울에게 바리새인이라는 말은, 바리새인은 그리스도인일 수 없다는 뜻이 아니라 특별한 종류의 바리새인, 즉 메시아를 믿는 바리새인이라는 뜻이기 때문이다!

다메섹 외곽에서 바울이 회심한 일과 관련해 가장 주목할 만한 점은, 바울이 새롭고 특별한 일생의 사명으로 은혜를 입었다는 사실이다. 그 사명은 **로마 세계에서 이방인에게 복음을 전하는 것**이었다. 바울은 이 사명을 위해 독특하게 준비되어 있었으며, 아마 하나님이 바울을 준비시키셨다고 말할 수 있을 것이다. 즉, 바울은 로마 시민이었고, 그리스어를 할 수 있었으며, 설교가 가능했고, 대단히 담대했다. 이러한 특성들 덕분에 바울은 30년 동안 사명을 이행해 나갈 수 있었다.

교제의 은혜

부활하신 주님을 만난 설렘과 흥분으로, 그리고 새로 품게 된 메시아 신앙에 대한 기쁨으로 바울은 꿈에 부푼 눈으로 예수님이 주신 사명을 바라보았을 것이다. 바로 **이방인에게 복음을 전할** 사명 말이다. 이때 바울은 그 과제가 세 가지 면에서 얼마나 어려울지 알지 못했다. 그 세 가지 면은 **성경, 사람들, 몸**이다.

바울은 우리가 구약 성경이라고 부르는 성경을 몇 시간이고 들여다보면서 이방인이 어떻게 하나님의 백성이라는 자격을 가질 수 있는지 깊이 생각해 보았음이 틀림없다. 갈라디아 교인과 로마 교인에게 보내는 편지에서 바울은 자기 삶에 임한 하나님의 부름을 뒷받침하는 내용들을 한 구절 또 한 구절 꺼내 놓았다. 바울이 설득해야 했던 것은, **자신을 비롯해 바리새 교육을 받은 엄밀한 유대인들은 이방인이 하나님에게 얼마나 중요한지 몰랐다**는 점이었다. 바울에게 가장 의미 있는 본문이 된 것은 창세기 12장 3절의 "땅의 모든 족속[이방인들!]이 너[아브라함]로 말미암아 복을 얻을 것이라"는 말씀과 창세기 15장 6절의 "아브람이 여호와를 믿으니 여호와께서 이를 그의 의로 여기[셨다]"는 말씀이었다.

바울의 신학적, 성경적 논증은 정당했지만, 예수님을 메시아로 믿는 다른 유대인들을 설득해서 이에 동의하게 만들고, 이 논증을 삶으로 실천하게 만드는 것은 불가능에 가까웠다. 결국 이들은 "하나님은 할례가 꼭 필요하다고 말씀하시지 않았습니까? 하나님은 이방인 회심자들이 하나님이 주신 토라를 받아들여야 한다고 말씀하시지 않았습니까? 하나님이 토라를 주시지 않았습니까?"라고 큰 소리로 되물을 것이 분명했다. 그래서 우리는 바울의 사역을 괴롭힌 이 문제의 주요 흔적들을 보게 되는데, 즉 이방인에게 복음을 전한 뒤 이들이 유대인이 되어 할례의 칼을 받지 않는다 해도 이들을 하나님의 한 백성으로 맞아들일 수 있느냐의 문제였다. 바울의 편지 중 갈라디아서와 로마서에서 이를 확인할 수 있다. 이 곪은 상처가 크게 터져 결국 주후 49년 예루살렘에서 사도들의 공의회가 열렸다. 이 회의에서 베드로, 바나바, 바울, 야고보는 이방인 신자들에게 유대인 회심자가 되기를 요구하는 일 없이 이들을 받아들여야 한다고 공개 변론을 펼쳤다.

그렇다, 이 사명으로 바울은 육체적으로 대가를 치른다. 바울은 갈라디아서 6장 17절에서 "내가 내 몸에 예수의 흔적을 지니고 있노라"라고 말한다. 이는 바울이 황제에게 불충하다고 생각한 이방인들과, 가말리엘의 제자인 바울이 토라에 대한 충성을 버리고 배교했다고 생각한 유대인들의 손에 공개적으로 매질당하고, 돌에 맞고, 물리적 폭력을 당한 흔적을 말하는 것이 틀림없다. 이들이 바울을 대하는 태도는 바울이 일찍이 예루살렘에서 예수님을 메시아로 믿는 유대인들을 대한 태도와 똑같았다.

소망의 은혜

바울 생애의 각 시기에 대해서는 바울이 개척한 교회들에서 그리스도인들이 어떤 싸움을 했는지를 통해 알게 된다. 우리가 바울에게서 얻는 것은 그의 생각이 어떻게 발전되어 갔는지에 대한 자전적(自傳的) 성찰이 아니다. 예를 들어 아우구스티누스의 「고백록」처럼 말이다. 그보다 우리는 바울이 당시 교회들의 여러 쟁점에 대처하는 모습이 담긴 일련의 편지들을 얻는다. 바울 사역 초기, 데살로니가에 교회를 세운 뒤 그곳 그리스도인들은 하나님이 펼쳐 가실 미래, 즉 종말론과 그리스도의 재림에 관한 그리스도인의 믿음 문제에 지나치게 흥분해 있었다. 그 문제에 몹시 들떠 있는 데다가 예수님이 곧 돌아오실 거라고 확신한 이들은 하던 일도 중단하고 예수님의 재림을 목 빠지게 기다리기 시작했다. 10대 시절 어느 설교자의 설교를 들었는데, 휴거에 대해 얼마나 흥분해서 말하던지, 그의 주장에 완전히 설득당한 나는 우리 목사님을 찾아가 곧 휴거가 있을 텐데 굳이 대학에 갈 필요가 있느냐고 물었다(목사님은 그 설교자의 생각이 틀릴 수도 있으니 대학에 가야 한다고 지혜롭게 대답해 주셨다. 목사님이 옳았다!). 따라서 데살로니가 교인들이 겪은 일은 그리스도의 재림에 열광하여 생활 방식을 바꾸기 시작한 수많은 그리스도인 중 첫 번째 사례일 뿐이다.

그런 사람들에게 바울은 뭐라고 가르쳤는가? 첫째, 예수님이 다시 오신다고, 그러나 그때가 언제일지는 아무도 모른다고, 그러므로 놀라울 만큼 소망이 두드러지는 삶을 살 수 있다고 가르쳤다. 소망이란 앞으로 임할 하나님의 선한 은혜의 손길에 비추어 현재를 사는 것이다. 오늘날 완전히 그릇된 이유로 휴거나 재림 같은 종말론에 '몰입하는' 그리스도인이 매우 많다. 이들은 미래에 대해 호기심이 많다. 하지만 바울은 소망에 관해 가르쳤고, 그 소망은 이 세상에 대한 소망이자 그 나라에 대한 소망이며 영생에 대한 소망이었다. 바울은 호기심을 충족시키려 하지 않았다. 다만 은혜로우신 우리의 하나님이 언젠가는 만사를 올바른 방향으로 이루시리라고 이들을 안심시키고자 했다.

둘째, 바울은 예수님이 이들을 압제와 죄와 죽음에서 구해 주시리라고 가르쳤다. 예수님이 이들을 구해 주시면, 이들은 하나님의 선한 손길과 더불어 영원히 안전할 것이며 하나님 나라에서 생명을 향유할 터였다. 하지만 이는 예수님이 오시기 전에 이들이 전혀 고난을 당하지 않으리라는 뜻이 아니었다. 실제로 바울은 하나님을 무시하고 사람을 호리는 "불법의 사람"이 예수님의 재림 전에 나타날 것이라고 이들에게 가르쳤다(살후 2:3).

셋째, 바울은 예수님이 오실 때까지 충성스럽게 예수님을 따라야 한다고 가르쳤다. 바울은 "자기 나라와 영광에 이르게 하시는 하나님께 합당[한]" 삶을 살라고 가르쳤다(살전 2:12). 바울은 "거룩하게" 살라고, "조용히" 살라고 이들에게 교훈했다(4:7, 11). 하나님의 은혜는 이생에서 그런 삶이 가능하게 해준다.

마지막으로, 바울은 이들이 각자의 일로 돌아가야 한다고 가르쳤다(살후 3:11-13).

하나 됨의 은혜

바울은 자동차의 백미러로 보듯 분열을 마주했다. 선교 사역의 다음 기착지에 이르렀을 무렵, 바울이 방금 떠나온 교회의 상황이 좋지 않다고 누군가가 그에게 알려 준 듯하다. 바울은 갈라디아에서 하나님의 놀라운 일을 든든히 세워 놓고 그곳을 떠나왔는데, 떠나오자마자 '유대화하려는 사람들'(Judaizers)이 들어와, 완전한 그리스도인이 되려면 반드시 유대인이 되어야 하므로 할례를 받아야 한다고, 바울이 은혜로 빚어 놓은 그리스도인들을 설득하려 한다는 소식이 들려온 것이다. 그래서 갈라디아서에서 바울은 유대화하려는 사람들 쪽으로 기우는 그리스도인들과 바울 쪽으로 기우는 그리스도인들 문제를 다루고 있다.

고린도에서 일어난 분열을 되돌아보면서 바울은 고린도 교인들이 만사에 다툼을 벌인 것을 볼 수 있었다. 이들은 지혜 문제로, 그리고 교회에서 누가 가장 중요한 지도자인가 하는 문제로 서로 다퉜다. 이들은 근친상간한 남자 문제를 가장 잘 처리하는 법을 두고 다퉜다. 이들은 법정에서 서로 다퉜다. 결혼의 유익과 이혼의 근거를 두고 다퉜다. 바울식으로 사도 노릇을 하는 것에 관해 다퉜다. 거짓 신들에게 제물로 바쳤던 음식을 먹는 문제를 두고 다퉜다. 성찬이 얼마나 성결한지를 두고 다퉜다. 영적 은사 중 어느 것이 가장 큰 영광인지를 두고 다퉜다. 부활에 관한 질문들(누가, 그리고 언제 부활할 것인가?)을 두고 다퉜다.

로마서 서두는 이와 같은 문제들을 다루는 편지 같지 않다. 사실 일부 사람들에게 로마서는 조직신학자들을 위한 편지로 보인다. 그렇지 않다. 바울의 주장은 예수 그리스도 안에서는 이방인과 유대인 모두 교제 공동체로 받아들여지되 예수님이 이들을 위해 이루신 일을 근거로, 그리고 토라에서 말하는 일들을 행함으로써 아니라 믿음, 오직 믿음을 통해서 받아들여진다는 것이다. 달리 말해, 갈라디아서에서 우리는 모든 것을 다시 듣게 된다. 이방인은 예수님의 백성이 되기 위해 유대인이 될 필요가 없다고 말이다. 로마서에서는 14장에 이르러서야 이런 내용이 등장하는데, 명명백백한 글자로 그 내용을 일단 보게 되면 그 편지를 전부 다시 읽기 시작해야 한다. 그러면 로마서 1-8장이 유대인 신자와 이방인 신자가 어떻게 사랑과 평화로 교제하며 거해야 하는지 그 기본 원리를 확립하고 있다는 것을 알게 된다.

로마서 9-11장이 얼마나 복잡한지 아는 이들도 있고, 어떤 이들에게 그 세 장은 맥락이 없는 것처럼 보이기도 한다. 하지만 로마서 14-16장을 먼저 읽어 보면 로마서 1-8장이 그다음에 이어지는 내용의 기본 원리를 제시한다는 것을 알게 된다. 그러므로 로마서 9-11장은 이방인이 유대교로 개종하지 않고도 하나님의 가족으로 받아들여짐으로써 하나님이 구약 성경에서 이스라엘에게 하신 약속을 버리지 않으셨음을 보여 주는 데 중점을 두고 있다. 로마의 공동체에서 '약한' 자(유대인 신자들)와 '강한' 자(이방인 신자들)의 나뉨은 하나 됨에 길을 내주어야 했다.

바울은 이 모든 분열을 어떻게 해결하는가? 바울에게는 전략이 있었다. 쉽지는 않았지만 복음 중심적인 전략이었다. 즉, 이들은 자기에 대해서는 죽고 다른 사람에 대해서는 살아야 했다. 그 방법은 서로를 사랑하는 것, 자기 자유를 제한하는 삶을 사는 것, 거룩한 삶을 사는 것이었다. 그러면 하나님의 은혜의 선한 손길이 임할 때 일어나는 일, 즉 성령의 공동체 안에서 하나 되는 결과를 낳게 된다. 이 하나 됨은 이방인들의 교회가 모교회인 예루살렘에 있는 예수님의 교회를 위해 희생적으로 자원하여 연보했을 때 구체화되었다.

교회의 은혜

바울의 편지들만으로는 이 사도의 신학적 삶의 지도를 그릴 수 없다. 그보다 이 편지들은 그의 삶의 에피소드들을 전해 준다. 이 편지들은 한 인생의 편린들을 알게 해준다. 바울의 후기 편지들, 이를테면 빌립보서 같은 편지를 그의 인생 말년에서야 볼 수 있다는 이유로 그 내용들을 새로운 발전이라고 생각한다면 이는 지혜롭지 못한 일이다. 바울의 편지들이 "지금 이 순간 내 신학"을 간략하게 보여 주는 줄거리로서 기록된 것이라면 그의 지적 삶을 추적할 수 있을 것이다. 하지만 그렇지 않기 때문에 추적도 불가능하다. 편지들은 세계적인 순회 사도의 삶에서 일어난 에피소드, 목회적이고 신학적인 에피소드들이다.

그래서 말년에 골로새, 에베소, 빌립보의 교회들에 보낸 편지, 그리고 빌레몬에게 보낸 목회 서신에서 우리는 바울 생애의 또 다른 주제를 보게 된다. 그것은 바로 **세상에 있는 교회에서 역사하는 하나님의 선하신 손길의 은혜**다. 이 말이 무슨 뜻인가 하면, 바울은 하나님이 교회에서 하시는 일을 세상과 우주의 역사 반경 안에서 파악했음을 알 수 있다는 것이고, 우리는 하나님이 교회에서, 그리고 교회를 통해 하시는 일로써 우주의 역사를 보는 법을 배우게 된다는 것이다. 바울의 편지들을 읽으면, 그리고 갈라디아서에서 시작해 로마서를 통독하면, 바울

사상에 관해 얻을 수 있는 가장 온전한 관점을 얻게 된다. 이 편지들은 하나님의 은혜가 온 세상을 향해 나타났음을 잘 드러낸다.

에피소드들로 이루어진 바울의 이 편지들을 통해 우리는 온 우주를 다스리시고 구원하시는 탁월한 분인 그리스도, 이 세상에서 그리스도의 몸인 교회, 그리고 유대인과 이방인이 그리스도의 한 몸 안에서 하나 되게 하시려는 하나님의 계획에 대한 큰 그림을 알게 된다. 또한 이 하나 됨은 바울의 특별한 사명 덕분이었고, 이 사명을 통해 하나님은 지금 이방인을 그리스도의 한 몸에 포함시키기 위해 일하고 계신다는 것을 알게 된다. 그리고 지금 그리스도의 몸을 상대로 우주적 전투가 벌어지고 있다는 것, 교회이자 한 가족으로서 교회가 로마 세계에서 어떻게 살아가야 하는지에 대해서도 알게 된다.

이 세상에서 교회의 은혜에 관해 바울이 쓴 옥중 편지들에서 한 구절을 고른다면 나는 골로새서 1장 15-20절을 고르고 싶다.

> 그는 보이지 아니하는 하나님의 형상이시요 모든 피조물보다 먼저 나신 이시니 만물이 그에게서 창조되되 하늘과 땅에서 보이는 것들과 보이지 않는 것들과 혹은 왕권들이나 주권들이나 통치자들이나 권세들이나 만물이 다 그로 말미암고 그를 위하여 창조되었고 또한 그가 만물보다 먼저 계시고 만물이 그 안에 함께 섰느니라 그는 몸인 교회의 머리시라 그가 근본이시요 죽은 자들 가운데서 먼저 나신 이시니 이는 친히 만물의 으뜸이 되려 하심이요 아버지께서는 모든 충만으로 예수 안에 거하게 하시고 그의 십자가의 피로 화평을 이루사 만물 곧 땅에 있는 것들이나 하늘에 있는 것들이 그로 말미암아 자기와 화목하게 되기를 기뻐하심이라.

하지만 에베소서 2장 14-18절도 지나치기 어렵다.

그는 우리의 화평이신지라 둘로 하나를 만드사 원수 된 것 곧 중간에 막힌 담을 자기 육체로 허시고 법조문으로 된 계명의 율법을 폐하셨으니 이는 이 둘로 자기 안에서 한 새 사람을 지어 화평하게 하시고 또 십자가로 이 둘을 한 몸으로 하나님과 화목하게 하려 하심이라 원수 된 것을 십자가로 소멸하시고 또 오셔서 먼 데 있는 너희에게 평안을 전하시고 가까운 데 있는 자들에게 평안을 전하셨으니 이는 그로 말미암아 우리 둘이 한 성령 안에서 아버지께 나아감을 얻게 하려 하심이라.

이 두 본문은 바울이 전한 복음 전체의 핵심을 보여 준다. 즉, 예수님은 만유의 중심이시고, 예수 그리스도 안에서, 그리스도의 몸 안에서 하나님의 백성은 하나다. 그리고 유대인과 이방인은 그리스도 안에서 하나다. 바울은 에베소서 4장 4-6절의 아름다운 문구(文句)에서 이 사실을 다음과 같이 표현한다.

몸이 하나요 성령도 한 분이시니 이와 같이 너희가 부르심의 한 소망 안에서 부르심을 받았느니라 주도 한 분이시요 믿음도 하나요 세례도 하나요 하나님도 한 분이시니 곧 만유의 아버지시라 만유 위에 계시고 만유를 통일하시고 만유 가운데 계시도다.

바울 연표

다소에서 태어나다(주전 10년에서 주후 1년 무렵)

예루살렘으로 이주하다(주후 15-20년)

예수님이 돌아가시다(주후 30년)

사울의 회심(주후 31-34년)

연구, 초기 사역(주후 34-46년)

안디옥의 바울(주후 40-47년)

첫 번째 선교 여정(주후 47-48년)

갈라디아서(주후 49년)

제1차 예루살렘 공의회(주후 49년)

두 번째 선교 여정(주후 49-52년)

데살로니가전후서(주후 50-51년)

세 번째 선교 여정(주후 53-57년)

에베소에서(주후 52-55년)

고린도전후서(주후 55-56년)

로마서(주후 57년)

예루살렘으로 돌아와 체포되다(주후 57년)

가이사랴의 감옥에서(주후 57-59년)

로마로 가다(주후 59년 가을)

멜리데 섬(주후 59-60년 겨울)

로마에서(주후 60년 이른 봄)

로마의 감옥에서(주후 60-62년)

골로새서, 빌레몬서, 에베소서, 빌립보서

석방되어 계속 사역하다(주후 62년 이후)

재투옥되어 순교하다(주후 60년대 말)

디모데전후서, 디도서

후기

내 친구 린 코힉은 훨씬 두꺼운 이 책 초기 원고를 읽고 격려와 제안을 해주었다. 원고 집필을 시작하기 얼마 전 나는 로드니 리브스의 「바울에 따른 영성」(*Spirituality according to Paul*)이라는 훌륭한 책을 손에 넣게 되었다. 그때 나의 가장 큰 염려는, 목회 경험과 신약학 박사 학위를 겸비했기에 이 주제를 다룰 수 있는 완벽한 후보가 된 로드니가 펴낸 책으로 혹시 내가 쓸 책이 불필요해지는 것은 아닐까 하는 점이었다. 하지만 바울에 대해 이야기할 수 있는 방법은 또 있었다. 그래서 로드니가 이 책 원고를 읽고 나서 제안해 준 것이 말로 다 할 수 없을 만큼 고맙다. 그는 한두 가지 오류를 피할 수 있게 해주었고, 그가 해준 제안은 이 책에 제자리를 찾아 들어갔다.

전 동료이자 친구인 조얼 윌리츠와는 거의 10년에 걸쳐 바울에 관해 대화를 나눴는데, 아마 그는 이 책에서 자기가 한 말을 이따금 보게 될 것이다. 그리고 다른 누구도 듣지 못할 이야기, 즉 그의 의견에 대한 내 생각도 듣게 될 것이다. 내 처남 론 노먼은 원고를 읽고 짧은 격려의 말을 남겨 주었다. 가장 중요한 역할을 한 이들은 노던신학교(Northern Seminary)에서 나의 바울 강좌에 참여한 학생들이다. 이들은 원고를 읽고 피드백을 주었으며, 그 내용은 종종 책에 반영되었다. 영성형성(spiritual formation)을 모든 수업의 한 요소로 삼고자 하는 노던신학교의 헌신은 바울에 관한 이 책을 계속 집필해 나갈 수 있는 추진력을 제공했다.

내 출판 에이전트인 그렉 대니얼과 존더반 출판사의 편집자 존 레이먼더, 존 슬론, 벌린 버브루그에게도 고마움을 전한다. 여기에 이름을 다 언급하지 않았지만 여러 목사와 친구가 12장을 다양한 버전으로 읽고 의견을 주었다. 이들의 지혜와 제안에 고마움을 잊지 않을 것이다. 친구들 한 사람 한 사람 덕분에 12장의 내용이 더 훌륭해졌다.

아내 크리스는 이 책을 두 번 읽었다. 아내는 자신의 제안에 대한 내 반론을 잘 수용했고, 우리는 이 책에 대해 그동안 내가 쓴 어떤 책보다 많이 논의했다. 아내가 찾아낸 이야기도 이 책에 종종 등장한다. 우리는 이 책을 제이 그리너와 수전 그리너, 그리고 어맨다 홈과 에릭 로젠그렌에게 헌정하고자 한다. 제이와 어맨다는 리디머교회의 목회자들인데, 주일에 내 마음이 우리가 하고 있는 일에서 바울이 했던 일로, 다시 목사님들이 말하고 행하는 일로 얼마나 자주 왔다 갔다 하는지 이분들은 알지 못할 것이다. 서로 다른 사람들이 모이는 공동체를 만들어 준 이분들에게 감사드린다. 시간이 되면 우리 교회에 한번 와 보시길, 그러면 내 말이 무슨 뜻인지 알게 될 것이다.

2014년, 여느 때와 다름없는 어느 날에

주

1장 교회에서 자라다

1 Richard J. Foster, *Streams of Living Water: Celebrating the Great Traditions of Christian Faith* (San Francisco: HarperSanFrancisco, 1998)(「생수의 강」, 두란노 역간).

2장 샐러드 접시

1 Peter Oakes, *Reading Romans in Pompeii: Paul's Letter at Ground Level* (Minneapolis: Fortress, 2009), 96.
2 Ralph Ellison, *The Invisible Man* (New York: Random House, 1994), 15.
3 앞의 책, 239.
4 Korie L. Edwards, *The Elusive Dream: The Power of Race in Interracial Churches* (New York: Oxford University Press, 2008).
5 www.christianitytoday.com/ct/2008/january/26.42.html.
6 Carolyn Custis James, *Half the Church: Recapturing God's Global Vision for Women* (Grand Rapids: Zondervan, 2011), 27.
7 http://oshetablogs.wordpress.com/2013/11/20/an-open-letter-to-my-sisters-in-the-suburbs/.
8 Joseph Epstein, *Once More around the Block: Familiar Essays* (New York: Norton, 1987), 155.
9 http://deeperstory.com/on-earth-as-it-is-in-heaven/.

3장 '에스'를 위한 공간

1 Dorothy Sayers, *The Mind of the Maker* (San Francisco: HarperSanFrancisco, 1987)(「창조자의 정신」, IVP 역간), 12.
2 Christena Cleveland, *Disunity in Christ: Uncovering the Hidden Forces That Keep Us Apart* (Downers Grove, IL: InterVarsity Press, 2013), 12.

4장 은혜를 위한 공간

1 성경 인용문의 강조체는 독자들이 본문의 특정 부분에 주목할 수 있도록 추가된 것임에 주의하라.
2 이어지는 목록에 대해서는 갈 2:4; 롬 2:4; 6:23; 고전 1:2; 고후 5:19; 엡 1:3; 2:6, 10; 4:32; 빌 4:7, 19; 딤전 1:14을 보라.
3 Frederick Buechner, *Beyond Words: Daily Readings in the ABC's of Faith* (San Francisco: HarperSanFrancisco, 2004), 139.
4 www.christianity.com/theology/what-is-grace.html.을 보라.
5 Anne Lamott, *Traveling Mercies: Some Thoughts on Faith* (New York: Random House, 1999), 143.
6 Kathleen Norris, *Amazing Grace: A Vocabulary of Faith* (New York: Riverhead, 1998), 151.
7 Sayers, *The Mind of the Maker*(「창조자의 정신」), 188.
8 바울이 자신의 과거를 직접 요약한 내용으로는 행 26:9-11을 보라.
9 C. S. 루이스의 이 이야기에 얽힌 여러 사실은 Alan Jacobs, *The Narnian: The Life and Imagination of C. S. Lewis* (San Francisco: HarperSanFrancisco, 2005)에서 볼 수 있다. 인용된 내용은 pp. 4, 40, 41, 55, 56, 58, 62, 80, 89, 90, 96, 101, 131, 133, 148-149에서 가져왔다. 제이콥스는 루이스 옆에 있던 병사의 이름을 잘못 알고 있다. 그 사람의 이름은 해리 에어스였다. 이에 대해서는 Alister McGrath, *C. S. Lewis: A Life. Eccentric Genius. Reluctant Prophet* (Carol Stream, IL: Tyndale, 2013)(「C. S. 루이스」, 복있는사람 역간), 71을 보라. 맥그래스의 책에서 루이스의 더딘 회심을 설명하는 부분이 고전적인 설명이 될 것이다(pp. 131-159). 루이스가「예기치 못한 기쁨」(홍성사 역간)에서 자신의 회심 이야기를 할 때 날짜를 잘못 썼을 거라고 말하는 맥그래스의 저돌성에 놀라는 이들도 있겠지만 말이다(pp. 212-238). 나는 날짜에 대해서는 맥그래스의 의견을 따른다. 이외에 또 언급된 페이지는 pp. 30, 42이다.
10 C. S. Lewis, *Mere Christianity* (New York: Macmillan, 1956)(「순전한 기독교」, 홍성사 역간), 94.
11 C. S. Lewis, *Spirits in Bondage* (San Diego: Harcourt, Brace Jovanovich, 1964), part 1, sec. 12.
12 C. S. Lewis, *Surprised by Joy: The Shape of My Early Life* (New York: Macmillan, 1956)(「예기치 못한 기쁨」, 홍성사 역간), 228-229. 이 장 제목은 "체크메

이트"(Checkmate)다.
13 Lewis, *Surprised by Joy*(「예기치 못한 기쁨」), 221-222.
14 앞의 책, 266.
15 C. S. Lewis, "Is Theology Poetry," in *Essay Collection and Other Short Pieces* (ed. L. Walmsley; New York: HarperCollins, 2000), 21.

5장 사랑은 일련의 전치사

1 613가지 계명의 고전적 목록은 중세의 위대한 랍비 마이모니데스 때문에 특히 더 유명한데, 이를 보려면 http://en.wikipedia.org/wiki/613_commandments.를 참고하라.
2 나는 사랑의 정의에 긴 시간 관심을 기울여 왔다. 바람직하고 이해하기 쉬운 정의들을 모아 놓은 글을 마리아 포포바의 블로그(Brain Pickings)에서 볼 수 있다. http://www.brainpickings.org/index/php/2013/01/01/what-is-love/
3 Stanley Hauerwas, "Sex and Politics: Bertrand Russell and 'Human Sexuality,'" *Christian Century* (April 19, 1978), 417-422.
4 레 26:12; 렘 7:23; 11:4; 겔 14:11; 슥 8:8을 보라.
5 Leslie Leyland Fields, *Surviving the Island of Grace: A Memoir of Alaska* (New York: St. Martin's Press, 2002), 200, 215, 217, 326-327.
6 C. S. Lewis, *The Four Loves* (New York: Harcourt Brace Jovanovich, 1960)(「네 가지 사랑」, 홍성사 역간), 91.
7 Humphrey Carpenter, *J. R. R. Tolkien: A Biography* (Boston: Houghton Mifflin, 2000), 152, 243.
8 Leslie Weatherhead, *The Transforming Friendship* (New York: Abingdon, 1929).
9 Dan Kimball, *Adventures in Churchland: Finding Jesus in the Mess of Organized Religion* (Grand Rapids: Zondervan, 2012), 73-82.

6장 사랑은 효력이 있다

1 Babylonian Talmud, *Sanhedrin* 99b에서 인용.
2 Lewis, *The Four Loves*(「네 가지 사랑」), 169.
3 Jay Pathak and Dave Runyon, *The Art of Neighboring: Building Genuine*

Relationships Right Outside Your Door (Grand Rapids: Baker, 2012), 35.

4   행 14:19, 20; 16:1-3; 17:14-16; 18:5; 19:22; 20:4; 살전 1:1; 3:1-6; 살후 1:1; 고전 4:17; 16:10, 11; 고후 1:1, 19; 11:9; 롬 16:21; 골 1:1; 몬 1절; 빌 1:1; 2:19, 23; 딤전 1:3, 18; 4:12, 14; 딤후 1:5, 6; 3:11, 15; 4:13, 21; 히 13:23.

7장 사랑은 나눈다

1   이 부분은 Ronald F. Hock, The Social Context of Paul's Ministry: Tentmaking and Apostleship (Minneapolis: Fortress, 2007)(『일하는 사도 바울의 사회적 배경과 맥락: 천막 짓기와 사도직』, 알맹e 역간)의 연구에 신세를 졌다. Brian Rapske, The Book of Acts and Paul in Roman Custody (ed. Paul Winter; The Book of Acts in Its First Century Setting 3; Grand Rapids: Eerdmans, 1994), 106-108도 보라. 여기서 저자는 바울이 가죽 작업 전반에 기술을 가지고 있었던 것으로 본다.

2   Mary-Ann Kirkby, I Am Hutterite: The Fascinating True Story of a Young Woman's Journey to Reclaim Her Heritage (Nashville: Nelson, 2010). 이어지는 이야기는 pp. 141, 142, 179, 190, 202에서 가져왔다.

3   Christian Smith, Michael O. Emerson, and Patricia Snell, Passing the Plate: Why American Christians Don't Give Away More Money (New York: Oxford University Press, 2008), 175.

4   Kirkby, I Am Hutterite, 198.

8장 토마토와 마토

1   Martin Goodman, The Roman World: 44 BC-AD 180 (2nd ed.; Routledge History of the Ancient World; London: Routledge, 2012), 17.

2   로마 세계 노예 제도가 어떠했는지를 탁월하게 선별 정리한 글로는 Jo-Ann Shelton, As the Romans Did: A Sourcebook in Roman Social History (2nd ed.; New York: Oxford University Press, 1998), 163-185를 보라.

3   Brady Boyd, Let Her Lead: Creating a Better Future for Women in the Church (Colorado Springs, CO: Bondfire Books, 2013), 14.

4   James D. G. Dunn, The Acts of the Apostles (Valley Forge, PA: Trinity Press International, 1996), 12.

5   Larry Martin, The Life and Ministry of William J. Seymour, and a History of

the Azusa Street Revival (Pensacola, FL: Christian Life, 2006); Craig Borlase, William Seymour: A Biography (Lake Mary, FL: Charisma, 2006), esp. pp. 82, 125, 132, 133, 134, 147, 236.

9장 서로를 연결시키는 식탁

1   http://ancienthistory.about.com/library/bl/bl_text_plinyltrs2.htm#VI.에서.
2   Justin Martyr, *First Apology* 67: www.earlychristianwritings.com/text/justinmartyr-firstapology.html.에서. 순교자 유스티누스는 이 책 66장에서 성찬 자체에 대해 다음과 같이 말했다. "그리고 이 음식은 우리 사이에서 '유카리스티아'(Eukaristia, 성체[the Eucharist])라고 불리는데, 우리가 참이라고 가르치는 것을 믿는 사람, 죄 사함을 받고 중생하기 위한 씻김으로 씻김받은 사람, 그리하여 그리스도께서 명하신 대로 사는 사람 외에는 누구도 여기 참여할 수 없다. 우리는 이것을 평범한 빵과 평범한 음료로 받지 않으니, 하나님의 말씀으로 육신이 되신 예수 그리스도 우리 구주가 우리의 구원을 위해 살과 피를 지니신 것과 마찬가지로, 그의 말씀의 기도로 축성(祝聖)되고 변화되어 우리 피와 살의 자양분이 되는 그 음식은 육신이 되신 예수님의 살과 피라고 가르침받아 왔기 때문이다. 사도들은 복음서라고 불리는 자필 회고록에서 자신들에게 명령된 것을 우리에게 전달했는데, 예수님이 빵을 취하여 감사하신 후 '이것은 내 몸이라 너희가 이를 행하여 나를 기념하라'고 하셨고, 같은 방식으로 잔을 취하여 감사하신 후 '이것은 내 피라'고 말씀하시고 사도들에게만 이를 주셨다고 한다. 간교한 마귀는 미트라(Mithras)의 신비 의식에서 이를 흉내 내서 같은 것을 행하라고 명령했다. 입문자의 신비로운 의식 때 빵과 물 한 잔이 특정한 주문(呪文)과 함께 놓인다는 것을 여러분이 알고 있거나 배울 수 있기 때문이다."

10장 '우리'는 '나'보다 크다

1   Edwin S. Gaustad, *Roger Williams* (New York: Oxford University Press, 2005), 4를 보라.
2   Dietrich Bonhoeffer, *Life Together and Prayerbook of the Bible* (ed. Eberhard Bethge; trans. G. L. Müller; Dietrich Bonhoeffer Works 5; Minneapolis: Fortress, 1996), 36.
3   Lewis, *The Four Loves*(『네 가지 사랑』), 60.
4   Henry David Thoreau, *Walden, or, Life in the Woods* (Everyman's Library;

New York: Knopf, 1992), 288; Robert D. Richardson Jr., *Henry Thoreau: A Life of the Mind* (Berkeley, CA: University of California Press, 1986)(『헨리 데이비드 소로: 자연의 순례자』, 굿모닝북스 역간), 188, 191, 215, 240, 299.

11장 하나님에게 대한 헌신으로서의 거룩함

1. Flannery O'Connor, *Flannery O'Connor: Collected Words* (Library of America 39; New York: Library of America, 1988), 1061.
2. Lyle W. Dorsett, *A Passion for God: The Spiritual Journey of A. W. Tozer* (Chicago: Moody Press, 2008). 이어지는 내용은 pp. 64, 66, 121, 122, 132, 135, 138, 160을 참조하라.

12장 교회에 속한 성적인 몸들

1. 이 주제에 관해서는 우리가 쓰는 용어를 포함해 모든 내용이 뜨거운 논쟁을 일으키는 것 같다. 예를 들어, 매튜 바인스(Matthew Vines)가 최근 펴낸 책에서는 '긍정'(affirming)과 '비긍정'(nonaffirming)이라는 말이 쓰인다. 하지만 전통적 견해는 부정적 표현 대신 긍정적 표현을 써서 분류하는 것이 더 정확하지 않을지 질문해 봐야 한다. 즉, "이성간 결혼과 이성 관계 긍정하기"처럼 말이다. Matthew Vines, *God and the Gay Christian: The Biblical Case in Support of Same-Sex Relationships* (New York: Random House/ Convergent, 2014)를 보라. 나는 '동성'(same-sex)이라는 말을 쓸 때 (성적 행위를 나타내기 위한) '관계'(relations)나 ('지향'이나 '욕망' 대신) '끌림'과 같은 표현과 함께 사용하겠다. '지향'(orientation)이라는 말은 성적 '지향'이 현대에 이르러서야 사람들에게 알려졌다는 터무니없는 주장과 함께 비판을 받아 왔다. 성적 '지향'은 현대에 이르러 알려지지 않았다. 아리스토텔레스는 *Nicomachean Ethics* 7.5.3-5에서 동성 '지향'의 원인들을 추측한다. 동성 끌림의 기원을 논한 사람은 아리스토텔레스만이 아니다. 관련 문헌은 지금도 계속 나오고 있지만, 이 책의 목적상 나는 동성 관계나 동성 결혼이 성경이나 기독교 사상에서 지지된다고 믿는 사람들을 위해 학술적인 책과 대중적인 책 두 권을, 성경과 기독교 전통이 동성 관계/결혼이 아닌 이성 간 결혼을 긍정한다고 생각하는 사람들을 위해 두 권을 언급하겠다. 전자는 James V. Brownson, *Bible, Gender, Sexuality: Reframing the Church's Debate on Same-Sex Relationships* (Grand Rapids: Eerdmans, 2013); Matthew Vines, *God and the Gay Christian*이고, 후자는 William J.

Webb, *Slaves, Women and Homosexuals: Exploring the Hermeneutics of Cultural Analysis* (Downers Grove, IL: InterVarsity Press, 2001); John R. W. Stott, *Same-Sex Partnerships? A Christian Perspective* (Grand Rapids: Revell, 1998)(『존 스토트의 동성애 논쟁』, 홍성사 역간)이다. 여기서 내가 논의하는 내용에 대한 모든 반론이나 지지론에 하나하나 답변할 수는 없다는 것을 밝혀 둔다.

2   이에 대한 치밀하고도 건실한 설명으로는 Roy E. Ciampa, "'Flee Sexual Immorality': Sex and the City of Corinth," in *The Wisdom of the Cross: Exploring 1 Corinthians* (ed. Brian S. Rosner; Nottingham, UK: Apollos/Inter-Varsity Press, 2011), 100-133을 보라. 또한 Nigel Spivey and Michael Squire, *Panorama of the Classical World* (Los Angeles: J. Paul Getty Museum, 2004), 48-61도 보라.

3   유명한 시인 베르길리우스(Virgil)는 소년을 선호했는데, 훗날 아일리우스 도나투스 (Aelius Donatus)가 베르길리우스를 연구한 글(많은 사람이 이 연구가 Suetonius, *Life of Virgil*에 바탕을 두고 있다고 생각한다)에는 이런 내용이 있다. "그의 성적 욕구는 소년들 쪽으로 좀 더 기울어져 있었는데, 그중에서도 그는 케베스와 알렉산데르를 좋아했다"(9). 또 다른 그리스 시인 오비디우스(Ovid)는 자신의 책 「사랑의 기교」 (*The Art of Love*)에서 이렇게 말했다. "양쪽을 다 만족시키지 못하는 성관계는 싫다. 그것이 바로 내가 소년들에게 마음이 덜 가는 이유다"(2.683-684).

4   바울의 사역이 한창 꽃을 피우던 때, 스토아 철학이라고 하는 당대의 철학 동향이 로마 세계의 성 관행에 저항하고 있었다.

5   Cicero, *Speech in Defense of Caelius* 20.48.

6   그리스 로마 세계의 자료들을 다 모아 놓은 책으로는 Thomas K. Hubbard, ed., *Homosexuality in Greece and Rome: A Sourcebook of Basic Documents* (Berkeley, CA: University of California Press, 2003)를 보라. 1세기 풍습에 대해서는 pp. 383-442를 보라.

7   그리스와 로마의 그런 남자들이 장기적 동성 관계나 동성 결혼 경험이 있다는 사실은 고대 자료에서 입증되지만, 그 증거의 보편성에 대해서는 논란이 있다. 예를 들어, 플라톤의 유명한 「향연」(*Symposium*)에서 그리스 시인 아리스토파네스는 어떤 동성 관계에 대해 다음과 같이 말한다. "서로 평생을 함께하면서 …… 사랑하는 사람과 손을 맞잡고 하나의 존재로 합쳐지고 두 사람에서 한 사람이 되기를 바라는 사람들" (192E). 다수의 스토아 철학자들은 로마의 동성애 관행을 비판했는데, 그중 바울 및 로마 황제 네로와 동시대 사람인 수에토니우스는 네로와 스포루스의 변태적 결혼을

조롱하고 꾸짖으면서 스포루스가 "거세당했고 [의사들이] 그를 실제 여성으로 바꿔 놓으려 했다"고 주장했다(*Nero* 28). 이 두 사례 중 하나는 "충실한 일부일처제"라고 부를 수 있는 세계에서 나왔고 다른 하나는 도착(倒錯)된 세계에서 나온 것으로, 로마 세계에서 행해진 성 관행의 스펙트럼을 보여 준다. 최근에 이를 가장 탁월하게 논의한 내용으로는 Thomas K. Hubbard, "Peer Sexuality," in Thomas K. Hubbard, ed., *A Companion to Greek and Roman Sexualities* (London: Blackwell, 2014), 128-149를 보라.

8 Lucian, *Dialogues of the Courtesans* 5.
9 이 본문들은 저마다 논박되지만, 이 책의 맥락에서는 그 논쟁들을 다룰 수 없다. 앞의 주 1을 보라.
10 "질서를 벗어났다"는 표현은 Donald J. Wold, *Out of Order: Homosexuality in the Bible and the Ancient Near East* (Grand Rapids: Baker, 1998)에 나온다.
11 예수님은 누가복음 7장 25절 외에는 동성 관계를 한 번도 언급하지 않으시는데, 이 구절에서 "부드러운 옷 입은" 남자는 전형적인 로마의 동성 관계를 가리키는 **것일 수** 있다.
12 이 목록에서 동성애를 다른 죄들보다 악한 죄로 여겨서는 안 된다는 많은 이의 주장에 나도 동의하지만, 이 장의 초점이 동성애에 있기 때문에 그 주제에 집중할 수밖에 없다.
13 사도행전 15장 19, 20절에 한 가지 목록이 더 있는데, 이는 이방인 회심자들을 위한 규정 목록이다. "그러므로 내 의견에는 이방인 중에서 하나님께로 돌아오는 자들을 괴롭게 하지 말고 다만 우상의 더러운 것과 음행과 목매어 죽인 것과 피를 멀리하라고 편지하는 것이 옳으니." 야고보에게 이방인들은 '음행'하는 사람들로 알려져 있다.
14 어떤 이들은 바울의 말이 절대적이고, 총체적이며, 불변하는 비연합을 뜻하는 것이 아니라고 말한다. 그렇다면 아마 바울의 말은 "……한 사람들과 분별없이 사귀지 말라"는 뜻일 것이다. 바울은 그런 사람들이 회복되어서 사귐을 나눌 수 있기를 바라는 것이 확실하다.
15 '순리'라는 말은 '전통적'이나 '통례적'이라고 조정하는 것이 일반적이다. 고린도전서 11장 14절에서 바울이 남자는 머리를 짧게 하고 여자는 길게 하는 것을 가리키는 말로 동일한 표현을 쓰고 있고, 그 맥락에서 이 표현은 '전통'을 뜻할 것이기 때문이다. 그래서 이 관점대로 로마서 1장의 '순리'가 '전통'을 뜻한다면 동성 관계에 대한 바울의 주장은 힘이 조금 약해진다. 하지만 '순리'라는 말은 전통에서부터 하나님이 창조

하신 자연의 방식에 이르기까지 다양한 의미를 포괄하며, 로마서 1장에서 바울이 말하는 순리란 하나님이 창조하신 자연의 방식을 뜻한다. 바울 시대에 스토아 철학자 소 세네카(Seneca the Younger)는 '순리'의 토대에서 동성 관계를 논박했다(*Moral Epistles* 122.7).

16 www.desiringgod.org/blog/posts/an-alternative-script-for-same-sex-attraction. 동성 간의 합법적 결혼에 관한 논쟁은 문제를 더 복잡하게 만든다. 첫째, 이는 법에 관한, 그리고 무엇이 합법인가에 관한 일이다. 둘째, 미국의 연방 대법원이나 주 법원이 법으로 정한 것이 교회의 믿음을 지배하지는 않는다. 그래서 동성 결혼은 전통주의자 관점에서 "옳다"고 할 수 없는 법일 수도 있다. 교회는 교회의 윤리적 믿음과 실천을 국가의 결정과 혼동하지 말아야 한다.

17 Wesley Hill, *Washed and Waiting: Reflections on Christian Faithfulness and Homosexuality* (Grand Rapids: Zondervan, 2010).

18 앞의 책, 13.

19 논의가 이러한 결론을 훨씬 뛰어넘기는 하지만 수치(數値)를 자세히 다루는 중요한 책으로는 Stanton L. Jones and Mark A. Yarhouse, *Ex-Gays? A Longitudinal Study of Religiously Mediated Change in Sexual Orientation* (Downers Grove, IL: IVP Academic, 2007)이 있다.

20 Hill, *Washed and Waiting*, 145, 150.

21 http://spiritualfriendship.org/2012/09/20/an-unformed-pauline-thought-on-living-and-dying-with-christ/.

13장 과정으로서의 구원

1 출애굽기 12장에서 볼 수 있기는 하지만, 성경 전체에 반향되는 사건이다. 가장 두드러진 반향은 이사야 40장이고, 아슬아슬하게 두 번째가 된 것은 마가복음 서두(1:1-3)다. 하지만 신명기 26장 5-9절, 시편 78편, 105편, 106편을 비롯해 다른 예들도 있다.

2 이 부분은 어거스틴 톰슨의 비범한 연구서인 *Francis of Assisi: A New Biography* (Ithaca, NY: Cornell University Press, 2012), 3-17의 도움을 받았다.

3 Ronald J. Sider, Philip N. Olson, and Heidi Rolland Unruh, eds., *Churches That Make a Difference: Reaching Your Community with Good News and Good Works* (Grand Rapids: Baker, 2002), 182에서.

14장 새로운 자유

1. Greg A. Boyd, *Benefit of the Doubt: Breaking the Idol of Certainty* (Grand Rapids: Baker, 2013), 97-111.
2. Wayne Gordon, *Who Is My Neighbor? Lessons from a Man Left for Dead* (Ventura, CA: Gospel Light, 2010). 이 단락은 웨인이 쓴 이 책의 장(章) 제목들을 나타낸다.

15장 새로운 충성

1. 최고의 셸던 연구서는 Timothy Miller, *Following in His Steps: A Biography of Charles M. Sheldon* (Knoxville: University of Tennessee Press, 1987)이다. 이 연구서 pp. 15, 65, 99, 183을 참조하라.
2. 이 이야기는 Randy Harris, *Living Jesus: Doing What Jesus Says in the Sermon on the Mount* (Abilene, TX: Leafwood, 2012)에서 볼 수 있다.
3. Derwin Gray, *Limitless Life: You Are More Than Your Past When God Holds Your Future* (Nashville: Nelson, 2013).
4. Eugene Peterson, *A Long Obedience in the Same Direction: Discipleship in an Instant Society* (Downers Grove, IL: InterVarsity Press, 2000)(『한 길 가는 순례자』, IVP 역간).

16장 새로운 길잡이

1. David E. Fitch and Geoff Holsclaw, *Prodigal Christianity: 10 Signposts into the Missional Frontier* (Leadership Network; San Francisco: Jossey-Bass, 2013), 81.
2. Dallas Willard, *Hearing God: Developing a Conversational Relationship with God* (Downers Grove, IL: InterVarsity Press, 1999)(『하나님의 음성』, IVP 역간).
3. 이 이야기는 중동의 무슬림들이 예수님에 대한 꿈이나 환상을 경험한 놀라운 일들을 모아 놓은 글에서 가져왔으며, 원문은 Tom Doyle and Greg Webster, *Dreams and Visions: Is Jesus Awakening the Muslim World?* (Nashville: Nelson, 2012), 17-22(58-59에서도 인용)에서 볼 수 있다.
4. Tass Saada, *Once an Arafat Man: The True Story of How a PLO Sniper Found a New Life* (Carol Stream, IL: Tyndale, 2008). 참조 페이지는 pp. 24-25, 33-34, 108, 118, 157-170, 192.

17장 새로운 정치

1. H. L. Mencken, *A Mencken Chrestomathy* (New York: Knopf, 1949), 624. 또한 그는 그리스도인은 "기꺼이 세 하나님을 섬기지만 아내는 한 명으로 선을 긋는 사람"이라고 했다.
2. F. J. Bremer, *John Winthrop: America's Forgotten Founding Father* (Oxford/ New York: Oxford University Press, 2003). 참조할 페이지는 pp. 76, 94, 97, 110, 156, 177이다.
3. Eberhard Busch, *Karl Barth: His Life from Letters and Autobiographical Texts* (trans. John Bowden; London: SCM, 1976)(『칼 바르트』, 복있는사람 역간), 255, 257, 259.
4. S. R. Llewelyn and J. R. Harrison, eds., *New Documents Illustrating Early Christianity* (New Documents 10; Grand Rapids: Eerdmans, 2012), 64-75.
5. 나의 책 *Kingdom Conspiracy: Returning to the Radical Mission of the Local Church* (Grand Rapids: Brazos, 2014)(『하나님 나라의 비밀』, 새물결플러스 역간)를 보라.

18장 그 땅에 도착했지만, 우리는 여전히 그 땅을 원한다

1. Dunn, *Acts of the Apostles*, 12.
2. Gerald F. Hawthorne, *The Presence and the Power: The Significance of the Holy Spirit in the Life and Ministry of Jesus* (Dallas: Word, 1991), 35.

19장 노출 챌린지

1. Dietrich Bonhoeffer, *Discipleship* (Dietrich Bonhoeffer Works 4; Minneapolis: Fortress, 2001), 87 [독일어 원본 p. 81]. p. 87의 각주 11번은 오류다. 독일어 원어 führt를 fährt로 잘못 표기했다. fährt는 "몰아간다"는 뜻이고, führt는 "이르게 한다"는 뜻이다.
2. John R. W. Stott, *The Contemporary Christian: Applying God's Word to Today's World* (Downers Grove, IL: InterVarsity Press, 1992)(『시대를 사는 그리스도인』, IVP 역간), 146 (pp. 146-157 전체를 다 보라).
3. 앞의 책, 157.
4. 서로가 필요하다는 관측을 얻게 된 것은 로드니 리브스 덕분이다.

5   그 외 목록은 롬 12:3-8; 엡 4:11; 벧전 4:10, 11에서 볼 수 있다.
6   Nikki A. Toyama and Tracey Gee, *More Than Serving Tea: Asian American Women on Expectations, Relationships, Leadership and Faith* (Downers Grove, IL: InterVarsity Press, 2006), 156-173.
7   Timothy Keller, *Center Church: Doing Balanced, Gospel-Centered Ministry in Your City* (Grand Rapids: Zondervan, 2012)(「팀 켈러의 센터처치」, 두란노 역간), 178.

20장 정비사 피트

1   7장에서 보았다시피, 바울은 가죽으로 다양한 제품을 만드는 일을 했을 것이다.
2   이를 알 수 있는 두 가지 본문은 *Mishnah 'Abot* 2:2과 4:57이다. "족장 R. 유다의 아들 랍비 가말리엘이 말하되 '한 가지 직업을 가지고 토라를 배우는 것이 합당하니, 이 두 가지를 위해 애쓰다 보면 죄를 잊게 되기 때문이다. 노동과 병행하지 않는 토라 공부는 다 무익할 뿐이고 죄를 초래한다. 공동체와 더불어 일하는 모든 이는 천국을 위해 공동체와 함께 일하게 하라.'" "R. 사도크······ '이렇게 너희가 배워 왔으니, 누구든 토라를 가르치는 일에서 세상적 이득을 얻는 자는 이 세상에서 생명을 잃는다.'"
3   이 주제에 대한 훌륭한 연구서로는 Bruce W. Longenecker, *Remember the Poor: Paul, Poverty, and the Greco-Roman World* (Grand Rapids: Eerdmans, 2010)를 보라.
4   Hock, *The Social Context of Paul's Ministry*(「일하는 사도 바울의 사회적 배경과 맥락」), 36.
5   이 논제를 다루는 정말 훌륭한 책은 Adam McHugh, *Introverts in the Church* (Downers Grove, IL: InterVarsity Press, 2009)(「내향적인 그리스도인을 위한 교회 사용 설명서」, IVP 역간)다.
6   J. R. R. Tolkien, *Tree and Leaf* (Boston: Houghton Mifflin, 1989), 75-95. 내 친구 케이티 프루덱이 이 이야기의 자전적 요소를 내게 알려 주었다. 내가 여기 쓴 이야기의 편집본은 The High Calling: www.thehighcalling.org/culture/less-valuable-and-more-serious---work-and-life-sketch#.UZJpmZXvz7c.에서 볼 수 있다. 톨킨의 이야기는 일의 신학을 보여 주며, 이에 대해서는 다음 책을 추천한다. Miroslav Volf, *Work in the Spirit: Toward a Theology of Work* (Eugene, OR: Wipf & Stock, 2001)(「일과 성령」, IVP 역간); Darrell Cosden, *The Heavenly*

Good of Earthly Work (Peabody, MA: Hendrickson, 2006).

21장 크고 멋진 모자를 쓴 선생님

1. Rodney Reeves, *Spirituality according to Paul: Imitating the Apostle of Christ* (Downers Grove, IL: InterVarsity Press, 2011), 47.
2. 앞의 책, 50-51.
3. Dwight N. Peterson, "Choosing Weakness," *Covenant Companion* (February 2012), 6-9.
4. George Macdonald, *Unspoken Sermons* (Whitethorn, CA: Johannesen, 1999) (「전하지 않은 설교」, 홍성사 역간), 27. 이해를 쉽게 하려고 포괄적 용어를 약간 조정했다.
5. Marcus Brotherton, "Teacher": *The Henrietta Mears Story* (Ventura, CA: Regal, 2006), pp. 42, 81.

22장 아내와 함께한 어느 날의 산책길에

1. Scot McKnight, "Happiness: Given, Lost, Regained," *Books & Culture*, 14, no. 6 (November/December 2008): 44-46. 이어지는 내용은 이 기사에서 빌려 왔다. 인용문도 모두 해당 기사에서 가져왔다.
2. Jennifer Michael Hecht, *The Happiness Myth: Why What We Think is Right Is Wrong - A History of What Really Makes Us Happy* (San Francisco: HarperSanFrancisco, 2007), 9.
3. Lynn H. Cohick, *Philippians* (Story of God Bible Commentary New Testament 11; Grand Rapids: Zondervan, 2013), 185.
4. A. McGrath, *C. S. Lewis: A Life*(「C. S. 루이스」), 198. 보충 설명은 Carpenter, *J. R. R. Tolkien: A Biography*, 179-186에서 볼 수 있다.
5. 스티븐슨의 에세이, "The Lantern-Bearers," in *The Art of the Personal Essay: An Anthology from the Classical Era to the Present* (ed. Phillip Lopate; New York: Anchor Doubleday, 1994), 220에서.

부록 바울의 인생에 임한 은혜

1. 하나님은 바울이 위대한 통합자가 될 수 있도록 준비시키셨다. 하지만 바울이 그 과

제를 받아들이려면 예수님과 눈을 맞추는 경험이 필요했다. 4세기 교부 히에로니무스에게서 비롯되는 초기 기독교 전승에 따르면, 바울 집안은 원래 갈릴리의 기샬라 출신이었다. 갈릴리에서 벌어진 로마와의 전쟁 때문에 이들 가족은 다소로 이주했다(나중에 자유의 몸이 되기는 했지만 아마 처음에는 노예 신분이었을 것이다). 바울은 10년 넘게 다소에서 살다가 청년이 되자 토라를 공부하려고 예루살렘으로 갔다. 히에로니무스는 다음과 같이 기록했다.

"바울은 전에 사울이라고 불렸으며, 열두 사도에 포함되지 않는 사도로, 베냐민 지파 출신에 유대[갈릴리]의 기스칼리스[기샬라] 마을에 살았다. 이 [마을]이 로마인들에게 점령당하자 바울은 부모와 함께 길리기아의 다소로 이주했다. 율법을 공부하라고 부모가 예루살렘으로 보냈기에 그는 누가가 언급하는 가장 학식 높은 사람 가말리엘에게 교육받았다. …… 구브로 총독 서기오 바울이 처음으로 그의 설교를 듣고 믿음에 이르게 된 사람인데, 총독을 복종시켜 그리스도를 믿는 믿음에 이르게 만들었기에 바울은 총독의 이름을 따서 자기 이름을 지었다. …… (Jerome, *Lives of Illustrious Men* 5; http://biblehub.com/library/various/jerome_and_gennadius_lives_of_illustrious_men_/chapter_v_paul.htm).

주제와 인명 찾아보기

ㄱ
개인주의 169-172
거룩함 177-219
고든, 웨인 235-236
고통 336-340, 344-347
「공동 기도서」 246, 254
교제(사귐) 172-174
교회 16-30, 53-54, 163-174
구원 210-219
굿맨, 마틴 140
그레이, 더윈 246
그레이엄, 빌리 341
글렌, 마이크 44
기쁨 348-349, 352-359
김형구 337

ㄴ
네프, 미리엄 31

ㄷ
다양성 120
다이슨, 휴고 74
던, 제임스 D. G. 143, 289
도일, 톰 265
딤스데일, 아서 275

ㄹ
러니언, 데이브 112
레이런드, 레슬리 86-90
레이야드, 리처드 349-352
로언, 닉 200-201, 204
루소, 장 자크 224
루이스, C. S. 71-75, 89-92, 107, 168, 342, 357-358
리브스, 로드니 335

ㅁ
맥그래스, 알리스터 357-358
맥도널드, 조지 340
맥레넌, 스튜어트 341
멩켄, H. L. 275-276
미어스, 헨리에타 341-344

ㅂ
바르트, 칼 283-284
「바울과 테클라 행전」 333
보이드, 그렉 230-233
보이드, 브래디 141
보이지 않는 사람들 28-33, 37-39
본회퍼, 디트리히 168, 304
브라더튼, 마커스 342

브리지스, 제리 67
비크너, 프레드릭 67

ㅅ
사다, 타이시르 아바드 270-272
사랑 79-99, 199-200
　　…은 나눈다 117-129
　　…은 효력이 있다 100-116
　　「네 가지 사랑」 107
　　미국 문화에서 83
사명 265
샐러드 접시 20-40
생업 319-331
성 프란체스코 213-215
성경 258-260
성령 143-147, 149, 260-263, 290-302, 305-318
　　…의 열매 307-309
　　…의 은사 307-313
성의 구속(救贖) 204-207
성적인 몸들 189-209
성찬식 155-162
세이어즈, 도로시 44
셸던, 찰스 240-242
소 플리니우스 154-155
소로, 헨리 데이비드 169-170
순교자 유스티누스 160-161
스넬, 퍼트리샤 124
스미스, 크리스천 124
스토트, 존 R. W. 308-309
스티븐슨, 로버트 루이스 359

시모어, 윌리엄 145-148
식탁 150-162

ㅇ
아주사 스트리트 부흥 146-148
에머슨, 마이클 124
에어스, 해리 71
엘리슨, 랠프 28-29
오코너, 플래너리 178
우정 110, 113-116
워필드, B. B. 67
웨더헤드, 레슬리 93
윈스로프, 존 276
윌라드, 달라스 263, 305-306
윌리엄스, 로저 164-171
은혜 56-75
은혜의 전체 이야기 68
일상적인 268-270

ㅈ
자유 223-239
잘, 폴 67
정치 273-286
제이콥스, 앨런 71

ㅊ
축소된 은혜 이야기 67-69
충성 240-252

ㅋ
캐시웰, 개스턴 바너버스 147

커크비, 메리앤 122-124, 128-129
켈러, 팀 317-318
「켈트 기도서」 247-248
코힉, 린 356
클리블랜드, 크리스테나 48
키케로 191
킴볼, 댄 97-98

ㅌ

토야마, 니키 A. 314
토저, A. W. 181-183
톨킨, J. R. R. 74, 91-92, 329-331, 357-358

ㅍ

파럼, 찰스 146
패턱, 제이 112
페인, 토머스 224

평범한 사람들 62-63
피터슨, 드와이트 337-338
피터슨, 마거릿 킴 337
피터슨, 유진 248
필즈, 레슬리 358

ㅎ

하나 됨 120, 133-149
하나님의 '예스' 43-55
하산 263-265
해리스, 랜디 243-244
행복 349-352
헤트메이커, 젠 37-40
헥트, 제니퍼 마이클 350
호손, 제럴드 292
후하다 122-129
힐, 웨슬리 203-208

성구 찾아보기

창세기
1:26, 27 **197**
1:27 **140**
3장 **217**
11장 **137**
12장 **84**
15장 **84, 85**
19:1-14 **193**

출애굽기
12장 **157**

레위기
11:44, 45 **178**
18:22 **193-194**
20:13 **194**
26:12 **85**

사사기
19:22-30 **193**

이사야
52:12 **218**

예레미야
7:23 **85**
11:4 **85**
31장 **84**

에스겔
14:11 **85**

스가랴
8:8 **85**

마태복음
1:23 **85**
22:37-40 **80**
26장 **159**

마가복음
12:29-31 **248**
14장 **159**
14:25 **156**

누가복음
1:69 **212**
1:71 **212**
1:74 **212**

22장 **159**

요한복음
17:21-23 **134**

사도행전
2:29 **313**
2:42-47 **172, 173**
4:8 **292**
4:13 **313**
4:29 **313**
4:31 **313**
4:32-35 **172, 173**
8:17 **295**
8:29 **316**
9:17-19 **295**
9:29 **333**
10:19 **316**
10:37, 38 **291**
10:44-48 **295**
10:45 **292**
11:15, 16 **296**
11:28 **316**
13:2 **316**
13:45 **334**

13:50 334
14:5, 6 334
14:22 339
15:2 269
15:28 316
16:1-3 269
16:6-10 261
16:22-24 333
16:25 353
16:31 354
16:34 354
17:13 334
17:17 325
18:3 118
18:6 334
18:12 334
18:21 260
19:9 334
19:11, 12 298
19:17 298
20:3 269, 333
20:22 316
21:27-29 334
21:31, 32 333
21:32 334
22:3, 4 59
24:17 121
25:11 279
28:30, 31 283

로마서
1:5 70
1:20, 23, 25 197
1:26, 27 197
5:3, 4 340
6:18 229
8:2 230
8:18-39 238
8:23 238, 301
8:24 211
8:31-39 54, 55
8:31 52
12:5 144
12:6 70
12:15 356
13:1-7 279, 281
13:11 211
14:1-15:13 167
15:13 348
15:25-32 121

고린도전서
1:4 61
1:30, 31 46
2:6-16 316
4:16, 17 101
4:17 101, 113
4:19 260-261
5장 196
5:7 157, 215
5:9-11 196

6장 196
6:9-11 192, 194-195
6:12, 13 237
6:18 195
7:17-24 279
8:4-6 135
9장 323
9:14 324
9:15 324
9:19-23 266
11:17-34 159
11:24, 25 156
11:25 158
11:26 158
11:29 159
11:33 162
12:8-10, 27, 28 310-311
15:3 158
15:10 70
16:1-4 121
16:3-9 256
16:14 79

고린도후서
1:15-17 256-257
1:20 45
1:21, 22 300
1:23 257
2:1-4 108
2:3 356
2:4 108

5:17 **224, 294**
6:11-13 **108, 109**
7:2-16 **108**
7:2, 3 **109**
7:5-7 **110**
8-9장 **121, 122, 125**
8:2 **126**
8:3 **126**
8:8 **126**
8:9 **126**
8:11 **126, 127**
8:13 **127**
9:5 **126**
9:6 **127**
9:7 **126**
9:11 **128**
9:13 **128**
11:23, 27 **119**
11:28, 29 **119**
13:11 **355**

갈라디아서
1:15, 16 **69**
1:23 **59**
2:9 **69, 234**
2:10 **121**
3:28 **36, 139**
4:19 **103**
5:1 **225**
5:6 **79-80**
5:13 **237**

5:14 **79**
5:19-21 **179-180**
5:22, 23 **308**
5:22 **79, 80, 242**
6:8 **305**
6:10 **125**
6:15 **143, 229**

에베소서
1:10 **46**
1:14 **50, 301**
2:13-16 **228**
3:12 **230**
4장 **185**
4:4-6 **135**
4:12, 13 **312**
4:15 **46**
4:16 **144**
4:24-5:20 **186-187**
4:24 **186**
4:30 **301**
5장 **185**
5:3 **195**
5:18 **297**
5:19, 20 **297**
6:12 **216**

빌립보서
1:1 **115**
1:9-11 **79**
1:14 **346**

1:21 **246**
1:25 **355**
2:12 **211**
2:19, 23 **269**
3:10 **46**
4:4 **355**
4:13 **251**

골로새서
1:22 **230**
1:24 **344**
2:9, 10 **46**
3:11 **139**
3:14 **79**

데살로니가전서
2:7, 8 **104**
2:9 **118**
2:11, 12 **104**
2:17-3:3 **108**
2:19, 20 **355**
4:10-12 **249, 280**
5:16 **354**
5:23 **184**

데살로니가후서
2:5-11 **281**
2:13 **184**
2:15-17 **245**
2:15 **246**
3:7-10 **118**

디모데전서

1:13, 14 **59**
2:1-4 **279**
2:6 **212**
3:14 **269**

디모데후서

1:9, 10 **216**
1:15 **334**

2:8-10 **346**
2:8 **339**
2:11, 12 **339**
4:7 **243**
4:16 **334**

디도서

3:3-7 **217**

빌레몬서

7절 **356**
22절 **269**

베드로전서

2:17 **280**

요한계시록

21:3 **86**

서로 다른 우리, 하나의 교회

초판 발행	2025년 6월 5일
지은이	스캇 맥나이트
옮긴이	오현미
발행인	손창남
발행처	(주)죠이북스(등록 2022. 12. 27. 제202-2000070호)
주소	02576 서울시 동대문구 왕산로19바길 33, 1층
전화	(02) 925-0451 (대표 전화)
	(02) 929-3655 (영업팀)
팩스	(02) 923-3016
인쇄소	(주)진흥문화
판권소유	ⓒ(주)죠이북스
ISBN	979-11-93507-57-5 03230

책값은 뒤표지에 있습니다.
잘못된 도서는 교환하여 드립니다.
이 책 내용을 허락 없이 옮겨 사용할 수 없습니다.